21世纪高职高专规划教材

现代秘书系列

办公室事务管理

主编◎**杨群欢**

副主编◎**余红平 陆勤 何屹**

OFFICE AFFAIRS MANAGEMENT

中国人民大学出版社

·北京·

前 言

2013年11月，中国人民大学出版社组织来自全国各地文秘专业骨干教师，在苏州召开了文秘专业核心课程对应教材编前会议。会上强调教材编写要以秘书职业活动为导向，以秘书职业岗位技能为核心，体现知识性、时代性、互动性、技能性、职业性、拓展性于一体的特点。

“办公室事务管理”是文秘专业的核心课程。目前国内大多数高职高专院校文秘专业（包括本科秘书学专业）已将秘书实务相关课程分解成“办公室事务管理”、“会议组织与管理”相关课程。可以说，“办公室事务管理”已经成为大专文秘专业和本科秘书学专业中最重要的课程内容。中国人民大学出版社经过深入调查，听取和参考相关专业人士、秘书学专家的建议，特组织在秘书学研究和教学方面取得丰硕成果的团队成员编写了本教材。在编写过程中，编者参考了大量国内外学者在该专业学科研究或教材方面取得的成果，从而确保本教材在同类教材中得到显著的提升。

本教材编者多为长期从事文秘专业教学和培训的专家、专业带头人，确保了实训方案设计的合理性、可操作性，强化了实践训练方案的可行性。本教材分为八大模块，教材编写分工如下：

杨群欢（湖州职业技术学院教授）：主编，编写模块一、模块二、模块四的内容；

余红平（丽水职业技术学院副教授）：副主编，编写模块八的内容；

陆勤（南京城市职业技术学院副教授）：副主编，编写模块七的内容；

何屹（湖州职业技术学院讲师）：副主编，编写模块三的内容；

吴蕴慧（苏州市职业大学副教授）：编写模块五的内容；

焦名海（深圳信息职业技术学院副教授）：编写模块六的内容。

为方便各高校教师的教学和交流，主编配备了对应的教学课件。

由于教材编写时间紧，各位编者工作繁忙，教材难免存在尚需完善和纠正的地方，敬请各位专家和同行提出宝贵意见。

编者

2015年11月

目　录

模块一

秘书机构与办公室环境管理

【模块导读】

秘书或行政管理人员走上工作岗位后会发现，多数人员会进入带有“秘书”二字的相关机构或部门工作，实际上也有很多部门是不直接带有“秘书”二字的，但从事的工作性质却基本相近。要做到秘书机构及其设置的合理性与可行性，必须对秘书机构进行科学设计。

项目一

秘书工作机构

【学习目标】

任务分布	任务名称	知识目标	能力目标	学时
岗位任务	秘书工作机构的设置与管理	1. 了解秘书工作机构的内涵 2. 熟悉秘书机构的主要类型	1. 能够对秘书机构进行合理的设置 2. 能够制定秘书机构岗位职责	2

【案例导入】

县府秘书处长的为难之处

近三年来，县府秘书处为配合上级机关的精简工作，陆续接纳了5名精简下来的干部，其中正科级2人，副科级3人。考虑到这5名干部均无专业特长，年龄又偏大，分到职能部门，得从头学起，弄不好还会影响职能部门的工作效率，而秘书部门是综合办事部门，事情又繁杂，没有专长也能做做，于是县长把他们统统安排到秘书科工作。秘书科科长对此很有意见："本来只有5人的秘书科，老、中、青比例为1∶2∶2，承担全县的秘书工作游刃有余，现在一下子来了5名不懂业务的老同志，10个人中有6名科级干部，老、中、青比例变为6∶2∶2，秘书科一下子人满为患，以后工作可怎么展开？"县长无奈地说："怎么办呢？这些干部是无专业特长，平时你们不是老说工作忙嘛，现在人多不就力量大了吗？你的心思我也不是不明白，这样吧，在秘书科下再成立3个室——文书室、机要室、综合室。人员安排分别为：秘书科3名正科级干部；文书室3人，其中1名副科级干部；机要室3人，其中1名副科级干部；综合室4人，其中1名副科级干部。反正再熬两年，他们就要退休了。"秘书科科长想来想去，只有这样安排才最合理，也无话可说了。

思考：

县长对秘书工作岗位的认识正确吗？这样的安排是否真的合理呢？

任务

秘书工作机构的设置与管理

【任务描述】

为了加快落实省委、省政府《关于东方市环太湖县拆县为市属行政区建制决定》文件精神，县委组织部、县委办、县府办联合举行机构设置办公室会议。县府办负责新建“区府办”秘书工作机构的预设计方案。领导安排办公室秘书小张先拟一个初步方案。请问：秘书小张应该从哪些方面予以考虑?

秘书机构是秘书工作的职能管理部门。广义的秘书机构是指具有参谋咨询、沟通协调、协助管理、督促检查等功能，并为领导工作和机关工作服务的办事部门。这里主要包括办文、会务、接待、调研、信息、协调、督促、信访、档案、保密、安全管理等业务部门。科学设计秘书机构主要是管理层的职责。作为秘书，最关键的是要熟悉秘书机构的组织设计、秘书机构的组织布局和管理方式，以便为领导工作出谋划策，同时提高领导决策的科学性和本单位工作的有效性。

一、秘书机构的内涵和类型

（一）秘书机构的内涵

狭义的秘书机构是指担负文读性工作，并直接为领导者和领导中枢服务的办事机构，如办公厅（室）中的秘书、文书、机要等业务部门。

（二）秘书机构的类型

1. 按管理层次分

按管理层次分，可分为高层秘书机构、中层秘书机构、基层秘书机构。

（1）高层秘书机构。高层秘书机构，指中央机关和省（直辖市、自治区）级机关的秘书机构。特点是：层级高、机构大、层次多、分工细、责任重大。

（2）中层秘书机构。中层秘书机构，指地（市）、县（市）及秘书机构。特点是：机构较大、层次不多、有所分工，但事务性工作较多。

（3）基层秘书机构。基层秘书机构，指县以下机关、单位的秘书机构。特点是：层级低、人员少、事务繁杂。有的设立独立的秘书机构，有的和别的部门合署办公，有的只设专职或兼职秘书。

2. 按组织系统分

按组织系统分，可分为党委系统、人大系统、政府系统、政协系统等。

这是常用的政府机构组织系统分类法，主要是机构在工作和体制上的隶属或管辖的原因所致，日常工作中主要由本系统事务安排、决策落实、沟通协调等决定。这些机构的工作性质比较接近，工作内容和重点因所属系统不同而差异很大。

3. 按法定程序分

按法定程序分，可分为固定秘书机构、社团秘书机构、临时性秘书机构。

（1）固定秘书机构。固定秘书机构，指由法律、法规认定，并经由编制机构批准的机关、单位，其秘书机构属于永久性的固定机构。如党政军群机关和企事业单位的秘书机构。

（2）社团秘书机构。社团秘书机构，指由民政部门批准成立的民间社团，其秘书机构是非固定性的。

（3）临时性秘书机构。临时性秘书机构，指各级各类领导机关在实际工作需要时设置的非常设性的秘书机构。主要有两类：一是为临时性的领导机构服务而设置的秘书机构，如"抗洪救灾指挥部办公室"；二是为各种重要会议而设置的秘书机构，如"亚洲预防艾滋病学术研讨会筹备办公室"。

二、秘书机构的组织及布局

（一）秘书机构的组织形式

1. 因事分设制

因事分设制即根据秘书工作的业务范围，设置相应的秘书机构。例如：办公机构中的秘书处（科）、文书处（科）、调研处、信访处等部门就分别负责文字工作、文书工作等秘书业务。

优点：有利于秘书机构的规范化、科学化管理和秘书业务的开展。

缺点：不便于直接为领导者服务，协调不力会导致工作失调。

2. 因人分设制

因人分设制即按照领导的职务分工，设置相应的秘书机构。例如：我国党政机关办公厅（室）内所设的综合处（科）、秘书一处（科）、秘书二处（科）、秘书三处（科），通常是针对主要领导或分管领导的分工而设置的秘书机构。

优点：便于领导直接指挥、调遣，易于满足领导者尤其是分管领导者的工作需要。

缺点：增加了管理层次，易产生推诿现象。

3. 混合分设制

混合分设制即同时兼有因事分设制和因人分设制特点的一种组织形式。例如：在办公机构中，同时设置秘书一处、秘书二处、秘书三处、综合处、信息处、信访处等。

优点：既便于为领导工作服务，也便于为机关工作服务。

缺点：工作内容易于交叉和重复。

（二）秘书机构的布局方式

我国秘书机构的布局方式，根据秘书机构的性质和基本职能，可分为：

1. 单一式

秘书机构的单一式，又称为“集中式”，是指只具备一名专职或兼职的秘书直接为领导人员或业务部门提供综合服务的一种组织结构模式。

这种结构模式常见于级别较低的机关或企事业单位。它的优点是任务清楚，权责分明，行动迅速，便于调遣；缺点是由于任务过多、负荷过重，易使秘书精力分散，因工作忙乱而出错。

2. 分设式

秘书机构的分设式，又称为“分理式”，是指根据领导人员和领导机构的工作实际和需要，在设置办公室的同时，又设置若干与办公室平级的其他秘书部门，以适应秘书机构职能分工需要的一种组织结构模式。

这种结构模式比较适宜于大中型机关或单位。它的优点是有利于秘书发挥个人业务专长，有利于规范化和科学化管理，提高工作效率；缺点是不便于直接为领导者服务，协调不力会导致工作失调，业务易重复交叉，易生混乱。

3. 综合式

秘书机构的综合式，又称为“综理式”，是指根据机关或单位的整体需要，只设置一个办文、办事、办会等秘书事务均归口管理的综合办公部门，而在它的下面再根据专业化分工和分级管理的原则设置一些派出机构或不同专业、层次的内设机构的一种组织结构模式。

这种结构模式适宜于地、市、县级以上的机关或中小型单位。它的优点是因实行专业分工而使工作效率明显提高，利于统一规划和协调，信息反馈迅速，工作程序简化，节省人力和物力；缺点是办公室负责人的事务繁多，责任重大，因而难以整体协调，同时如果分工不细、不精，员工的工作也容易产生交叉和重复现象。

三、秘书机构的领导和管理

对秘书机构加强领导和管理，必须以遵循秘书实践的基本规律为前提，以提高秘书工作的质量和效率为根本目的。

（一）秘书机构的领导

对秘书机构的领导一般可分为两个层次：

（1）秘书机构所属机关、单位领导班子的领导。

（2）秘书机构负责人（秘书长、办公厅主任、办公室主任）对秘书机构的直接领导。

（二）秘书机构的管理

秘书机构管理总的原则是全面而有效地加强组织管理、人才管理、时间管理、物业管理、信息管理、工作质量管理等，以提高工作质量和效率。

要提高秘书机构的科学管理水平，就要实现秘书工作的规范化、制度化和科学化。为此，就要做到以下几点：

（1）秘书工作的弹性分工和灵活调度；

（2）为领导班子服务的周密安排；

（3）对常规性工作和突击性工作的合理部署；

（4）把握秘书工作有张有弛的节奏。

（三）如何加强对秘书机构的领导和管理

首先，要加强秘书队伍的建设，保持秘书队伍的相对稳定。

其次，要健全秘书机构的各项规章制度。

再次，要完善秘书机构的工作规范。

最后，要加强对秘书机构的目标管理。目标管理又称标的管理、成果管理。这种管理不注重目标的实现过程，而注重工作的结果，根据结果来评判工作的优劣。

项目二

办公室环境管理

【学习目标】

任务分布	任务名称	知识目标	能力目标	学时
岗位任务 1	秘书工作宏观环境分析	了解秘书工作环境的特点	能够熟练分析归类办公环境	2
岗位任务 2	秘书工作微观环境分析	了解办公室空间设计	1. 能够根据工作需要和职能合理布局办公室 2. 能够熟练地规范使用办公室优化设备	4

【案例导入】

营造温馨的办公环境

秘书高叶今天来得比往日都早，她准备利用公司陈总出差之际为陈总归来后创造一个舒适、温馨的工作环境。

陈总的办公室在最里间，高叶的办公室就在陈总办公室的外面，两屋有一扇门相通。要进入陈总办公室都得从高叶的办公室通过。高叶的办公室就相当于枢纽和窗口。

高叶先进入了自己的办公室，首先映入眼帘的是窗台上的各式盆景和竞相开放的各色鲜花。进门右边是棵高大的绿色灌木，很清新的感觉。可能因为陈总不在，也暂时没有秘书专门负责监督的缘故，清洁公司并没有把地上的落叶清扫干净。高叶的办公桌上有一台电脑、一部传真机、三部电话、一些文件格和文件夹及几页未装进文件夹的散开的文件，另有一些笔筒之类的必备用品；办公桌的前面放着一些为客人准备的椅子和沙发。办公桌后面是高叶自己的座椅，再后面则是靠墙的大型立柜，里面分格分层放着各类文件和书籍，但是却有一些凌乱，大型立柜的旁边紧挨墙的地方，有个齐腰的矮柜，上面放着饮水机，小柜里放着一些纸杯和咖啡、方糖之类的饮料和食品。陈总的办公室要比高叶的办公室大一些，基本的摆设没有很大的差异。宽大的办公桌上也有一台电脑，另外只简单地摆着一部电话和一些文件夹，有两个并列的靠墙立式柜，在另一面靠墙的地方环形摆开的是沙发。整个办公室体现的是一种简约美，让人心旷神怡。

高叶打量完两个办公室，对自己的工作应该从哪里着手也基本了然于胸。她拉开窗帘，打开空调，调节好办公室的温度和湿度。之后她将窗台、办公桌、电脑等，凡目光可及的地方都细细地擦过；饮水机里的水不多了，应该和送水公司联系一下；储备的办公日用品也应该再补充；应该再去买点书法、绘画之类的物品装饰一下墙面……她想好好美化这里的办公环境，不仅给陈总，也要给来访的公司内外的客人一个良好的印象。

清洁整理工作基本告一段落，现在正好是8:30。高叶开始忙碌准备下午会议的材料了。

思考：

你认为高叶的上述做法有必要吗？有哪些方面值得大家在以后的工作中借鉴？

任务一

秘书工作宏观环境分析

【任务描述】

工作环境对秘书工作效率影响非常大。秘书在工作岗位上，如何合理创设工作环境，关键要学会进行环境分析。

一、秘书工作环境的含义和特点

（一）秘书工作环境的含义

环境是指对工作绩效起着潜在影响的外部力量。秘书工作环境是指直接或间接地影响秘书工作效率的各种潜在外部力量的总和。

（二）秘书工作环境的特点

秘书工作环境有以下特点：

1.复杂和多样性

环境无所不包，有社会的、自然的，有物质的、精神的，有宏观的、中观的和微观的。众多因素构成了类型不同而又相互联系的系统，从而呈现出复杂而又多样的特点。

2.差异性

各国、各地区、各单位，其秘书工作环境都存在差别。这形成了各国、各地区、各单位秘书工作风格的特殊性。

3.变异性

环境不是一成不变的，随着社会的变迁，它要经历相应的变化过程。这要求秘书工作不断地调整，以适应变化的环境。

秘书工作环境的上述特点，深刻地影响着秘书工作与环境之间相互作用的过程：

（1）环境决定、影响或制约秘书工作；

（2）秘书工作必须适应环境；

（3）环境的变化必然导致秘书工作发生变化；

（4）秘书工作对环境有能动作用，或是改善环境，或是污染环境。

二、秘书工作的宏观环境

宏观环境，又称为一般环境，或大社会环境，是指处于所有组织之外，并对组织产生影响的外部环境。它是一种必须监测和适应的不可控制的环境。

秘书工作的宏观环境主要有：政治法律环境、经济环境、科技环境、文化环境等。

1.政治法律环境与秘书工作

政治法律环境包括党的政策、国家的法律及WTO规则等。

对于政治法律环境，秘书工作首先是适应，即秘书工作必须与党的方针、政策及国家的法律等保持一致。其次，政治法律环境影响、制约秘书工作。党的政治路线决定了秘书的工作方向，制约着秘书的行为，秘书工作经常涉及大量的理论问题和政策问题，而要做好秘书工作，没有一定的理论水平和政策水平是难以胜任的。秘书工作必须遵守国家法律，如公文的写作、档案的管理、经济合同的签订等都要依法进行。另外，WTO的有关规则对秘书工作提出了新要求。最后，由于秘书参与政务，因此秘书工作也会影响党风和政风。现在有一种说法，叫“秘书政治”，如河北的程维高腐败事件在很大程度上同其任用秘书不当、放纵秘书有关。

2.经济环境与秘书工作

经济环境主要包括经济体制和经济实力。秘书工作的内容与性质常随着经济环境的改变而有互动的发展。

我国的社会主义市场经济体制影响着秘书工作。一方面，市场经济的开放性扩大了秘书工作的范围。加入 WTO 加速了中国与世界一体化的进程，这种情况将秘书工作置于国内外两大环境之中，客观上扩大了工作范围。企事业单位将出现跨行业、跨地区、跨国界的经济、文化活动，这就从地域上突破了“画地为牢”的小圈子。地域的扩大，既开阔了秘书工作的视野，也使秘书与社会接触的范围日益扩大，交流的渠道增多，各种影响的程度加剧。这就促使秘书不仅要了解各行业、全国各地，也要密切注视世界的动向。另一方面，市场经济的竞争性迫使秘书队伍不断更新。依附于单位的秘书毫不例外地面对优胜劣汰的市场法则，接受更加严峻的考验。这就要求秘书有比较高的素质和较强的能力，如数字化的办公能力，能起草英文信件或公文，具有专业化的外语口语能力等。

经济实力是经济环境中最基本的因素，它对秘书工作有决定性的影响。较强的经济实力能为秘书工作提供现代化的办公设备和人性化的办公环境，能为秘书的培训提供经费支持等。

3. 科技环境与秘书工作

科技的进步为秘书工作提供了完成工作的工具、设备和方法，特别是办公自动化设备的使用改变了秘书工作。21 世纪流行“无纸化办公”，如果秘书不会操作和简单维修办公自动化设备，那么很难使工作有效率。“工欲善其事，必先利其器”，因此，要提高秘书工作效率，必须善于将办公自动化技术运用到会议管理、文书管理、档案管理和信息沟通中。

4. 文化环境与秘书工作

文化具有概括性、抽象性、模式性和功能性特点。概括性指文化所指的内容几乎无所不包；抽象性指文化是一种抽象观念，并非指那些具体的事物；模式性指一个社会或一个国家由于历史背景、民族性格、生活状况等条件的不同，其文化表现出来的特色便存在差异；功能性指文化对社会及人生有莫大的功能和作用，对人群生活及行为有很大的影响及支配力。

文化分为传统文化和现代文化。传统文化具有一定的局限性，例如：保守性，即对新的事物视之不惯，不乐于接受；权威性，即崇尚权威，重服从；感情性，即公众问题或公共争议的问题多是由有声望、有地位的年长者出面解决。在这种传统文化的影响下就产生了传统的秘书工作：因袭保守，墨守成规，安于现状；个人取向，私人关系；崇尚权威，消极服从。

现代文化具有创造性、民主性、法治性、理智性的特点。创造性，即在工作中具有求新上进的创造精神，日新月异，与时俱进；民主性，即现代文化是自由、平等、民主化的文化，在法律面前，人人平等；法治性，即现代文化是以法律为取向，秘书对领导负责就要对法律负责，而不是对私人负责；理智性，即秘书处理事务及解决矛盾纠纷，必须以理智为依据。在现代文化的影响下，秘书工作将由消极向积极、由被动向主动、由因袭向创造、由人治向法治、由普通秘书向职业秘书转变。

文化环境既为秘书工作提供智力支持、文化条件和精神动力，又向秘书工作提出了更高的要求。传统文化的落后因素必定给秘书工作各方面以消极的影响。因此，秘书工作必须在克服落后的文化影响方面作出努力，以先进的现代文化精神指导秘书工作。

任务二 秘书工作微观环境分析

【任务描述】

秘书工作主要在办公室，秘书小张到了新环境，应对办公室环境进行便于工作交流与效率提升的空间设计。

微观环境，又叫办公室环境，是指一定的组织机构的秘书部门工作所处的自然环境。

办公室是社会组织成员工作的地方，也是接待各位来访者的场所。从一定意义上说，办公室是社会组织的门面，来访者因办公室的环境而产生对社会组织的第一印象。凡是成功的社会组织都非常重视办公环境礼仪。办公环境的布置，是一种无声的语言，向来访者传递着信息，体现着社会组织的风格和精神面貌。办公环境状况还会影响工作人员的心理情绪，进而影响他们的言谈举止，影响他们待人接物的礼貌礼节。在一个整洁干净、格调高雅的办公环境中，人们会自觉不自觉地要求自己与环境相协调，从而自然而然地变得文明礼貌、庄重大方。办公环境的设计风格，既不同于家庭环境的温馨舒适，也不同于宾馆饭店的豪华气派。办公环境的设计风格应该是庄重、整洁、高雅、安全，并能够体现组织的特点及品位。

一、办公室环境的种类及对秘书工作效率的影响

办公室环境包括：第一，办公室的空间环境，指房屋建筑与分配、办公空间的大小、家具的布置；第二，办公室的视觉环境，包括色彩、光线；第三，办公室的听觉环境，指办公室所处空间的有益或无益声音；第四，办公室的空气环境，指由生理空气因素（湿度、温度、空气流通与净化）造成的办公室的整个气氛；第五，办公室的健康与安全环境。

办公室环境对秘书工作效率的影响可以从以下三点说明。

1. 作业方面

办公环境对秘书的器官功能、知觉感受、体力消耗、心理反应都有直接影响。比如光线不足，足以使人的辨别力降低，眼力消耗较大，产生疲倦，使注意力难以集中、效率降低。

2. **生理方面**

环境变化必然会引起生理变化。办公环境不适宜，会增加秘书的体办消耗，体力消耗过多则容易疲劳，使工作兴趣降低。兴趣降低，工作效率必随之降低。

3. **心理方面**

办公环境不适宜，会引起秘书对工作厌烦的心理反应。心理厌烦导致人的精神苦闷、抑郁和怨怒。这些心情对工作效率皆有不良影响。

二、办公室环境的管理原则

办公室环境的管理是指对办公室环境加以合理的设计、组织和控制，使其达到最符合秘书工作的需要，进而提高工作效率，完成组织机构欲达到的使命。在对办公环境进行管理的过程中，要坚持以下原则：

1. **方便**

办公室的布局应该力求方便、省时，如相关的部门及设备应尽可能地安排在相邻的地方，避免不必要的穿插迂回，以便于工作的协调和同步进行。

2. **舒适整洁**

无论是办公室、办公桌椅，还是抽屉等，不要放置与办公无关的东西。办公文具的摆放要井然有序。

3. **和谐统一**

办公桌椅、文件柜、办公自动化设备等的大小、格式、颜色等要协调统一。这不仅能增加办公室的美观，而且能强化成员之间的平等观念，创造出和谐一致的工作环境。

4. **安全**

布置办公室时要留意附近的办公环境和办公室存放财物的安全条件。例如：信息，如纸质文件、存储在计算机里的数据等的安全和保密能否得到保障；电器的电源、电线，器物的摆放是否会对人员造成生理上的危害等。

三、办公室的空间设计

所谓办公室的空间设计，是指组织为节省成本，有效地利用空间，缩短工作流程，迅速处理信息，提供良好的工作环境，并促使秘书与其他工作人员的沟通与协调所作的办公室内部的布置。此外，组织内各职能部门之间的工作流程、各职能部门的安排等，均为空间管理的范围。空间管理首重空间控制，其目的在于对空间的有效利用，使之降低成本，提高效率。

办公室空间设计的内容包括以下几个方面。

1. **各职能部门的场地设计**

各职能部门的场地安排应使工作运转以不间断的方式进行，并经过很短的距离和很少的人手。在进行职能部门设计时需遵循以下原则：

(1) 集中服务单位，如复印室、计算机室应设置于各部门的中心地点，使各部门均便于接触。

(2) 凡与社会接触较多的部门，应置于靠近接待区的地方，或直接通向走廊，以减少穿过公开工作区的往来次数，如人事部门和采购部门。业务部门，如销售部应靠近马路。凡有烦扰声音性质的工作部门，应尽量远离其他工作部门。

(3) 凡互相连带而时有联系的部门，应置于邻近地点，如秘书室置于领导办公室旁边。

2.工作中心的设计

办公场地设计的基本单元是个人工作空间，或称工作中心。每个工作人员都要在工作空间内完成工作任务。传统的机关布置是以办公桌为中心。而空间设计专家精心研究机关的工作并发展了一种以工作为中心的机关布置的观念和理论，从而打破了传统的以办公桌为中心的观念。现代办公室逐渐增加新式设备，如电脑、高速度复印机、新式通信设备、显微片缩影机等，因而空间设计和工作流程的模式必须加以改变，以求最大限度地利用这些设备。换句话来说，空间布置必须依设备的功能、工作的性质加以设计，即以工作为中心而进行空间设计。工作中心分为：

(1) 个人工作中心，亦称个人工作站，是个人执行职务的场所，是机关空间设计的基本单位。每个工作站都配有一些基本家具和设备，如办公桌、存放物品的桌子、柜台和椅子。个人工作中心的设计要考虑：个人工作站所负的职责、工作处理所需的设备、空间条件、经济弹性和未来扩展的需要等因素。

(2) 集体工作中心，即部门，这是典型的团体工作中心的环境。其设计要考虑：各职位间的关系以及职位与环境的关系，包括每个工作中心的活动、资料、文件报表的进程，个人和共同使用的文书、设备、物材等；协调个人工作中心和集体工作中心的位置，包括执行相似工作的工作中心应相毗邻、共同使用档案及设备的人员应相毗邻，等等。

(3) 特殊工作中心，指具备特殊用途或提供专门业务的工作中心，包括接待中心和计算机中心等。

3.开放式办公场地的布局

开放式办公场地，又叫自由式的聚集办公室。其特点有：(1) 没有个人办公室，工作空间的位置通过安排可活动的物件来确定；(2) 每次进行工作间布局规划时，并不考虑窗户或其他常规结构的限制，而是以信息流和工作运转的自然路线所形成的不统一的款式来安排的；(3) 工作人员的地位更多的是由分配给他们的任务来确定的，而不是根据他们的位置，如高级管理人员可以有较大的办公室及不同颜色、不同形状的办公桌，除此以外，几乎没有可以看得见的等级标志。

开放式办公场地有以下优点：(1) 降低能源成本和建筑成本；(2) 减少占地面积；(3) 降低重新布局的成本；(4) 由于拆除了办公室的隔屏，管理者与被管理者的交往障碍减少，有利于排除心理障碍。

开放式办公场地也有其弊端，如缺乏单独办公的机会，噪音太大，设计较粗糙。

4.办公房间的空间设计

办公房间的空间设计是指各种办公设备在办公房间内的设计与布置。办公设备包括办公桌、椅子、书柜、文具、设备等，对这些设备在办公房间内的设计最为关键的目标是最充分地利用办公场地。

办公房间布置应注意以下原则：应力求空间与时间的经济，各人所占面积应适合其工作需要；各人的位置排列，应就工作程序顺次定之，以便就近联络；办公桌位布置时，事前须有计划与计算，预定布置蓝图，按图布置，以免临时作盲目的搬动；办公室内的隔间不可太多超出必要的范围，以免妨碍光线射入及空气的流通。办公房间内桌位的排列，宜使光线由工作人员的左侧射入，以便用笔写作，光线不宜直接由对面射入。文件柜应靠墙放置，但不得妨碍光线。各办公桌位间的往来道路，至少要有 1～1.3 米宽。桌与桌间的距离，宜留 1 米左右。办公房间内以放置必需的家具与设备为限。一切文件应置于柜橱抽屉内，以便保管并防止失散。

四、办公室的视觉环境管理

办公室的视觉环境包括办公室内覆盖物和照明。

1.覆盖物

它包括墙壁、天花板、地面、门窗、支柱等上面的覆盖物。它们对秘书的心理状态有直接影响，因而也对他们的工作效率产生影响。所以办公室选择覆盖物应注意以下两点。

（1）有效地使用颜色。首先，颜色是一种对人的情绪有强烈影响的刺激物。颜色能决定一个办公室的情绪，例如：冷色（蓝色、绿色、草绿色）使人平静；暖色（红色、橙色）对人有刺激效果，会引起头痛和紧张；灰色会产生麻木或困倦的效果。其次，颜色会影响人的具体行为方式。色彩明亮的、有吸引力的办公室看起来使人愉快，可提高效率，并且有助于激起信任感；相反，单调的、色彩乏味的办公室使人产生厌烦或低效的感觉。再次，颜色使用得当能降低缺勤率，提高工作效率。在相对寒冷的气候条件下，如北方，办公室就要求采用暖色设计；而在较暖和的气候条件下，如南方，就需要采用冷色设计。最后，颜色可帮助人们识别关键地方：危险的物材和地方，用黄色和橙色标示；安全的物材用绿色、灰白色标示；防火器材用红色标示，以提高警觉。

（2）地面覆盖物的颜色和类型应与墙壁、天花板的颜色协调一致，以保证一个统一的、和谐的环境。在接待中心和门厅等地方，使用地毯能营造出一种安静、自在的气氛，因为它的表面可以吸收声音。另外，使用地毯还可以给人一种豪华感，以增加工作人员的满足心理。地毯的颜色可用米色、棕色和铁锈色。

2.照明

照明是指为完成办公室的指定工作而提供适当的光线系统。

光线系统的管理主要目的是：提供有效的、舒适的照明和安全的位置，有助于提高视觉舒适感，并建立一个从审美观点上看引人注目的工作区。为了达到这些目的，办公室既要有合适的光量，又要有合适的光线质量。

（1）光线的量。光线的量一般用瓦（W）代表。工作时所需光量的强弱不可一概而论，须随工作性质与工作对象的不同，而有差别。例如：做比较粗糙的工作，光量可较低；反之，则光量可较高。又如：工作对象物体多是白色时，光量可较弱；反之，光量可较强。

（2）光线的质。光线的质基本上是指能提供一个视觉上舒适，既不眩目也不昏暗的工作区，并造成一种吸引人的气氛的照明系统。

（3）光的设计。就办公室的光亮来源与分配而言，自然光优于人造光，间接光优于直接光，匀散光优于集束光。光源来自太阳者为自然光；来自灯者为人造光。光亮由发光体径直射入人眼者为直接光；发光体的光射至另一物体，由之反射入人眼者为间接光。光亮由一个发光体射出者为集束光；由几个发光体均衡射出者为匀散光。

光亮宜遵循以下原则设计：减少光源的强度，避免用一个发光体，宜多用几盏灯，降低光源强度，避免集束光而用匀散光；窗上宜装半透明玻璃，以免直接光而用间接光；光源宜置高处，并从后方或左侧射入；办公室宜多用几只光度较弱的灯，以取代一只光度较强的灯，使光线匀散而集束。

五、办公室的听觉环境管理

听觉环境是指办公室所处的有益声音或有害声音。其中，有益声音，如伴奏音乐或愉快交谈的声音；有害声音，如办公机器的震动声等噪音。声音的强度单位为分贝（db），一般来说，超过70分贝即为噪音，超过130分贝使耳痛，超过150分贝使内耳结构破坏，致使耳聋。由于办公室所处的周围环境常有噪音发出，如小汽车、摩托车、卡车的喇叭声，工作人员的谈话、开会、打电话的声音和人们不必要的活动等，因此，控制有害的噪音就成为办公室环境管理又一重要任务。那么，如何控制噪音呢？

1. 消除噪音的来源

包括：把办公室安排到极少有外界噪音的地方，把办公室搬到较偏僻的地方，安上门窗以提高不受干扰的密闭程度并阻挡传来的声音等。

2. 用吸音的材料以减少噪音的影响

如一个降噪系数（NRC）等级为85的吸音屏障在用于开放的办公设计时，可吸收传来的85%的噪音。另外，可在有条件的办公室内铺上地毯，因为柔软的表面吸收声音。

3. 适量音乐的播放

音乐能镇定神经，减轻工作强度引起的疲劳，并减少工作的单调感，避免噪音引起的烦恼。使用音乐调节时，一般采用无主题音乐。

六、办公室的空气环境管理

空气环境是指由生理空气因素（温度、湿度、流通与净化）造成的办公室的整个气氛。办公室的空气环境管理，又叫空气调节办公室，是指为了减少人们的精神消耗，增强舒适性而经过精心调节过空气的办公室。空气调节可促进脑细胞活动，提高工作效率。据研究表明，当空气得到调节时，工作效率可以提高约10%，缺勤率可以下降约2.5%，秘书工作的错误也可以减少约10%。而不流通的空气与充满灰尘的空气使头脑迟钝，降低秘书工作效率。

1.温度

一般来说，秘书工作环境中最舒适并有益于健康的工作温度是15℃～20℃。若温度在10℃以下，秘书感到寒冷，其工作效率比正常温度下降20%；若温度超过30℃，秘书工作效率则有下降的趋势。办公自动化设备，特别是高新技术设备，由于其组成材料属性的要求，均必须在一定的温度和湿度范围内安置。

2.湿度

相对湿度是指空气中所含水汽的百分比。如果办公室内空气湿度高会使秘书感到冷天更冷、热天更热。一般来说，最适宜的湿度为40%～60%。

3.空气流通

办公室内的空气应该是流通的，新鲜的，充足的。在这样的空气环境中，秘书才能精神愉快，不感到疲倦，工作效率因而提高。一般来说，每人每分钟需要36.67升的新鲜空气。要满足这种要求，必须有良好的通风设备，使空气流通无碍，得以充足与新鲜。

4.空气的净化

完整的空调系统可以净化空气，排除空气中不需要的成分，如尘埃、臭气等。净化了的环境更有益于秘书的健康；同时，可使复杂的办公设备更良好地运转。清洁的、充满活力的办公室给人高效的感觉，并体现了对顾客和秘书的关心。为减少办公室的污染和尊重所有工作人员的感受，办公室内应该禁止吸烟，以保证空气的新鲜。办公室内空气的净化包括打扫、拖洗、擦净、上蜡与打光、用吸尘器吸尘、净化家具、粉刷墙壁和天花板等。

七、办公室的保健与安全环境管理

保健，又叫健康保护。办公室的健康环境对秘书具有重要意义。秘书保持良好、健康的身体，可以促进工作效率的提高。这是因为秘书工作效率建立在三个重要的条件上：一是充沛的体力或生活力，即推动工作的实质力量或热力；二是旺盛的精力或活动力，即努力工作的原动力；三是欢欣的精神和坚忍不拔的意志。这三种条件或力量，都是以健康的身体为其保证，可谓“健全的精神寓于健全的身体中”。

（一）办公室的保健方法

组织推行对秘书的保健方法主要有以下几个。

1.定期健康检查

组织应对秘书作硬性规定，定期进行身体检查以诊视其健康状况，最好一年检查一次。

2. **灌输卫生知识**

组织应经常聘请卫生专家或医生向秘书作专题演讲或主持保健座谈会以灌输卫生知识和保健方法。秘书获得这些知识与方法后，便能知道如何注意卫生及如何保护自己的身体健康。

3. **采取疾病预防**

组织应适时按需要免费对秘书实行疫苗注射，以预防疾病，保护身体健康。

4. **保持环境整洁**

“整洁为健康之本”，秘书工作区及生活区的环境与其身体健康有着密切的关系。环境整洁，空气新鲜，则少生疾病，有益健康；环境污秽，则容易生病。组织应采取有效的卫生措施，保持环境整洁，包括院子的打扫、垃圾的清理、排水沟的疏通、食堂食品的清洁、餐具的消毒等。

5. **推行健身运动**

生命在于运动，所以组织对其秘书应推行健身运动。组织机关内要有健身器材，要有乒乓球、羽毛球、篮球等体育设备，要经常举行内部比赛。

6. **举办康乐活动**

所谓康乐活动，包括消遣与娱乐。消遣有消除疲劳、恢复体力与精力的重要功能，娱乐有松弛紧张的情绪、促进精神愉快的功能，所以康乐活动是保护身心健康的方法。组织应适时地举办旅游、参观、音乐会、放电影等活动，以促进职员的身心健康。

（二）办公室的安全环境管理

要营造一个安全的办公室环境，组织就必须在以下几个方面加强管理。

1. **防盗**

在办公大楼内应设有专门的保安人员 24 小时值班。防盗应注意以下几点：机关公物应详细登记，严密管理，管理人员更换时，应交接清楚，以防私占；放置现金及贵重物品的保险柜或抽屉，应随时关锁，经营人员应保持警觉，防范盗窃；非消耗品公物应尽可能地予以加上烙印或制定标志；订立公物损失赔偿规则，以加强公物保管及使用人员的责任；下班后办公室应将门窗关锁；门卫对出入人员应严密注意，以防盗窃；放置贵重物品之处，应装设铁栅、铁门及防盗装置等。

2. **防火**

火灾会对组织造成生命和财产上的损失，所以火灾的预防为安全环境管理的一大任务。火灾首重预防：电器电线应作定期检查，以防走火跑电引起火灾；易燃易爆品禁止堆放在办公室内，应放置于安全地方；办公场所应有消防设备，并作定期检查；太平门及太平梯、安全门不可缺少。各组织应在消防部门的配合下进行火灾自救训练和消防知识的教育。

3. **防止意外伤亡**

办公室如有不慎，会存在许多潜在危险，如过度拥挤、办公家具和设备摆放不当、拖移的电线、破旧或损坏的楼梯、打滑的地板、损坏了的栏杆、未接地的电器设备、不彻底的绝缘，等等。这些现象都有导致发生意外伤亡的可能。因此，必须加强对以上现象或物材的管理，将办公室内的危险性降至最低程度。为了防止意外伤亡事故的发生，组织应向秘书进行防止意外事故的教育，使之平时养成安全的工作习惯；设计办公室的布局以减少发生事故的危险，将办公家具排放在安全的位置，确保走廊、楼梯的安全；取高处的物材时应使用折叠式工作梯；排查电源插座和电线，避免电线过长；将机器设备稳固地放在桌上或台上；等等。

【技能训练】

训练一·秘书组织机构的管理与任职案例分析

一、训练目标

通过本训练，学生能够按秘书工作与环境管理的基本要求和工作的一般程序，拟订办公室管理的制度和办法。

二、训练方案与要求

（一）背景资料

案例一

30岁出头、硕士研究生毕业的李某年轻有为，已是某市政府机关办公室的副主任。老主任对李某的工作相当支持，在李某的主持下，办公室的各项工作开展得相当顺利，办公室的人员也干劲十足，工作一派欣欣向荣。后来老主任退休了，上级派来了一位拥有博士学位，同样非常年轻的孙某任正主任。

大家原以为办公室正主任和副主任都是能干的、高学历的年轻人，办公室的工作一定会更上一层楼，然而，情况恰恰相反，两位主任的意见常常对立，而且两人相互之间又不沟通，给予下属的指令经常不一致。一件事若按副主任的要求去做，权力更大的正主任就会要下属重新去做，这样导致办公室工作没有效率，时间也浪费了。更重要的是让下级感到无所适从。而且这种“两驾马车”式的管理方式越来越严重，使得整个办公室的管理相当混乱，各项工作弄得一团糟。结果，领导将这两位主任全部替换，又派来一位主任，办公室工作才理出头绪。

案例二

下面是大同煤矿集团公司的机构设置：

董事会秘书处	董事会财务审计室
董事会法律事务部	党委办公室
组织部	宣传部
纪委（监察）	工会
团委	信访处
总经理办公室	人事部
劳资部	生产技术部
财务部	企划部

通风处　　　　　　　　　　安全管理监察部

非煤产业部

（二）训练要求

1. 请讨论案例一中，领导在安排办公室人员（主任）方面有哪些失误。为什么？

2. 请指出案例二的这些机构中哪些属于秘书机构，并用搜索引擎检索，找出五家单位的机构设置情况，看看是否存在不设秘书机构的组织。

（三）训练步骤

1. 教师提供背景材料；

2. 学生分组讨论；

3. 学生代表发言，提出主要观点；

4. 教师分析总结，布置形成性作业。

（四）训练提示

一般单位都有秘书机构。案例二列举的机构中，属于秘书机构的有：董事会秘书处、党委办公室、信访处、总经理办公室。

训练二·办公室空间与环境布置设计

一、训练目标

通过本训练，学生能够较科学、合理地为秘书工作场所进行空间设计和设备等布置。

二、训练方案与要求

（一）背景资料

某公司行政办公室，长 9 米，宽 5 米，办公室大门居左，由北入内，窗户朝南居中。办公室主任 1 人，行政秘书 1 人，文员 1 人。办公桌、椅子 3 套，接待沙发 1 对，茶几 1 个。打印机 2 台，传真机 1 部，普通电话机 2 部，3P 柜机空调 1 个，饮水机 1 个，书柜 2 个。绿色植物与饰物、文具若干。

（二）训练要求

请从办公功能和工作职能合理的角度为办公室进行空间设计。画出基本空间设计示意图，并用文字说明。

（三）训练步骤

1. 教师提供背景材料并简要说明；

2. 学生分头独立设计；

3. 课后完善，在下一次课堂上学生代表进行成果说明分享。

（四）训练提示

参考本书第 13 页所述的“办公房间布置应注意以下原则”的内容。

模块二

办公室通信与电话事务

【模块导读】

办公室通信工作，包括电话接打、邮件收发、电报传真往来以及计算机网络通信等。这些也是秘书几乎每天都少不了的事务，需要秘书准确、优质、高效地做好。本模块针对办公室管理人员的工作特点，重点分析办公室通信、电话事务中的基本工作流程，尤其是工作中的基本方法以及特殊情况下的工作应对技巧等。

项目一

办公室收发通信工作

【学习目标】

任务分布	任务名称	知识目标	能力目标	学时
岗位任务 1	收发室的设立与管理	熟悉办公室通信工作的内容	能够承担收发室的日常管理工作	1
岗位任务 2	收发工作的程序和方法	熟悉邮件收发的程序和方法	能够正确收发报纸、杂志、信件等	1

【案例导入】

邮件收进的程序

高小姐是宏远公司总经理秘书，一清早进入办公楼，就到公司邮箱中把邮件取了出来，并用专用信袋装好，提着走进了自己的办公室。她把邮件略微整理了一下，就坐在自己的办公桌前开始工作了。

高小姐数了下邮件的数量，一共 21 件。她先把公函和私人信函分开，把有密级要求的、标有“某某”亲启的邮件分开。然后她根据收件部门的名称分类：有 5 封信是人事科的；7 封信是销售科的；1 封信是财务科的；1 封信上写着教育科的，但公司没有这个部门，她把这封信归到培训部去了；1 封信上写着总经理亲启；另 2 封是总经理办公室的；剩下的 4 份是报纸杂志。

高小姐拿出邮件登记簿，边登记边分拣。所有的来函和邮件都登记在册了，也按部门分拣归类了。接着高小姐把写着总经理亲启的那封信放在总经理的办公桌上，把其他信放在各个部门的专用信格里，留下了 2 份报纸和 2 封总经理办公室的信。

在拆信前，她先把信拿到光亮的地方照了下，一封信的信纸折得几乎与信封一样大小，高小姐只好把信在桌上磕了十几下，尽可能使信纸落下去，然后取出剪刀，小心翼翼地剪开了信口。然后她把信封内的信纸一一展开，盖上日戳，再用回形针把信纸和信封一一别住。有一封信写明有三份附件，但高小姐经过仔细检查，只找到两份附件，她用红笔在信纸上写下“缺少一份附件”，然后签上了自己的姓名。她想，这封信让总经理来处理吧。

另一封是对本公司提出业务方面意见的客户来信，按照惯例，高小姐决定立即复信。她写到：

王晓明先生：

非常感谢您对我公司的关心。您所提到的服务质量和态度问题，我们正在研究改进，希望在不久之后，您看到的将是新的面貌。希望我们继续合作。再次向您致谢。敬请安好。

宏远公司敬上

2014年5月6日

拟写好复信稿后，本已坐到电脑前的高小姐想了一下，还是拿出了钢笔，手写誊抄了一遍，并写好了信封，填好了发函登记。

思考：

1. 高小姐的收件程序是否正确？每一个细节是否都符合秘书的要求？

2. “缺少一份附件”的那封信为什么要由总经理自己处理？

3. 高小姐最后为什么不用电脑打信，而要手写发出？

误拆信件的处理

高叶是某外资公司秘书。一次，她不小心误拆了外籍总经理的私人信件，而且信里写的是总经理极其不愿意他人知晓的隐私。这可如何是好呢？

高叶当时想，事情既然已经发生了，就要勇于面对，不可藏匿不交，更不可私自折毁。误拆信件只是工作事故，而藏匿或折毁则是道德甚至是法律问题了。当务之急是先解决问题，然后再分析原因。于是她紧急采取了如下步骤：

第一步，发现误拆，当即停止阅读，并保证不把已看到的内容告诉任何人。

第二步，把信纸按原样折叠好，放回信封。

第三步，取一张便士贴，上面写上：Sorry，opened by mistake，并签上自己的姓名。

第四步，将这张便士贴粘贴在信封上。

第五步，在每天规定的呈送信件的时间里，把这封错误拆开的信放在其他信件中间，一并送入总经理室。

第六步，若办公室无人，则当面向总经理道歉；若办公室有其他人在，则过后道歉。

通过这一方式，高叶虽然受到了总经理的严厉批评，但最后也得到了总经理的谅解。事后，高叶及时总结经验教训。高叶承认，发生误拆信件的事情，主观上是自己工作不认真、太大意所致，今后要增强工作的责任心，以避免类似事情的发生；客观上，是来信人没有按照一定的规范标明是私人信件，这需要学习识别哪些是没有标明性质的私人信件。高叶总结出如下几个经验。一是留意哪些人经常给总经理写私信，那么这些人的来信即便没有标明信件的性质，也不会贸然误拆。二是学会辨别公务信件和私人信件的差别。一般来说，公务信件是打印的，而私人信件是手写的；公务信件的信封是白色的，而私人信件的信封是多种颜色的；公务信封往往印有单位的名称和地址，而私人信封往往是公开出售的。三是当拿不准是公务信件还是私人信件的时候，请领导来定夺。

思考：

1. 高叶秘书的做法是否值得我们借鉴呢？为什么？

2. 请总结一下秘书该如何细致、高效地处理信件。

任务一

收发室的设立与管理

【任务描述】

公司刚搬迁新址，总经理要求行政事务部秘书小张提出设立收发室的初步方案。请思考应该从哪些方面考虑，并提出合理的收发室管理职责。

一、收发、通信工作的特点

收发室主要负责收发工作与通信工作。收发工作是指在机关、单位收发室内接收、分拣收进送出的文件（包括机要文件）、信函、报刊等（统称为信件），一般称为外收发；通信工作是指上门送取信件。收发工作与通信工作是密切地联系在一起的。收发工作有两个突出的特点：

1. 总进出口

收发室是机关、单位文书和信件往来的总进出口，从外面进来的所有信件都要经过收发室转送到本机关、单位的各部门，本机关、单位的所有信件，都要经过这里向外发出。

2. 外、内收发的区别

外收发与内收发有所不同。外收发只担负着收信、发信的任务，信件只是在这里办理分类、整理手续，工作人员只是根据信件的外部标志接收、发送信件，而一般不能拆阅、处理信件。而内收发则负责拆阅信件，并根据信件的内容去处理。

收发、通信工作是秘书工作的一个重要环节。收发、通信工作做得好不好，直接影响着文件、信函处理的工作效率，甚至会影响整个机关、单位正常的工作秩序。

二、收发室的设立

一般来说，较大的机关或企事业单位都设有独立的收发室，一些较小的基层行政机关或企事业单位则在办公室内设专职或兼职的文书人员进行收发、通信工作。

（一）收发室的设立地点

机关、单位的收发室，一般设在机关或单位的大门口或靠近大门口。但是，如果一个机关、单位院内或一座楼内有两个或两个以上的机关或单位，可以视不同情况而设立收发室：如果只有两个机关或单位，那么即可设置一个联合收发室，也可以在大门口各自设置收发室；如果有两个以上的机关或单位，那么最好设置一个联合收发室，统管这几个机关或单位的收发、通信工作，以便于外单位向本庭院内或楼内的几个机关、单位投递信件。

（二）收发室的人员配备

收发室一般要配备收发员和通信员。收发员一般只是在收发室内负责接收、分拣、登记收进与送出的信件，通信员则要走出去到外单位投递或取回信件。收发室所配备的收发员和通信员的数量，应根据机关或单位的大小及收进与送出的信件的多少、投递信件路程的远近等各种情况确定。例如，在高级领导机关中发送机密、绝密信件，要求双人投递，为此，通信员的人数就要相应地增加。

（三）收发室的设备配置

1. 一般收发室的设备配置

收发室一般必备的设施有：办公桌椅、一般卷柜、带分拣格的卷柜、信报箱、登记簿册、电话和电话号码簿、各有关部门的电话号码表等。此外，还可以根据投送信件数量的多少、投送距离的远近，配备适当的交通工具。其中，一般卷柜用来临时存放收进与发出的信件。带分拣格的卷柜用来按不同方向分拣信件，也可以在卷柜的上半部分设置分拣格以分拣信件，下半部分用来临时存放收进与发出的信件。信报箱的形式有两种：一种是在收发室设置一个大型信报箱，分成若干小格，并按各个部门的顺序统一编号；另一种是各部门在适当位置各设一个小型信报箱。信报箱的钥匙一般由各部门指定的专人掌管。对于那些不需要登记签收的一般信件和报刊，收发员可将其直接投入信报箱里，由各部门自取。登记簿册是用来登记收进与发出的信件的。这种登记簿的格式包括：日期、来件单位、封皮编号、数量、发往单位、签收等项目。

2. 兼有传达任务的收发室的设备配置

兼有传达任务的收发室也应配备有：电话、电话号码簿、各有关部门的电话号码表及会客登记簿等。有条件的单位还可以备有传呼设备。兼有门卫职能的收发室，还应备有报警器，要把匪警、火警电话，当地派出所及保卫部门、负责保卫工作的人员的电话号码写在明显的位置，以备急用。兼有作息报时责任的收发室还要备有作息时间表、时钟和电铃。

对收发室的设施要加强管理，信报箱的钥匙要由专人保管，登记簿册要妥善保管。对电铃、电话等通信设备和电气设备要经常进行检查维修，以保证安全、可靠。

三、收发室的职责

收发室的职责范围因不同机关或单位的不同情况和要求而确定。一般来说，收发室的主要职责有：

（1）负责接收、分拣、登记并分发送达本机关或单位的文件、公私信函、普通电报以及其他信件。

(2) 负责为本机关或单位的各部门或个人订阅并分发报纸杂志。

(3) 负责接受并邮寄、投送本机关或单位发出的公文、公函、公用电报或其他公务信件。

有些规模较小的企、事业单位和基层行政机关，设立职能较多的综合性收发室。除了上述三个职能外，还担负起门卫、传达、作息报时等职能，负责来客登记、找人、报时打铃、传呼电话等工作。

四、收发、通信工作的基本原则和要求

收发、通信工作在整个机关、单位工作中起着传送带的作用，是文书、信件往来的吞吐口和咽喉，同时，它又是机关、单位的门面。因而，收发、通信员应该具备秘书的素质，对自己承担的工作有正确的认识，热爱本职工作，忠于职守，工作要认真、细致，待人处事要有礼貌。收发、通信员在工作中必须严格遵守以下基本原则和要求：

(1) 收发、通信员在接收、投递信件时，必须严格地执行责任制度，仔细谨慎地检查、清点信件，接收、投递信件的手续要清楚明白，防止出现漏洞。

(2) 收发、通信员必须及时、准确地完成信件的收发、投递任务，不能延误、遗忘、压误信件。

(3) 收发、通信员在任何情况下都必须保证机要信件的机密安全，不许私自拆阅和透视经手转递的任何公私信件，更不能泄漏和遗失机密信件的内容。

(4) 通信员在执行任务时，不准喝酒，不准办理私事，不能携带信件去公共场所，并要做到信件不离身。

(5) 收发员不能擅离职守、弃门不管，要坚守岗位。

(6) 收发员对待外来人员要热情、谦虚、诚恳，要助人为乐，不能无理拒收信件。

(7) 通信员在外出执行任务时，对人要有礼貌，不能与人争吵，还应遵守交通规则。

任务二

收发工作的程序和方法

【任务描述】

收发工作是秘书日常事务性工作。行政事务部总监要求秘书小张整理一份收发工作程序，以便指导新进秘书小王尽快进入工作角色。

信件收发内容包括报纸、杂志、信函、印刷品、包裹、电子文件等。这里除了需要秘书细心与熟练之外，也需要掌握一定的程序和方法。

一、收信工作

收信工作是指接收从外面寄来或送来给本机关、单位的一切公私信件，包括文件、信函、普通电报、报刊以及其他邮件。这些信件大体上有三个来源：一是邮电局送来的公私信函、普通电报、报刊及其他邮件；二是外部机关或单位通信员直接送来的信件；三是机要通信局送来的机要信件。收发员应该认真、细致、有条不紊地处理这些信件。为达到这个要求，必须制定出科学的收信工作程序和方法。

收信工作程序一般包括签收、分拣、登记、拆封、转交等环节。

（一）签收

收信工作中的环节之一，就是对于外面送来的信件进行清点验收。为了使信件运转迅速、准确、安全，必须在各个环节建立起严格的交接手续，以分清责任，并便于查考。签收必须在信件送达的当时进行，并应有送件人在场。签收时，应该注意查验以下几个方面的内容：

（1）检查收信单位的名称是否与本机关或单位及有关人员的名称相符，在确认来件投递无误后再签收；

（2）检查信件的封口和包装是否完好、正常，有无破损、启封或散包等现象；

（3）检查信件外附件是否够数；

（4）检查收件封皮编号与登记的是否相符；

（5）清查信件缓急的性质；

（6）查明收件登记件数与实有的件数是否相符。

经上述查验无误后，收发员便可以在收件人的投递回执单上或登记簿（见表 2—1）上签收盖章，以示负责。签收之后，再进行总登记，然后才分拣。接收报纸和刊物，应清点数量，对照报刊分发登记表上的总数量，查看是否够数。

表 2—1　　邮件接收登记簿

年　　月　　日							
收件编号	收件日期	邮件种类	发件对象	邮件名称	收件对象	收件人签名	备注

重要的公务文书，有的需要由收件人亲收。一般来说，封皮上写明“亲收”字样的信件，应该由收件人亲自签收，收发室不能代收；封皮上写明“亲启”字样的信件，收发室可以代替收件人签收，但是必须交收件人亲自启封，不能交别人启封。

签收信件时，可以在对方的发信本上签名、盖章，或者在对方的回执单上签名、盖章，或者为对方开具收据、收条。签收信件时，要签署全名，注明收到的时间，对特急件应注明几时几分收到，签名时要用钢笔或毛笔，要求字迹工整，易于辨认。对于机密性极高或内容特别重要的文件，除了要有收件者个人的签名外，还应加盖单位的公章，以示负责。

（二）分拣

收发室每天会收到大量的信件，需要对这些信件进行分拣，将信件按收件人或部门分开，以便转交。分拣要在签收之后及时进行，以免造成积压误事。可以将信件分拣成四种类型，即平信、报刊，自取件，急件，机密要件。要先将急件和机密要件拣出，进行登记后，随时递交给收件人或部门。对于一般信件和报刊，也要随到随拣，按部门或收件人将信件分别存放在固定的柜格里，通知收件人在每天的限定时间里自取或送件上门。

为了方便信件的呈送和处理，分拣信件可按不同的标准进行。

第一，按照收件人姓名分拣。此方法只适合人数较少的单位或部门。

第二，按照收件部门分拣。根据信件上标注的部门分开，如果信件上写的部门本单位没有设置，可把它归入相近的部门。

第三，按照收件的重要性分拣。判断信件的重要程度可以从两方面入手：一是来信人的姓名或重要来信单位的名称，二是信件上出现有挂号、保价、快递、机要和带回执等特殊的邮寄标识。此外，电报、电传和传真等信件也都是比较重要的。当然，各个单位可根据自己的情况设置重要性分类标准。

（三）登记

信件在分拣之后，收发员要对重要的信件进行分户登记，为收件人或收件部门签收做好准备。登记的目的是便于交接签收，使各项手续更严密，便于统计和查找。关于登记的范围，一般来说，收进的信件凡办理了签收手续都应进行登记，其中包括：邮电局送来的公私挂号邮件、包裹单、汇款单；机要通信局送来的机要信件；专人送来的信件，有的虽未签收，但也须登记。登记的方法，应该根据机关或单位的规模大小、收取信件数量的多少以及各部门的设置情况而定。规模较大的机关或单位，收进的信件数量多，下设部门也多，可以采用按信件去向分设“收入件登记簿”，即每个收件部门分别使用一本“收入件登记簿”，进行登记，这样，收件部门签收时也很方便。规模较小的机关或单位，收进的信件数量不多，下设的部门相对也少，可以采用综合性的“收入件登记簿”，即只用一本“收入件登记簿”，按收件部门的顺序进行登记，一个部门的信件登记在一起，以便于转交时签收。

登记的项目应简单明了，一般包括：收到时间（如果是急件应注明具体时、分）、登记人姓名、发件单位、收件单位、封皮编号、文件号、件数、附件、办理情况、收件人签名、备注等。收发室只是信件的收转部门，因此，登记时按来件的外部标志登记即可，无须另行编号或加注其他标记。

登记时要逐项认真填写，力求字迹清楚、工整、易于辨认。

（四）拆封

拆封就是秘书将封好的公函拆开来，以便了解信件的内容。许多秘书认为信件拆封是非常简单的事情。但是如果在拆封时没有注意信件拆封的权限，或是没有注意到信件的安全，可能会引起不必要的麻烦和问题。

不是所有的信件都由秘书拆封。如明确写了部门名称或领导人亲启的信件，秘书是不得拆封的，除非上司授予秘书这样的权力。

拆封信件时应注意：一是拆封前在桌子上磕几下，使里面的信纸等集中到信封的一端，然后用小剪刀小心地从另一端裁开，确保不损坏信封上的文字、邮戳、其他标识及信封里面的内容；二是信件上注明了有附件，必须核对清楚，如果缺少附件，应该在信件上注明；三是用回形针把信封和信纸等附在一起（信纸在上，信封在下），以供以后查阅、佐证之用，办理完毕后一并归档。

（五）转交

转交是指信件在登记之后分别转送给本机关或本单位的各个部门及有关人员，或者由各部门派人到收发室领取。收发室在接收信件的当天即应将信件转交给有关部门，以防积压误事。对于急件应该立即转交，平件应分批转交。

收发室对于一般平信及报刊，经计数、分拣后，投放于信报箱中，由有关部门及个人自行取走。未设信报箱的，也可以采取分送或通知自取的方法，及时地将信件转交给各部门及有关人员手中。对于私人挂号信、包裹单、汇款单等，可以随同公务信件一起登记，转交给收件人所在部门，也可以通知收信人到收发室签收领取。收发室向各部门转交信件时，要求收件人进行清点，并在“收入件登记簿”上签字，以防止出现差错，明确责任，便于以后查对。

对于拆封后的邮件，秘书阅读之后，重要的都应送呈领导。如果同时有多份邮件需送呈领导，秘书应根据重要程度进行整理，将最重要的放在最上面，依次放进文件夹，并赶在领导进办公室前准备好，或在领导上班后不久就准备好。如果邮件要给多位领导阅看，秘书应将传阅顺序列成表格，见表 2—2。

表 2—2　　邮件传阅顺序单

年　月　日			
序号	传阅人	阅信人签名	阅信日期
1	胡总经理		
2	丁副总经理		
3	行政办公室王经理		
4	财务部戴经理		
5	人事部王经理		
请前一位阅后签上姓名、日期，由秘书取回，然后由秘书再传给另一位领导。			

二、发信工作

发信工作是指通过收发室向外发送本机关或单位的公务信件。这些信件一般有三个去向：一是邮局，主要是一般的挂号信和平信；二是机要通信局，主要是发往外埠的机要信件；三是派通信员直接送达，或由公文交换站交换的发往本埠的机要信件。

发信工作的基本环节是：检查、分拣、登记、投送。

（一）检查

收发室在接收本机关或单位办公室和各部门送来外发的信件时，要进行检查、验收。检查的主要方面有：

（1）投送地点、收件人是否书写清楚；

（2）信件封口是否牢固，密件是否有密封；

（3）信件的缓急和机密程度；

（4）包装是否牢固、结实，是否合乎要求，体积是否超标；

（5）封皮编号与登记的是否相符；

（6）信件登记件数与实有件数是否相符。

通过上述检查，对不清楚的地方应立即弄清楚，不合格的地方应立即纠正，在检查妥善后，收发员应在送件簿上签字，以示负责，然后再进行分拣。

（二）分拣

分拣就是将向外发出的信件按投送方向分开，把每一个收件部门的信件归在一起，为投送做好准备。具体的方法是：

（1）将发往本埠的信件按收件部门的投送路线排队；

（2）将发往外埠的信件按邮电局、机要通信局等去向分开，将一般挂号信及平信归送到邮电局一类，将机要信件归送到机要通信局一类；

（3）当区分开几个投送方向后，在每个投送方向里，要将同一个收件部门的信件放在一起。

（三）登记

外发信件在分拣后，要进行登记。根据不同的要求，可以采用联单式登记和簿式登记两种方法进行登记。

通过邮电局、机要通信局外发的信件，可以采用统一印制的交寄三联单进行登记，其中：一联在通信员签收后由发文部门存查；一联由机要通信局或邮局留存；一联在邮电局或机要通信局签收后由通信员带回，交收发室存查。

由专人投送的信件，可采用簿式登记，即使用“发出件登记簿”进行登记（见表2—3）。如果是由一个人投送，则应按投送路线上各个收件部门的先后顺序排队，先到的登记在前面，后到的登记在后面，依次排列，并将同一个收件部门的信件放在一起登记，以免影响投递速度。如果是由几个人分送，则应按各个分送路线上的先后顺序依次排队登记，其要求也与前述相同。

表 2—3　　发出件登记簿

年　　月　　日						
编号	发件日期	发件对象	邮件名称	收件对象	发件人签名	备注

（四）投送

收发、通信部门将本机关或单位外发的公务信件投送到收件单位或个人。投送的方式一般有四种：普通邮寄、专人投送、机要通信传递和组织公文交换站。以下分别对这四种方式进行说明：

1. 普通邮寄

普通邮寄即通过邮局，按普通邮件进行寄发。它可以根据轻重缓急等不同情况，以平信、挂号、特挂、航空四种类别寄发。比较重要的信件为防止丢失，可以寄挂号信；邮寄实物或票证时可以用特挂；邮寄急件时可以用航空信。通过邮局寄发的信件，必须是不涉及国家机密的普通文书和资料。凡是涉及国家机密的文件，都不能通过普通邮寄的方式寄送。

通过邮局寄发信件，必须向邮局支付邮资。为避免不必要的工作，许多大机关或大型企事业单位，信件数量多，且邮寄面广，可以采取邮资总付的办法，由邮局按大宗邮件统一结算；较小的企事业单位基层机关，由于发信量少，邮局一般不办理邮资总付业务，但也可以个别办理，并须索要收据，以备以后查询。

由于现在物流业的快速发展，快递公司的服务网点也几乎遍及全国，邮件也可以通过各快递公司进行投递。快递公司一般都有上门取件的服务，只需拨打服务电话便可有快递员上门服务，较为便利。但是也有一些快递不能到达的地区，可选用中国邮政的邮寄业务。

2. 专人投送

对于专人投送，一般来说，只有发往本埠各机关或单位的信件须由通信员专程直接投送。但在必要时，发往外埠的重要、紧急的公文也派通信员直接送达。有时，对于重要、紧急的信件也请下级机关或单位派人来取回。

通信员在投送信件时应该注意以下事项：

（1）应严格履行交接时签收手续。要检查信件是否应投送到这个机关或单位。还应注意收件人是不是这个机关或单位规定的收件人，如果是别人代收，还应弄清楚代收人是否属于该机关或单位，是什么部门，做什么工作。

（2）要事先将自己投送的信件按照路线的先后到达顺序排列好，先到达的机关或单位的信件放在前面，后到达的放在后面。若不事先安排好次序，当到一个机关或单位时，才临时翻找该机关或单位的信件，这样，不仅浪费时间，而且会翻乱所有的信件，容易造成遗漏或错投的现象。

（3）通信员在完成投送任务后，应该向派遣人员交代投送的情况及投送的凭证。

对于下级机关或单位派来领取信件的人员，应仔细地查验他的证件，确定他是否是下级机关或单位派来的，然后再将信件交给来人清点签收后取走。

3.机要通信传递

通过机要通信传递机密文书，必须经有关部门的批准，才能办理具体传递手续。寄发机密信件的要求有：

（1）封皮要加盖机密等级印章；

（2）使用统一印刷的交寄三联单进行逐件登记，并办理签收手续；

（3）信件要封口严密、包装牢固。

4.组织公文交换站

各省、市级机关文书处理部门在有的机关单位内成立公文交换站，负责党和政府机关以及大型企事业单位的公文传递和交换，以节省人力、物力，加快文书的传递，提高办事效率。交换站一般只设一两名领导负责对日常事务的管理及组织工作。交换站可以由所在城市的最高领导机关的文书处理部门领导，也可以由参加交换的单位组成联合管理委员会，以负责解决交换站的重大问题及有关事项。

交换站的主要任务有：经办参加交换的机关或单位之间互相往来的机要信件的交换业务，向机要通信局交寄发往外埠的机要文件，接收机要通信局转寄给各参加交换的机关或单位的机要文件。交换站一般不办理公开发行的报刊、私人信函及物品等。

交换站的工作以简化手续、快速传递、安全保密为原则，应注意以下事项：

（1）参加交换的文件，要求封口包装都牢固完好，不能敞口或用订书器订装封口。

（2）凡经交换的机要信件，都应当面办好交接手续，由收件机关或单位签字或盖章。

（3）参加交换的通信员，应该在政治上忠诚可靠，工作上积极，需经本机关或单位人事部门进行审查，再报交换站核准备案。若批准参加交换，则可印刷“交换证”等证件，配发给通信员。在参加交换时，通信员须携带交换站发给的“交换证”等证件，否则不能进入交换场地。

（4）各参加交换机关或单位的通信员，必须严格遵守交换时间，不能无故缺席或迟到、早退。若通信员因故不能参加交换，该机关或单位应指派专人持介绍信和本人证件前去交换，经查验核对后才能进入交换场地进行文书的交换工作。

三、现代通信事务

现代通信事务，是指传真、电传、电脑网络通信等现代通信手段。它具有快速、准确、简便等特点，近年来已逐渐在我国大中城市尤其是外资、合资企业广泛使用。但如果需要作为政策法律依据的、需要存入档案的，这种形式的材料多数还不被认可，而只能通过传统邮寄或人工送达。由于它可无限制复制，印章也不是原色（彩色打印同样不行），其真实性无法鉴定，因此它只适宜发送一般通知、传递一般信息、传输一般资料等。

秘书每天上班要做的第一件事就是检查计算机里的电子邮件和传真机等设备，看有无最新信息，若电子邮件的信息需要转达给领导，秘书可将信息全部或部分打印出来，然后与其他信件一并交给领导，并做好登记工作。

（一）电子邮件

电子邮件是一种以计算机为基础的信息传递形式，信息被编成程序并可以在任何时候传递给任何一个有接收计算机的人，而且可以同时传送到多个目的地。回复邮件只需点击回复键，收件人的地址便自动生成。发件人只需按提示操作即可。邮件上的“主题”一栏必须一目了然，以吸引对方打开邮件。若在主题中称呼对方的姓名、身份，用词务必得当，注意邮件的语气。回复来信，可摘录部分来信原文，说明附件内容。收到电子邮件，应立即回信，最迟不超过 24 小时。最后签上秘书的姓名、身份，或上司的姓名、身份，并附上公司的名称和电子邮件地址。发送电子邮件时要注意保密。

（二）传真

传真是文件被转换成信息，通过电话线传送到一个接收终端，在目的地，又把信号转换成一种与原件一致的可读形式。无论是什么样的文本和图表几乎都能通过传真发送，对传送手工制作的图表和手工签名的文本尤其有优势。

发送传真首先要准备好传真稿。传真稿在格式上分为正式和非正式的两种。作为单位间彼此传送的公文，传真稿须采用正式格式，一般是由办公室备好打印的标准表格，发传真时填上相关的内容即可。传真机可传送手稿。因此，非正式的传真资料没有一定的格式要求，较为随意。

另外，传真机是安装在电话线路上的，其电信信号极易被电子窃密技术窃取。秘书在使用时要增强保密意识：不用普通电话线路的传真机传送机密文件；凡传送机密文件的传真机，必须安装保密装置。

【技能训练】

训练·邮件收发服务

一、训练目标

通过邮寄物品的训练，学生能够掌握相关的手续、流程，在今后工作中遇到这类问题时可以有条不紊地完成，同时训练学生的办事能力以及和同事、客户沟通的能力。

二、训练方案与要求

(一) 背景资料

某天早晨刚上班，你便接到经理的通知，要求你在今天上午将改良后的货样邮寄给宏远公司，保证对方在一周内收到货样。由于时间比较紧，你放下手头的其他工作，马上开始准备邮寄货样。

(二) 训练要求

任务1：确认对方公司的详细地址后，到邮局邮寄货样；电话联系对方公司，告知寄送的物品类别、数量、邮寄单号及大概的收件时间。

任务2：在预计的收件时间内向对方公司确认货样是否收到。

(三) 训练步骤

训练任务1

1. 任务：

完成邮寄货样的工作。

2. 要求：

(1) 查找对方公司的详细地址。

(2) 在模拟条件下完成到邮局邮寄货样的过程。

(3) 所有任务应在25分钟之内完成。

3. 设备：

计算机、电话机、能够登录互联网的局域网。

4. 步骤：

步骤1：查找宏远公司的详细地址。

你的电脑中已存有电子版客户通信录。你首先打开计算机，并在指定位置打开客户通信录。按照客户通信录的排列顺序，迅速查找“宏远公司”。

请你罗列客户通信录中应包含的信息：

____

____

步骤2：填写邮件收发登记表，记录通信地址。

在摆放于固定位置的邮件收发登记表（见表2—4）上，按照要求逐条填写，尤其要注意填写清楚详细通信地址、邮政编码、发货时间、货物名称、货物编号、货物数量等。

表2—4 宏远公司邮件收发登记表

时间	公司名称	联系人	详细通信地址	邮政编码	发货时间	货物名称	货物编号	货物数量	经办人

步骤3：核对信息是否正确，并尽可能通过其他有效方式核实宏远公司的详细通信地址等信息，以免误投造成货样寄送的延误。

步骤 4：到邮局邮寄货样。

写出邮寄货样的操作过程：

____

____

5. 参考评分标准：

任务 1 总分 50 分：

（1）沟通策划完整、流畅。（10 分）

（2）礼貌用语使用恰当。（20 分）

（3）语言简洁、清楚。（20 分）

训练任务 2

1. 任务：

向对方公司确认是否收到货样。

2. 要求：

（1）在模拟条件下通过电话联系对方公司，确认是否收到货样。

（2）5 分钟内完成任务。

3. 设备：

电话机、传真机。

4. 步骤：

步骤 1：查找联系人及电话号码。

步骤 2：拨号。

步骤 3：介绍自己：______________________________

____

步骤 4：称呼对方：______________________________

步骤 5：说明意图：______________________________

____

步骤 6：对方答复：______________________________

____

步骤 7：结束谈话：______________________________

____

步骤 8：根据通话结果向经理汇报。

5. 参考评分标准：

任务 2 总分 50 分：

（1）沟通过程完整、流畅。（20 分）

（2）礼貌用语使用恰当。（15 分）

（3）语言简洁、清楚。（15 分）

（四）训练提示

1. 注意训练过程的工作实景角色意识；

2. 训练过程中，注意小组团队的作用。

(五) 任务完成情况评价

学生训练成果评价表见表 2—5。

表 2—5 学生训练成果评价表

训练项目	邮件收发服务	
任务序号	任务得分	任务完成情况评价
1		
2		
总分		

学生签字： 指导老师： 年 月 日

【拓展资源】

企业报刊、邮件、函电收发制度

第一条 全厂公私报刊、外来邮件、外发公函、函电等由厂收发室负责收发。

第二条 外发函、电要求

(1) 各部门因公需外发函、电，经办人员应于每天下午××点以前将函件、电报底稿送到收发室，另填写挂号、平信、电报外发登记表。

(2) 每天下午××点以前，厂收发室应将当日外发函、电清点，累计送交邮局寄发。

第三条 外来邮件管理

(1) 外来邮件一律经厂收发室签收分发。

(2) 凡挂号、纸包、包裹单、汇款单、货运单等由收发室通知收件人到收发室当面签收。

(3) 一般公启函、电和厂内员工私人信件，由收发室开具清单分放到各单位信报箱内。

(4) 私人不明平信一律放到信架（信袋）内，由个人自取。

(5) 不论公私邮件，收发室应随到随清，及时分发，不得丢失损坏，搁置延误；对国外来函应检查封口、邮戳，如发现被拆封或邮票被撕应拒绝签收，并向邮局反映，查明原由。

(6) 凡挂号信、汇款单、包裹单、货运单等的收件人，在收发室通知发出后，应随即到收发室领取邮单，并及时去邮局取款取件。超期罚款，收发室概不负责。

第四条 报刊订购与收发

1. 报刊订购

(1) 订购时间：上半年；下半年。

(2) 订购手续：不论单位还是个人，均需先到收发室查阅报刊目录，再将需要订购的报刊代号、名称、出版日期、单价、订购份数、期数填写清楚交收发员核对算价，确认无误后，当面缴款开票。公费订购报刊由收发员持订单到财务部门办理付款托收手续。归口管理报刊公费订购的单位除按上述要求填写预订单外，还须填写报刊分发清单，详细写明各种报刊分发到哪些单位或个人。

2. 报刊收发

（1）收发员每天对邮局送来的报刊应对照邮局分送清单分类清点，发现有差错应及时登记并要求补缺退余。

（2）收发员收到邮局送来的报刊后应及时分发，不得耽搁延误。收发员清点分发报刊时间为××小时，任何人不得进入收发室。

（3）每天分发到各单位信报箱的报刊应随附分发清单。

（4）各单位应固定专人按时领取报刊和公启函、电。领取时，要对照分发清单清点检实签名，发现差错，应当向收发员提出增补退换要求，并进行差错登记。若当面未提出，则视为分发无差错。

第五条　收发员应坚守工作岗位，节假日、休息日应有人值班，休息日应采取轮休形式。

第六条　收发室内、外应经常保持整齐清洁。

第七条　收发室由××部门负责管理，其工作质量由××部门进行检查、考核，并承担责任。

项目二

电话事务管理

【学习目标】

任务分布	任务名称	知识目标	能力目标	学时
岗位任务 1	如何接听电话	了解电话接听的基本方法	能够正确、妥善地接听电话	1
岗位任务 2	如何拨打电话	掌握电话拨打的基本方法	能够正确、妥善地拨打电话	1
岗位任务 3	电话交往的特殊情况处理	1. 掌握电话抱怨的应对技巧 2. 熟悉电话交往的常规礼节	1. 能够灵活、正确地处理电话抱怨 2. 能够掌握并运用电话礼节进行正确交往	2

【案例导入】

电话挡驾

宏远公司的高秘书正埋头起草一份文件，电话铃响了，拿起电话，高秘书听着对方的声音，辨别出又是那位推销员王刚打来的电话。第一次王刚来电时，高秘书听着他的自我介绍，判断这电话不是经理正在等的电话，也不是紧急要事。于是她说："很抱歉，经理不在。请你留下姓名、地址、回电号码，我会转达给经理的。"可对方非要找经理不可。挂断电话，高秘书就此事汇报了经理。经理听后，告诉她，曾在一次交易会上见过此人，印象不佳，不想和他有生意上的来往。10 天前，王刚又来电话，高秘书说："对不起，经理仍然不在。我已将你的情况和要求转告给经理，目前他非常繁忙，尚未考虑与你联系。"随即主动挂断了电话。现在，王刚第三次来电，高秘书应该怎么办？

思考：

1. 假如你是高秘书，你怎样做？

2. 秘书接听电话时，首先应做些什么？

3. 秘书怎样审查来电？秘书在电话中应怎样既做到为领导"挡驾"，又不在言语、行动上失礼，冒犯对方？

受理电话的技巧

小高是某机关办公室的一位秘书。有一次她正在办公，突然电话铃声响了。此时高秘书正在整理文件，电话铃声响了一会儿她才拿起话筒问到："请问你找谁？"对方回答说找老刘，高秘书随即将话筒递给邻桌的刘秘书说："刘秘书，你的电话。"没想到，刘秘书接到电话没讲几句，就和对方争吵起来，最后刘秘书大声说道："你今后要账时，先找对人再发火。这是办公室，没有你要找的那个刘天亮！"说罢就挂断了电话。原来，这个电话是打给宣传科刘天亮的，结果错打到了办公室，而对方只是含糊地说找老刘，小高误以为要找刘秘书，结果造成了这场误会。

思考：

高秘书受理电话时错在哪里呢？

任务一

如何接听电话

【任务描述】

秘书小张刚走上岗位不久，对秘书事务工作还不太熟悉。今天上午刚上班，又接到了重要客户的电话，她应该怎样处理？

电话作为现代通信工具，广泛地应用于我们的工作、学习、生活当中。秘书使用电话内外联络，沟通信息。许多客户有时就是通过电话最先接触和了解一个人以及他所服务的企业，如果秘书在接打电话时比较随意或是违反了一些规则，那么影响到的不仅仅是个人，对其所服务的单位也会造成不良影响，严重的会造成公司利益的损害。因此，对每一位秘书来说，了解接打电话的原则和要求，学会处理不同情况下的电话应对技巧都非常必要。

一、电话接听的基本方法

由于电话的应用在商业活动中越来越广泛，因此，秘书非常有必要掌握正确的电话接听程序。电话接听的程序如图 2—1 所示。

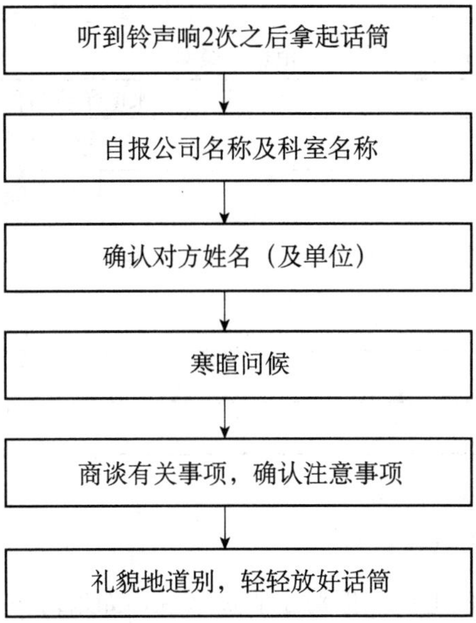

图 2—1　电话接听的程序

在接听电话时，还应注意以下事项：

（一）电话铃响 2 次后，取下听筒

电话铃声响 1 秒，停 2 秒。如果过了 10 秒钟，仍无人接电话，一般情况下人们就会感到急躁。因此，铃响 3 次之内，应接听电话。那么，是否铃声一响，就应立刻接听，而且越快越好呢？也不是，那样反而会让对方感到惊慌。较理想的是，电话铃响完第二次时，取下听筒。

（二）自报姓名的技巧

如果第一声优美动听，会令打或接电话的对方感到身心愉快，从而放心地讲话，因此电话中的第一声印象十分重要，切莫忽视。接电话时，第一声应说：“你好。这是××公司。”打电话时则首先要说：“我是××公司××处的×××。”双方都应将第一句话的声调、措词调整到最佳状态。

（三）电话机旁准备好记录本和笔

在电话机旁放置好记录本和笔，当他人打来电话时，就可立刻记录主要事项。如果没有预先备妥纸和笔，到时候会措手不及、东抓西找，不仅耽误时间，而且会让自己狼狈不堪。

在这里，可以依照“3W”原则对重要的电话内容做好记录，即“When”（什么时间）、“Who”（对象是谁）、“What”（什么事）。电话记录要简洁、完备。通话时，对对方的谈话有时要作必要的重复和附和，以表示你在认真听对方的电话。电话记录表见表2—6。

表2—6　　电话记录表

<table>
<tr><td>时间</td><td colspan="2">年　月　日　时　分</td><td>来电单位名称</td><td colspan="2"></td></tr>
<tr><td>来电人</td><td colspan="2"></td><td>来电号码</td><td colspan="2"></td></tr>
<tr><td colspan="6">来电内容：
1.
2.
……</td></tr>
<tr><td colspan="6">领导批示：</td></tr>
<tr><td colspan="4">处理情况：</td><td>记录人</td><td></td></tr>
</table>

（四）轻轻挂断电话

通常是打电话一方先放电话，但对于职员来说，如果对方是领导或顾客，就应让对方先放电话。待对方说完“再见”后，等待2～3秒钟才轻轻挂断电话。

无论通话多么完美得体，如果最后毛毛躁躁地“咔嚓”一声挂断电话，则会功亏一篑，令对方很不愉快。因此，结束通话时，应慢慢地、轻轻地挂断电话。

二、电话接听的技巧

（一）左手持听筒、右手拿笔

大多数人习惯用右手拿起电话听筒，但是，在与客户进行电话沟通过程中往往需要做必要的文字记录。在写字的时候一般会将话筒夹在肩膀上面，这样，电话很容易夹不住而掉下来发出刺耳的声音，从而给客户带来不适。

为了消除这种不良现象，应提倡用左手拿听筒，右手写字或操纵电脑，这样就可以轻松自如地达到与客户沟通的目的。

（二）确定来电者的身份

接下来还需要确定来电者的身份。电话是沟通的命脉，很多规模较大的公司的电话都是通过前台转接到内线的，如果接听者没有问清楚来电者的身份，在转接过程中遇到问询时就难以回答清楚，从而浪费了宝贵的工作时间。在确定来电者身份的过程中，尤其要注意给予对方亲切、随和的问候，以免对方不耐烦。

（三）听清楚来电目的

了解清楚来电的目的，有利于对该电话采取合适的处理方式。电话的接听者应该弄清楚以下一些问题：本次来电的目的是什么？是否可以代为转告？是否一定要指名者亲自接听？是一般性的电话行销还是电话来往？公司的每个员工都应该积极承担责任，不要因为不是自己的电话就心不在焉。

（四）注意声音和表情

沟通过程中表现出来的礼貌最能体现一个人的基本素养，养成礼貌用语随时挂在嘴边的习惯，可以让客户感到轻松和舒适。因此，接听电话时要注意声音和表情。声音好听，并且待人亲切，会让客户产生亲自来公司拜访的冲动。不要在接听电话的过程中暴露出自己的不良心情，也不要因为自己的声音而对公司的金字招牌造成不利的影响。

（五）保持正确姿势

接听电话过程中应该始终保持正确的姿势。一般情况下，当人的身体稍微下沉，丹田受到压迫时容易导致丹田的声音无法发出；大部分人讲话时使用的是胸腔，这样容易口干舌燥，如果运用丹田的声音，不但可以使声音具有磁性，而且不会伤害喉咙。因此，要保持端坐的姿势，尤其不要趴在桌面边缘，这样可以使声音自然、流畅和动听。此外，保持笑脸也能够使客户感受到你的愉悦。

（六）复诵来电要点

电话接听完毕之前，不要忘记复诵一遍来电的要点，防止由记录错误或偏差而带来的误会，使整个工作的效率更高。例如，应该对会面时间、地点、联系电话、区域号码等各方面的信息进行核查校对，尽可能地避免错误。

（七）最后道谢

最后的道谢也是基本的礼仪。来者是客，以客为尊，千万不要因为电话客户不直接面对而认为可以不用搭理他们。实际上，客户是公司的衣食父母，公司的成长和盈利的增加都与客户的来往密切相关。因此，公司员工对客户应该心存感激，向他们道谢和祝福。

（八）让客户先收线

不管是制造行业，还是服务行业，在打电话和接电话过程中都应该牢记让客户先收线。因为一旦先挂上电话，对方一定会听到“咔嚓”的声音，这会让客户感到很不舒服。因此，在电话即将结束时，应该礼貌地请客户先收线，这时整个电话才算圆满结束。

三、特殊情况的处理技巧

（1）代接、代转电话时，首先要确认同事是否在办公室，并说：“请稍等。”如果同事不在，应先向对方说明情况，再询问对方名字，在没有授权的情况下，不能随便说出对方所要找的人的行踪、私人手机号码。如果对方要求留言的话，要将来电者要求转达的具体内容准确记录在留言单上，并放在对方所要找的人一回来就能看到的地方。留言单见表 2—7。

表 2—7　　　　留言单

来电记录单	□紧急
接收人姓名：	
留言人姓名：	
留言人单位：	
留言人电话：	
□将不再来电	□请你回电
□将来访	□已来访
留言内容：	
记录人：	日期：　月　日　时　分

（2）在与人谈话而电话铃响时，应适时中断话题，并尽快接听。拿起电话第一句话就应该说：“对不起，让您久等了。”

（3）遇到帮对方查阅资料时，无论时间多短，都应该说一声：“让您久等了。”

（4）接、打电话时碰上客人来访，如果电话内容并不太重要，应尽快礼貌地中断谈话。如果电话内容比较重要，应告知来访的客人稍等，然后继续通话。

（5）谈话没有结束，对方意外中断通话，可由自己重拨。

（6）如果知道对方打的是长途，可体贴地先询问一下对方：“要不要我给您打过去?”

（7）遇到对方打错电话时也要礼貌地应对，比较好的回答是：“这里是××公司，您好像打错电话了。”

（8）接到顾客抱怨的电话，不管什么情况都要耐心地倾听，以消除对方的不满。

（9）一般不要在对方的话没有讲完时就打断对方。若实在有必要打断，则应该说：“对不起，打断一下。”

（10）当无法接听电话时，可利用答录机记载信息。

任务二

如何拨打电话

【任务描述】

新进秘书小张上午要拨打好几个电话给公司客户，她应该怎样处理?

一、电话拨打的基本方法

电话拨打的程序一般如图 2—2 所示。

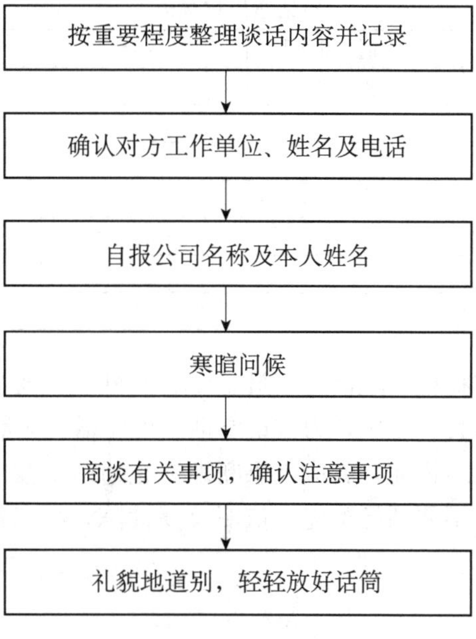

图 2—2　电话拨打的程序

在拨打电话时，还应注意以下事项：

（一）了解时间限制

打电话应该以客为尊，让客户产生宾至如归的亲切感觉，那么就应该注意在恰当的时段内打电话。通常，早上 10:00—11:30、下午 2:00—4:00 是所有公司的“黄金”时段，打电话的时段应该尽量选择在这些最有绩效的时段。

最佳的通话时间主要有两个：一是双方预先约定的时间，二是对方方便的时间。通话应当尽量选择上述的最佳通话时间而避开不适当的时段。例如，某个公司最近发生了重大事情，这时候就不要打电话骚扰对方，否则对方心情会变得浮躁。

（二）控制通话长度

对通话长度控制的基本要求是：以短为佳，宁短勿长。有些公司的通话系统只有一条外线，如果占线时间太久，很可能造成对方所有的对外通信被迫中断，甚至耽误其他重要事情的联络工作。因此，打电话时要遵守“3 分钟原则”，牢记长话短说。

（三）斟酌通话内容

为了节省通话时间并获得良好的沟通效果，打电话之前和之中都需要认真斟酌通话的内容，做到“事先准备、简明扼要、适可而止”。

在通话之前，就应该做好充分的准备。最好把对方的姓名、电话号码、通话要点等通话内容整理好并列出一张电话拨出记录表（见表 2—8）。这样做可以有效地避免“现说现想、缺少条理、丢三落四”等问题的发生，收到良好的通话效果。

表 2—8　　电话拨出记录表

<table>
<tr><td>通话人</td><td></td><td>通话时间</td><td colspan="4"></td></tr>
<tr><td>去电单位</td><td></td><td>去电号码</td><td colspan="2"></td><td>接听人</td><td></td></tr>
<tr><td>去电内容</td><td colspan="6"></td></tr>
<tr><td>通话结果</td><td colspan="6"></td></tr>
<tr><td>处理意见</td><td colspan="6"></td></tr>
<tr><td>告知部门</td><td colspan="2"></td><td>告知人</td><td colspan="3"></td></tr>
<tr><td>告知建议</td><td colspan="6"></td></tr>
<tr><td>备注</td><td colspan="6"></td></tr>
</table>

通话内容一定要简明扼要。通话时，最忌讳吞吞吐吐，含糊不清，东拉西扯。经过简短的寒暄之后，就应当直奔主题，力戒讲空话、说废话、无话找话和短话长说。

一旦要传达的信息已经说完，就应当果断地终止通话。按照电话礼节，应该由打电话的人终止通话。因此，不要话已讲完，依旧反复铺陈，再三絮叨。否则，会让人觉得做事拖拖拉拉，缺少素养。

（四）控制通话过程

通话过程自始至终都应做到待人以礼和文明大度，尊重自己的通话对象，尤其在通话中要注意语言文明、态度文明和举止文明，绝对不能用粗陋、庸俗的语言攻击对方，损害公司的形象。

语言文明体现为牢记电话基本文明用语。在通话之初，要向对方恭恭敬敬地问一声“您好”；问候对方后，应自报家门，否则对方连通电话的对象是谁都不清楚，交流就无法达到预期效果；终止通话时，必须先说一声“再见”。

态度文明有益无害。当电话需要通过总机接转时，要对总机话务员问好和道谢，从而使他们感到受尊重；如果要找的人不在，需要接听电话的人代找或代为转告、留言，态度更要礼貌；通话时电话忽然中断，应立即再拨，并说明通话中断是由于线路故障所致，不要等对方打来电话；如果拨错电话号码，应对接听者表示歉意。

通话过程中虽然不直接见面，但也应该注意举止文明。例如：打电话时不要把话筒夹在脖子下，也不要趴着、仰着、坐在桌角上，更不要把双腿高架在桌子上；不要以笔代手去拨号；通话时的嗓门不要过高，免得令对方深感“震耳欲聋”；话筒和嘴的最佳距离保持在 3 公分左右；挂电话时应轻放话筒；不要骂骂咧咧，更不要采用粗暴的举动拿电话机撒气。

（五）注重通话细节

在通话过程中，尤其需要注意以下一些细节：

1. 确认通话对象

电话接通之后，确认通话对象是必不可少的步骤，避免由于通话对象不对而闹出笑话或尴尬。很多家庭成员之间的声音非常相似，如果在电话中冒冒失失地将其他人当作通话对象，对方会觉得打电话者缺乏修养。

2. 征询通话者是否方便接听电话

电话接通后，不要忘记先征询通话的人现在是否方便接听电话。如果通话对象正在开会、接待外宾或者有急事正要出门，则应该晚一点儿再打过去。否则，对方在繁忙之中也很难心平气和地接电话。

3. 勿存调皮性，勿玩猜谜游戏

在商务电话接听过程中，千万不要心存调皮，尤其不要和对方玩猜谜性的游戏。很多通话对象一时无法想起打电话者的声音和名字，如果打电话者非要让他猜出自己的名字来，对方一般会非常尴尬，甚至产生强烈的反感。

4. 不要忘记最后的祝福和感谢

最后的祝福和感谢是电话即将结束时必须有的步骤。用轻柔的声音给予对方简单的祝福，能够给对方留下美好的印象。中国号称礼仪之邦，历来注重文明礼貌，因此在通话的最后不要忘记祝福和感谢。

二、电话拨打的技巧

秘书在拨打电话的过程中还需要掌握以下技巧。

（一）先整理电话内容，后拨打电话

给别人打电话时，如果想到什么就讲什么，往往会丢三落四，忘却了主要事项还毫无觉察，等对方挂断了电话才恍然大悟。因此，应事先把想讲的事逐条逐项地整理、记录下来，然后再拨电话，边讲边看记录，随时检查是否有遗漏。另外，通话要尽可能在 3 分钟之内结束。实际上，3 分钟可讲 1 000 个字，相当于两页半稿纸上的内容，按理是

完全可行的。如果一次电话用了5分钟甚至10分钟，那么一定是措辞不当，未抓住纲领、突出重点。

（二）勿因人而改变通话语气

不要因为对方身份的改变而改变通话语气，应该自始至终使用亲切、平和的声音平等地对待客人。如果接听电话的人听到打电话的人的声音发生明显的转变，心里很容易产生反感，从而认为其非常势利、没有教养。

（三）说话速度恰当、抑扬顿挫、流畅

通话过程中要始终注意言谈举止，三思而后言。说话时速度要适当，不可太快，这样不但可以让对方听清楚所说的每一句话，还可以帮助说话人自我警醒，避免出现说错话而没及时发现的情况。另外，说话的语调尽量做到抑扬顿挫和流畅，给人舒服的感觉。

（四）私下与人交谈需按保留键

在通话过程中，如果需要私下和其他人交谈，应该注意按保留键，不要直接对着话筒跟其他人说话。否则，有些私下的交谈甚至对人的批评语言在不经意间就让客户听到了，对方很可能因此而不高兴。

（五）断线应马上重拨并致歉

如果在通话过程中突然发生意外情况而导致通话中断，那么就应该按照对方的电话号码迅速重新拨打过去，不要让客户以为是故意挂断了电话。电话重新接通之后，应该立即向客户致歉，并说明断线的原因，从而赢得客户的理解。

（六）帮助留言应记录重点

帮助同事留言时，要注意记录电话内容的重点，应该包括：来电者公司、部门、姓名、职称、电话、区域号码、事由、时间等内容。此外，还应该记录留言者的部门和姓名，以方便问题的了解。

三、特殊情况的处理技巧

电话拨打时，如果遇到一些特殊情况，可以按照下述技巧处理。

（1）如果要找的人不在，可以过后再打，也可礼貌地请对方代为转达。

（2）拨错了电话，切记要表示歉意，说“对不起，我打错了”、“打扰您了”等。

（3）听不清楚对方的说话内容时，应及时告诉对方。例如：“听筒好像有问题，听不太清楚，可不可以大声点？”

（4）白天一般宜在上午8点以后，节假日应在上午9点以后。晚上应在22点以前。

在无特殊情况下，不宜在中午休息时间和就餐时间打电话，这表示尊重对方的生活习惯和家人。在挂国际长途时，要注意各地的时间差。

（5）代领导拨打电话。这时秘书往往只是替领导接通电话，然后将电话转给领导，由领导自己陈述电话内容。代领导拨打电话时，要做到以下几点：

1）若直接打电话给领导要找的人，秘书要简要地自报家门，说明谁要找他，请他稍等。

2）若接电话的是对方的秘书：如果对方领导的地位比自己的领导低，要等对方秘书找到他们的领导后，再将话筒转给自己的领导；如果对方领导的地位比自己的领导高，电话接通后就转给领导比较好。

（6）若有重要的信息转达给对方，而对方又无法接听电话，可采用在对方电话答录机上留言的方式。但要注意留言的程序：

1）等到对方预先录制的请留言信息结束，在听到特殊的提示音后开始留言。

2）先把自己的姓名和单位的名字说出。

3）然后清楚地说明要给谁留言。

4）准确、简洁地说明留言的内容。

5）对于姓名、地址等重要词汇，可运用拼写再次确定。例如："我是章伟，立早章，伟大的伟。"

6）若信息中要留言数字，应尽量慢点说，并进行必要的重复。

7）最后说出留言的日期。

8）挂断之前，要说"谢谢"或其他礼貌用语。

任务三

电话交往的特殊情况处理

【任务描述】

秘书小张近期好几次接到抱怨、烦琐的咨询电话，她应该如何处理好这些电话事务呢？

一、如何应对电话抱怨

一提到电话抱怨，大多数人都胆战心惊。因为不但要忍受客户的满腹牢骚甚至破口大骂，而且稍不小心就会得罪客户，还会遭到主管领导的怪罪。如何安抚客户的心？怎样将"烫手山芋"变为"绕指柔"？这都是需要进行认真研究的。

（一）以客为尊，放下身价

在接到客户抱怨电话的时候，秘书应该努力放下身价，尽心为客户服务。处理电话抱怨应该牢记以客户为尊，千万不要在言语上与客户产生争执。这是因为一旦客户因此而向上举报的话，必将影响到秘书在本公司的工作环境。

（二）找出抱怨事由

为了有效地处理埋怨电话，从而让客户感到满意，首先必须清楚地了解客户产生抱怨的根源。有些客户在电话里洋洋洒洒地发了一大堆牢骚，却始终无法讲清楚事情的缘由。在这种情况下，秘书依旧应该客气地询问客户生气的真正原因，并承诺为客户解决任何问题。不要因为客户的电话抱怨是“烫手山芋”就人人避开，而应该勇于负责任。

（三）寻求解决之道

在处理抱怨电话的过程中，要发自内心、真心实意地去为客户服务，寻求从根本上解决问题的方法，而不能抱着要从客户身上获得一些回扣的心态。

一般情况下，如果客户反映的问题在自己的职权范围内能够解决，那么就立刻为客户解决；如果在自身的职权范围内无法解决问题，则应该向上反映，直至问题得到妥善解决。

（四）请教同事或主管

个人的职权范围和能力终归是有限的，当个人无法立刻为客户解决问题而让客户感到满意时，与其自己头痛，不如集思广益，请教资历深的同事或上级主管。通过和同事们共同协商，努力向客户交出满意的答案。

（五）征询客户意见

关于由对公司的产品或服务不满意而产生的抱怨如何处理，客户的意见非常重要。在处理电话抱怨的过程中，应该诚恳地询问客户对问题处理的意见。这时候，客户可能有两种表现：一是滔滔不绝地说了很多，二是情绪发泄完毕后干脆收线。不管是哪一种结果，秘书都可以从中学到东西。

二、电话方位指引的技巧

随着贸易的迅速发展，公司之间的商务活动往来急剧增多。业务人员前往一家公司拜访的过程中，常常由于人生地不熟而迷失路途。这时候，秘书通过电话给对方正确指引方位使其能够顺利到达目的地，就显得越来越重要了。通常来说，用电话指引方位的过程中应该注意以下要点：

（一）确认对方所在区域位置

一旦接到请求指引方向的电话，首先应该确定来电者目前所处的区域位置。如果连对方的位置都不清楚就开始盲目指点，那只会使对方更加糊涂。在指引的时候，应该避免告诉对方方位、角度或者很难发现的小目标。

（二）确定对方乘坐何种交通工具

了解了来电者的区域位置后，还应该礼貌地询问对方乘坐的是什么交通工具，因为对于不同的交通工具，指引的方式是完全不同的。例如，开车的人应该告诉他大的目标，搭车的人则应该告诉他详细的公共交通工具的乘坐方法。

1. 针对开车族的方位指引

对于开车而来的客户，他在打电话询问的时候是一心二用的。如果告诉他方位、角度或完全看不到的小目标，他是根本来不及顾及这些的，甚至还可能危及他开车时候的人身安全。正确的指引方式应该是告诉他沿途可能经过的大目标，如医院、学校、百货公司、大型超市以及加油站等。

2. 针对搭车族的方位指引

对于搭车族而言，在电话中进行方位指引主要是要交代清楚如何选用便捷、快速的公共交通工具。这时候，应该告诉他公司附近的公共交通工具站名以及车次。如果对方是对公司非常重要的客户，则应该派车前去迎接，这时候要交代清楚所派出的车子的车牌号码、颜色和种类等。

（三）估测车程时间

当客户的位置、行车方式和路线都确认之后，还应该让对方自己估测一下车程和时间。例如，到达某个路口后，让开车前来的客户自己估测路程，如果随后的行程超出了估测的路程，那么说明方向是错误的，应该重新寻找方向。

（四）电子工具的利用

在前往公司的路途中，通过电话的方式询问方位是迫不得已的做法。实际上，还可以利用先进的电子工具事先做好准备。例如，在客户来之前用传真或电子邮件的方式，将简单的路线图发给客户，那么客户就可以按照路线图的指引轻松地到达目的地。需要注意的是，在路线图中应该将单行道、拐弯等清晰地标示出来，以免危及客户的人身安全。

三、电话中应对突发事件的技巧

秘书在接听或者拨打电话的过程中，可能会有一些突发的情况出现，这时候应保持冷静，并且采用合适、有效的方法来应对。一般来说，常见的突发事件有以下几种：

（一）听不清对方的话语

当听不清楚对方讲话时，进行反问并不失礼，但必须方法得当。如果秘书惊奇地反问："咦?"或怀疑地回答："哦?"对方定会觉得无端地招人怀疑、不被信任，从而非常愤怒，连带对其印象不佳。但如果秘书客客气气地反问："对不起，刚才没有听清楚，请再说一遍好吗?"对方定会耐心地重复一遍，丝毫不会责怪。

（二）接到打错了的电话

有一些秘书接到打错了的电话时，常常冷冰冰地说："打错了。"最好能这样告诉对方："这是××公司，你找哪儿?"如果自己知道对方所找公司的电话号码，不妨告诉他，也许对方正是本公司潜在的客户。即使不是，秘书热情友好地处理打错的电话，也可使对方对公司抱有初步好感，说不定就会成为公司的客户，甚至成为公司的忠诚支持者。

（三）遇到自己不知道的事

有时候，秘书在接听的电话中，对方一个劲儿地谈自己不知道的事，而且像竹筒倒豆子一样，没完没了。秘书碰到这种情况，常常会感到很恐慌，虽然一心企盼着有人能尽快来接电话，将自己救出困境，但往往迷失在对方喋喋不休的陈述中，好长时间都不知道对方到底找谁，待电话讲到最后才醒悟过来："关于××事呀！很抱歉，我不清楚，负责人才知道，请稍等，我让他来接电话。"碰到这种情况，应尽快理清头绪，了解对方的真实意图，以免被动。

（四）接到领导亲友的电话

领导对部下的评价常常会受到其亲友印象的影响。打到公司来的电话，并不局限于工作关系。领导及先辈的亲朋好友常打来与工作无直接关系的电话，他们对接电话的秘书的印象，会在很大程度上左右领导对其的评价。

例如：当秘书接到领导夫人找领导的电话时，由于其忙着赶制文件，时间十分紧迫，根本顾不上寒暄问候，而是直接将电话转给领导就完了。当晚，领导夫人就会对领导说："今天接电话的人，不懂礼貌，真差劲。"简单一句话，便会使领导对秘书的印象一落千丈。可见，领导及先辈的亲朋好友对下属职员的一言一行非常敏感，期望值很高，请切记时刻严格要求自己。

（五）接到客户的索赔电话

索赔的客户也许会牢骚满腹，甚至暴跳如雷，如果作为被索赔方的秘书缺少理智，像对方一样感情用事，以唇枪舌剑回击客户，不但于事无补，反而会使矛盾升级。正确的做法是：处之泰然，洗耳恭听，让客户诉说不满，并耐心等待客户心静气消。其间切勿说"但是"、"话虽如此，不过……"之类的话进行申辩，应一边肯定客户话中的合理成分，一边认真琢磨对方发火的根由，找到正确的解决方法，用肺腑之言感动客户，从而化干戈为玉帛，取得客户的谅解。

面对客户提出的索赔事宜，自己不能解决时，应将索赔内容准确、及时地告诉负责人，请其出面处理。闻听索赔事宜，绝不是件愉快的事，而要求索赔的一方，心情同样不舒畅。也许要求索赔的客户还会在电话中说出过激难听的话，但即使这样，到最后道别时，秘书仍应加上一句："谢谢您打电话来。今后一定加倍注意，那样的事绝不会再发生。"这样，不仅能稳定对方情绪，而且能让其对公司产生好感。正所谓："精诚所至，金石为开。"对待索赔客户一定要诚恳，用一颗诚挚的心感动客户，以化解怨恨，使之从这次处理得当、令人满意的索赔事件中，理解与支持本公司，甚至成为公司产品的支持者。通过对索赔事件的处理，也能了解公司的不足之处，并以此为突破口进行攻关。当经过不懈努力，终于排除障碍、解决问题，甚至使产品质量更上一层楼，使公司走出困境，不断繁荣昌盛。这时，谁又能说索赔不是一件好事呢？

【技能训练】

训练一·前台电话转接服务

一、训练目标

通过电话转接服务训练，学生能够具备良好的沟通能力、应变能力以及概括能力。

二、训练方案与要求

（一）背景资料

你是宏远公司的前台服务人员，主要的工作职责之一是电话转接服务，一天，公司负责人来电，需要前台转接。

（二）训练要求

任务1：接电话，对相关人员的来电进行询问。

任务2：电话转接。

任务3：电话未通的情况下作记录。

（三）训练步骤

训练任务1

1. 任务：

接电话，对相关人员的来电进行询问。

2. 要求：

（1）在模拟条件下礼貌接通电话，并说明公司名称。

（2）询问对方信息。

3. 设备：

计算机、网络打印机或非网络打印机、电话机、传真机、能够登录互联网的局域网。

4. 步骤：

在模拟条件下礼貌地接通电话，并说明公司名称。

训练任务2

1. 任务：

电话转接。

2. 要求：
(1) 正确判断不定来访者需要转接的部门。
(2) 模拟条件下，练习处理可能遇到的情况：无人接听、占线、接通。
(3) 向公司人员简单介绍来电事宜。
3. 设备：
计算机、网络打印机或非网络打印机、电话机、传真机、能够登录互联网的局域网。
4. 步骤：
正确判断来访者需要转接的部门。

训练任务 3

1. 任务：
电话未通的情况下作记录。
2. 要求：
(1) 判断电话接通情况。
(2) 准确记录来电者情况。
3. 设备：
计算机、能够登录互联网的局域网。
4. 步骤：
(1) 判断电话接通情况。(电话接通状态：无人接听、占线、接通。)
(2) 电话不能接通时，准确记录来电者情况。

(四) 训练提示

训练过程中，应该注重角色扮演的严谨、真实，提高训练效果。

(五) 参考评分标准

每个任务总分 30 分：
(1) 沟通过程完整流畅。(10 分)
(2) 正确判断接通状态。(10 分)
(3) 信息正确、清楚、完整。(10 分)

(六) 任务完成情况评价

学生训练成果评价表见表 2—9。

表 2—9　　学生训练成果评价表

训练项目	前台电话转接服务	
任务序号	任务得分	任务完成情况评价
1		
2		
3		
总分		

学生签字：　　　　　　指导老师：　　　　　　年　　月　　日

训练二·接打电话的基本礼仪

一、训练目标

通过本训练，学生能够掌握接打电话的基本礼仪。

二、训练方案与要求

（一）背景资料

今天是高叶第一天正式到宏远公司上班。由于总经理今天上午在自己的办公室开个小型销售工作会议，因此，总经理只安排作为总经理秘书的高叶帮助接打电话。在10:00左右，有4个电话来找总经理，一个是上海的经销商打来的，一个是总经理太太打来的，一个是公司董事长从香港打来的，还有一个是投诉电话。

（二）训练要求

按照打电话的基本礼仪接听各种电话。

1. 本训练可选择在模拟的办公室或教室进行，最好能配置真实的电话机。
2. 训练应分组进行，可以3人一组，其中1人扮演高叶，1人扮演打电话来的客户，1人进行监督和评价。每个人都要轮演高叶和打电话来的客户。
3. 每名学生在演练过程中一定要严肃认真，言行符合规范。
4. 每名学生最好能按照训练内容设计演练的脚本（包括情节和台词），并给本小组成员分派角色。
5. 老师可以临场发挥，比如增设模拟角色和任务；在学生们演练时，组织其他学生对表演进行评论。

（三）训练提示

接打电话时应注意以下事项：

1. 注意口齿清楚。
2. 不要随便岔开对方所说的话题，但也不要有什么问题就直截了当地问对方；一定要在听对方讲完之后，自己才能开始发表意见。
3. 自己说话时，如果说得太长，就要不时停顿一会儿，看看对方的反应，总之要替对方考虑考虑；不要只顾着自己说话，也要给对方提问的机会。
4. 不管什么人打电话过来，都要认真接听；即使客户的投诉电话打来，也应以冷静而尊重的态度与对方说话。
5. 一般来说，谁拨电话谁先挂机，但是，如果对方比自己的地位高，那就应该等对方挂机后自己才能放下电话。
6. 注意自称。

三、训练总结

训练总结表见表2—10。

表2—10　　训练总结表

学生自我总结	
老师评价	

训练三·撰写电话记录

一、训练目标

通过本训练，学生能够掌握撰写电话记录的一般方法。

二、训练方案与要求

（一）背景资料

这天上午公司总经理刘明外出办事，忘了带手机。集团公司董事长找不着他，便给他的秘书高叶打电话："关于某工程招标的事，我要尽快听取刘明的汇报，刘明回来后，让他给我来个电话。"高叶说一定转达。

（二）训练要求

按照实际要求练习做各种形式的电话记录。

1. 本训练可选择在模拟的办公室或教室进行，最好能配置真实的电话机。

2. 训练应分组进行，可以 3 人一组，其中 1 人扮演高叶，1 人扮演集团公司董事长，1 人进行监督和评价。每个人都要轮演高叶和集团公司董事长。

3. 每名学生在演练过程中一定要严肃认真，言行符合规范。

4. 每名学生最好都能按照训练内容设计演练的脚本（包括情节和台词），并给本小组成员分派角色。

5. 老师可以临场发挥，比如增设模拟角色和任务；在学生们演练时，组织其他学生对表演进行评论。

（三）训练提示

电话记录应包括以下几项内容：

1. 什么时间（接电话的时间）。
2. 谁打来的。
3. 打给谁的。
4. 电话的内容。
5. 接电话人的姓名（当然是本人）。
6. 处理结果，如替他人传达、让对方再来一个电话或者给对方回个电话等。
7. 挂断电话之前，要将对方的电话号码重复一遍。

三、训练总结

训练总结表见表 2—11。

表 2—11　训练总结表

学生自我总结	
老师评价	

【拓展资源】

上海中远物流有限公司电话接听服务规范

一、总则

为明确公司电话接听的服务标准，提高公司整体电话接听服务质量，结合《上海中远物流有限公司“七不”规范实施细则》，特制定本规范。

二、适用范围

本规范适用于公司本部所有在岗职工，包括管理部门，以及还没有签订劳动合同的实习人员。

三、基本规范

电话接听的基本规范为公司在电话接听方面的最低标准，适用于所有岗位，每一位员工在进行电话接听服务时都必须达到基本规范的要求。

员工接听电话，应做到语言规范，吐字清晰，语气亲切自然，并施行首问责任制。

1. 拿起电话

（1）首句应报“您好，××部门”或“您好，上海中远物流”或“您好，上海外代”，其次应以“有什么我可以帮忙”、“请讲”等类似言语开始电话交谈。

（2）原则上铃响3声应接听电话，如果超过3声铃响再接电话，必须在首句中使用“对不起，让您久等”或其他类似的致歉用语。

（3）通话应讲普通话，在事先征得对方同意或对方首先使用方言的前提下，可使用相应的方言。

2. 电话交谈开始

（1）不得讲服务忌语，不得以命令式的语气对待客户。

（2）要仔细倾听对方的讲话，一般不要在对方话还没有讲完时就打断对方。若实在有必要打断，则应该说“对不起，打断一下”。

（3）对方声音不清楚时，应该善意地提醒：“声音不太清楚，请您大声一点，好吗？”

（4）若需对方等候，应讲“请您稍等”或“对不起，让您久等了”。

（5）若电话中不能马上给予答复，应在征得对方同意后，约定答复时间。例如：“若您不介意，请留下电话和姓名，过××分钟给你回复。”

（6）如果对方要找的同事暂时无法接听电话，应先向对方说明情况，商量如何处理；如果对方表示不要挂断，一定要在同事接听前这段时间内的适当时候向对方打招呼，表示你还在照顾这个电话。

3. 通话结束前

（1）转接电话，要告知客户联系人姓名及电话号码，提醒客户若电话暂时无法接通请重新拨打，或由我们帮助联系，并在转接前说“请稍等”，不允许将电话返回总机。（例如：“您可以拨打××××分机，找××部门×××，我先帮您转接，如果电话暂时无法接通，请您重新拨打，如果实在联系不到，您可以再打我的分机，由我帮您去问，好吗?”)

(2) 表示欢迎对方来电咨询或业务联系。如说“下次有事，欢迎致电”等，留下分机号码和姓名，并让对方先挂断电话；或者说“谢谢”或“再见”，以示尊重。

四、指导规范

电话接听指导规范为公司在电话接听方面的较高标准或提高电话接听服务质量的建议，原则上适用于客户服务、市场营销等在工作中经常与外部客户进行电话交流的岗位。各部门在制定各自的电话服务规范时可针对不同的岗位选择不同的规范（但并不在此限），并结合业务特点进行细化，最终形成部门内部的电话接听服务规范。

(1) 养成良好的电话接听习惯，接听电话时保持端坐的姿势，左手持话筒，右手执笔，在与客户进行电话沟通过程中做必要的文字记录，不要将话筒夹在肩膀上面。

(2) 体现良好的市场开发意识，接到客户的问询电话后，应主动确定客户的身份姓名、所属公司、联系电话等有关方面的内容，加强对客户的事后跟踪。

(3) 体现良好的客户服务意识，主动对业务中存在的有关问题向客户进行解释，不仅仅让客户知道要这样做，还要让客户了解为什么要这样做，站在客户的立场考虑问题。

(4) 体现良好的团队合作意识，在第一时间将获得的客户信息传达给相关人员，协助做好市场开发和客户服务工作。如果不属于本部门的业务范围，可以把信息交给科长，由科长按照具体要求转给相关部门，并做好跟踪反馈。

(5) 体现细致的日常工作作风，对于电话中的重点内容或客户的特殊要求进行复述，防止由记录错误或理解偏差而带来的误会。

(6) 体现扎实的专业知识素养，熟悉业务流程、内部分工和市场情况等方面的知识和资讯，对于客户的问询能给予迅速而准确的答复。

(7) 体现较强的英语会话能力，熟练掌握日常基本会话用语和相关岗位的专业术语，发音准确，应答流利。

(8) 体现较强的危机处理能力，耐心听取客户意见，对于客户的抱怨进行详细解释，在第一时间消除客户的不满。

五、监督检查

(1) 各部门应将电话抽查作为质量抽查的一部分，每月对内部的电话接听情况进行抽查，月抽查率不低于10%，并确保全年每个员工至少被抽查1次。抽查可由部门自行组织进行，也可由相应的结对部门协助进行。

(2) 公司将不定期对公司内部的电话接听情况进行抽查，对电话接听服务表现优秀的员工，公司将通报表扬。同时，若发现员工电话接听服务没有达到基本规范的要求，在一个年度内，第一次将予以提醒，第二次将罚款100元，第三次或以上除罚款100元外，企划部将牵头会同相关部门做出进一步处理的决定。

六、附则

本规范自下发之日起开始试行，2010年1月1日起正式施行。

范例一：

员工：您好，船务部。我是阎昊，有什么可以帮助您的吗？

客户：……

员工：声音不太清楚，请您大声一点，好吗？

客户：杨华在吗？

员工：请问您哪位？

客户：我是广远的×××。

员工：杨华的分机是 8888，我先帮您转接，如果电话暂时无法接通，请您重新拨打，如果实在联系不到，您可以再打我的分机，由我帮您去问，好吗？

客户：好的。

员工：请稍等。

范例二：

员工：您好，货运部。我是丁信，请讲。

客户：我有一批货要出运到德国汉堡，想询个价。

员工：请问您是哪家公司？贵姓？

客户：我是××进出口贸易公司。免贵姓王。

员工：请问您有指定的船公司吗？

客户：没有。

员工：现在到欧洲的运价中海比较便宜，是小箱 1 000 美元，大箱 1 900 美元，另要收取燃油附加费每 TEU 50 美元。中海虽然价钱便宜但船期较长，大约需要 30 天，每周二开船。相对来说中远的运价要稍贵一些，每 TEU 要贵 50 美元，但船期较短，大约 25 天，每周四开船。如果您对船期有要求，建议您订中远。请问您有多少货物，大约什么时候出运？

客户：我有三个大箱，下周五之前要出运。

员工：那您想配哪个船公司？

客户：我再考虑一下，一有消息我再联系你。

员工：好的，我的电话是××××××××，我的手机是×××××××××××，欢迎随时致电。方便的话能留下您的联系方式吗？

客户：好的，我的电话是××××××××。

员工：我再和您确认一下电话号码，是××××××××吗？

客户：对，谢谢，再见。

员工：欢迎来电咨询，再见。

模块三

时间管理与领导商务旅行安排

【模块导读】

“日程安排”是指按时间排定的领导工作计划，是领导工作质量、工作效率、工作成果的一种反映，是时间管理艺术的集中体现。秘书的职责是当好“管家”，按日程安排为领导做好各种必要的准备，并提醒领导实施。日程是领导的工作质量、工作效率、工作成果的一种体现，而规划、安排领导的工作日程是秘书的一项基本工作。这项工作看似简单，但却十分重要，它是秘书辅助领导工作的基础。安排好领导的日程，意味着秘书将和领导一起开展有序的工作。秘书一定要细心观察领导的工作习惯和做事风格，调整自己的工作方法，主动适应领导的工作节拍。

另外，领导的工作约会及商务旅行活动也成为单位、部门的重要工作内容，如何提前做好领导在商务旅行中的相关准备工作，制定合理、有序的商务旅行计划，是秘书提高工作效率的关键。

项目一

时间管理

【学习目标】

任务分布	任务名称	知识目标	能力目标	学时
岗位任务	工作日程安排	熟悉日程表、周计划表、月计划表、年计划表、日志系统的基本规范	1. 能够拟订和实施办公室工作计划 2. 能够建立承办周期制度	2

【案例导入】

秘书忙碌的一天

周一上班，秘书小王需要完成以下工作。她迅速地逐一开展工作，搞得手忙脚乱，临近下班时间，仍有部分工作没有完成。

1. 给某客户打电话，与对方联系其上司下周四将与他约会的事宜；

2. 将下午部门经理会议所要讨论的报告复印每人一份（8 人，每份 10 页），并为每人打印一份会议日程表；

3. 向人力资源部门写报告，申请今年的休假日；

4. 复印一份将给某客户的答复信以备存，原件邮寄给对方；

5. 拆封、分类和传递今天收到的邮件；

6. 布置下午要使用的会议室，准备茶水和咖啡；

7. 为上司预订周末去天津的火车票（北京出发）；

8. 将财务部新发的办公经费报销规定复印一份备存，原件放置于文件传阅夹中供各部门同事传阅；

9. 在做上述这些事情的同时，她还完成了接待 3 位访客、接应电话等事宜。

思考：

从上面可以看出，秘书工作既有计划内的繁杂事务，也有临时性工作事务。秘书工作日程安排，应该从哪些方面考虑？

任务

工作日程安排

【任务描述】

秘书小张感到平时工作非常繁杂，有时候似乎感到找不到头绪，行政事业部总监建议她做好工作日程安排，她应该从哪些方面准备以做好日程安排?

秘书日常事务工作之一就是做好组织的时间安排，包括日常安排、约会安排、商务旅行安排等。帮助领导安排好时间，主要内容是做好日程安排，包括每月、每周、每天的日常工作安排。

一、日程安排的内容

秘书日程安排的内容是把领导或组织每月、每周、每天的主要活动纳入计划，并下发给组织相关单位或部门。尽管时间安排不可能天衣无缝，也会出现漏洞，会有变化，但只要沟通及时，并不会有太大的影响。做好时间安排，有利于组织内部工作的协调，可以按部就班地安排工作，避免出现撞车，同时也方便了其他工作部门。请示、汇报工作可以提前“挂号”，同时与其他单位的工作联系也可以提前做好准备。对秘书而言，通过日程安排，其可以及时掌握领导活动的线索，及时做出相应的调整。

领导或组织日常工作安排一般涉及以下内容：

（1）各种接待、约会。包括接待或会见本单位员工、外单位来宾和国外的来宾。

（2）商务旅行活动。当前各组织领导特别是企业领导经常到各地、各国去联系合作事宜，进行市场调研和参观学习。

（3）参加各类会议。各类组织都会经常举行不同类型的会议，包括领导部署重要的任务、听取员工的建议、组织各类表彰会议，等等。

（4）到车间进行实地检查或指导。优秀的企业家都注重及时了解本组织的生产、营销、资产运行等方面的情况，这离不开其亲自去做市场分析、产品分析、资产分析等工作。

（5）组织的各类重大活动的安排。

（6）领导私人活动的安排。在一些东西方发达国家，秘书一般都要对领导的私人生活进行安排。比如何时去休假、替领导安排好接待领导私人亲朋的日程表等。

二、日程安排的主要原则

日程安排主要是对领导或组织日常活动的时间和进度进行统筹计划和安排的过程。

其具体要求如下。

1. **统筹兼顾**

所谓统筹兼顾，就是安排日常活动既要从组织的全局出发统一筹划，又要兼顾领导的实际情况，有条不紊地做好时间的协调工作，避免发生“撞车”，使整个时间安排如同一个流程一样，是一个完整顺畅的动态系统。这一动态系统的每个节点都承接了上一过程的成果，担负着本身过程的职责。只有统筹兼顾，才能做到有条不紊，互不冲突，提高工作效率，取得良好的工作绩效；反之，若安排不当，顾此失彼，不仅会对领导工作的效率带来消极影响，而且会给组织全局工作造成混乱。

2. **安排规范**

安排规范就是根据组织领导的分工，明确规定哪一类组织活动应由哪些领导参加，避免出现随意性，注意实效，克服形式主义。

3. **效率原则**

日程表的安排要体现效率原则。作为一个组织，时间会产生很多变数，组织或企业发展到一定阶段，必然会出现各类问题叠加的情况。于是，缺乏效率的日程安排就会使组织框架试图去适应这种变化，从而变得日益臃肿，组织的命令系统逐渐失灵，导致大量未经删选或毫无意义的信息淹没组织高层。因此，秘书在安排领导日程时要注意使整个日程安排有助于提高组织工作效率，设计的工作日程要很清楚。

4. **突出重点**

采用ABCD法则，对于与完成中心工作有直接联系或重要的活动，要优先安排，加以保证，以便领导集中精力办大事，防止领导疲于奔命，力戒形式主义。ABCD法则中，A是指先做重要而紧急的任务；再做重要而不紧急的任务，即B类事务；后做紧急而不重要的工作，即C类事务；再处理D类，即可做可不做的事务。只有这样，才能提高效率，充分利用时间，合理分配精力，完成工作任务。

5. **留有余地**

安排领导的时间要留有余地，不要安排得过于紧密，要给领导空隙时间。

6. **适当保密**

领导的日程安排，一般都是自制成一览表形式。日程表给领导一份，给秘书科长和其他领导一份，再就是有关科室和司机一份。不过，给科室和司机的日程表，内容不能太详细，以防泄密。

7. **事先同意**

在安排领导的日程表时，无论是一般的工作还是重要的工作，都要事先得到领导的同意。

三、日程安排的主要形式

（一）年计划表

公司在一年中的例行活动、商界在一年中的例行活动以及公司年度工作计划，可以事先安排。某公司年度计划日程安排表见表3—1。

表 3—1　年度计划日程安排表

1 月	14 日召开职工代表大会，23 日召开董事会
2 月	参加广交会
3 月	召开股东大会，董事长去日本考察
4 月	3 日职工技能大赛开始，5 日结束；公司举行“以人为本”演讲比赛
……	……
12 月	进行年终总结大会，奖励先进个人和车间

（二）月计划表

从全年计划表抄下日程安排，填写出差和聚会等预定事项，要抓住当月的重大活动。某公司月计划日程安排表见表 3—2。

表 3—2　月计划日程安排表

日期	星期	上　午	下　午
1	二	条山酒业集团公司建厂 50 周年厂庆	
2	三	久立集团等兄弟单位参观，并组织专家研讨	
3	四	李银城董事长、王强元副经理去比利时参加展销会	人力资源部召开会议，在 2 楼会议室
……	……	……	……
31	一	全体职工大会，王晓元经理做年度报告并奖励优秀员工	

（三）周计划表

在周末要向领导报告下周计划，并得以确认。周计划的安排要考虑领导的忙碌程度以及其他因素，如果领导临时事情太多，则可以将一个月内必须完成的已知事项安排在其他周完成。某公司周计划日程安排表见表 3—3。

表 3—3　周计划日程安排表

星期	上　午	下　午
一	8:30，2 楼，李董事长介绍参展情况 11:00，李董事长参加市委的午餐会	14:00，市场营销科汇报工作，三楼会议室
二	8:00，王强元副经理组织各部部长学习新的企业法 10:00，王晓元经理在衢州饭店与新加坡客商进行谈判 12:00，共进午餐	15:00，迎接市工商局、环保局检查，徐可圣副经理负责
三	9:30，李董事长会见日本客商	16:00，李董事长、王晓元经理会见新到的大学毕业生
四	……	……
五	……	……

（四）日程表

领导在一天中要做许多工作，为使其事先掌握自己所要从事的重要活动，必须提供给领导日程表。在前一日下午或者当日清晨，根据周计划表，抄制当日日程表，并得到领导确认（如果不制作日程表，根据周计划表安排工作时，也必须于前一日或当日清晨得到确认）。某公司庆祝建厂100周年计划日程安排表见表3—4。

表3—4　　某公司庆祝建厂100周年计划日程安排表

时间	12月1日（星期二）
8：30—9：00	庆祝建厂100周年代表签到
9：00—9：05	王强元副经理主持，李银城董事长致欢迎辞
9：05—9：10	湖州酒业集团公司董事长张瑞致辞
9：10—9：15	市政府秘书长王建中致辞
9：15—9：45	王晓元经理做主题发言，介绍集团发展过程和未来目标
9：45—10：40	构建共赢的价值链，推进竞合策略
10：40—11：00	与会人员留影
11：00—13：00	午餐
14：30—16：30	李银城董事长陪同各位来宾到车间参观
16：30—17：30	圆桌会议
17：30—19：30	答谢酒会
19：30—21：30	一起观看晚会，由公司公关部、文艺部负责

（五）日程安排注意事项

（1）日程表编写以记叙、说明为主要表达方式，不加评论，不作过多分析，简洁具体，使人一目了然。

（2）月计划、周计划、日计划不要安排得太满，尤其是后两者。因为环境随时变化，领导要根据不同的情况做出一定的改变，所以日程安排要留有余地。

（3）所有的日程安排都应按领导的意思去办。经领导审核通过打印成表并送给相关部门，同时要留有备份。

（4）活动与活动之间要有一定的空隙时间，以避免一些时间冲突。

（5）在制定日程表的过程中，应养成谦虚细心的习惯。事不论大小，都要认真去检查核对，然后再请领导审核，这样一方面减少错误，另一方面提高工作效率。

（6）对已经处理完的工作，一般应注明结果，对没处理的也一样，这样可以避免漏掉一些重要内容，也帮助领导随时掌握信息。

四、工作日志

日志是根据周计划表写出的一天时间内组织领导活动计划，一般分为纵、横两种方式。所谓纵，是以时间为线索，上班开始到下班为止，整个过程中什么时间应做什么事，按照顺序排列，将属于领导必做的作为主线，安排的时间应在领导精力很好时。所谓横，是指事务。每一项事务都应该设定处理所需要的时间，将一些重要的事务马上安排让领导完成。

当然，同一时间中，肯定会出现若干项事务同时需要处理的情况，这是因为各类组织日常事务的特点本身缺乏计划性，我们只能去适应它，无法控制它。有经验的秘书会根据不同的情况选用不同的日志记录方式。其中以时间为线索的日志，以时间为序排列，有利于处理一些经常性的日常事务，日程安排有很大的可操作性。

在日志上记录应该注意的问题包括：

(1) 写字永远要用钢笔——尚未联系妥当的约会可以先用铅笔记载，待约定之后再用钢笔描一遍；

(2) 记载时间、联系人姓名、地点以及其他有关内容，尽可能简单而全面；

(3) 记载社交活动，要注意招待会或酒会的时间——"18：30 动身赴 19：00 的酒会"——以及穿着方面的任何应特别注意的情况；

(4) 一天的活动安排，应按时间先后记载；

(5) 每天开始，要先为当天的所有活动做好必要的准备工作，如为会议和约会准备好文件和档案材料；

(6) 每天工作结束，要仔细检查每个日志，看所有项目是否都已处理，所有约会是否都已赴约。

秘书日志中一天的典型记载情况见表 3—5。

表 3—5　　秘书日志中一天的典型记载情况

日志 8 月 2 日（星期五）20____		
时　　间	地　　点	活 动 内 容
09：00	办公室	工作人员会议日程
09：30	会议室	工作人员会议
10：45		为艾丁逊先生预订 8 月 4 日（星期日）中午 12：00 从伯明翰到伦敦休斯顿车站的火车票
11：00	办公室	打字机维修工来维修打字机
11：30	办公室	约会：安东尼先生会见艾丁逊先生
12：00	银行	取小额现金——25 英镑
14：30	办公室	工作人员会议记录
15：00	牙科诊所	艾丁逊先生的约诊
17：00	布洛克酒店	18：00 开始的招待会，提醒艾丁逊先生

另外，秘书在记录秘书工作日志和领导工作日志时，要互相协调配合。秘书工作日志和办公室主管日志见表 3—6。

表 3—6　　秘书工作日志和办公室主管日志

秘书工作日志			办公室主管日志		
7月，20____			7月，20____		
16日　星期一 第29周			16日　星期一 第29周		
时间	内容	地点	时间	内容	地点
9:30	经理主管会议	董事会会议室	9:30	经理主管会议	董事会会议室
10:00	欢迎新员工暨员工培训课开课仪式	员工培训中心B16房间			
11:30	给参加员工培训课的员工讲话	地点同上	11:30	给参加员工培训课的员工讲话	员工培训中心B16房间
12:30	扶轮俱乐部午餐	皇家酒店	12:30	扶轮俱乐部午餐	皇家酒店
14:00	兑换支票以获取零用现金	银行			
14:30	与地区管理员桑德拉先生约会	办公室	14:30	与地区管理员桑德拉先生约会	办公室
16:30	审查员工鉴定录像	员工培训房间	16:30	审查员工鉴定录像	员工培训房间
19:00	与巴里先生观看壁球比赛	员工俱乐部			
19:30至20:00	高尔夫俱乐部野餐会	公园大街高尔夫球馆	19:30至20:00	高尔夫俱乐部野餐会	公园大街高尔夫球馆

注意事项：
(1) 领导与秘书都要去参加的活动要记录在相同的时间内；
(2) 秘书单独的活动，只能安排在领导的空余时间，或者单独活动的时间内。

【技能训练】

训练·工作日志制定训练

一、训练目标

通过本训练，学生能够熟练掌握填写工作日志的技能。

二、训练方案与要求

(一) 背景资料

钟志安先生是绍兴某服装公司主管销售的经理。

星期一上午10:30在办公室举行会议，所有经理都参加；钟志安先生的秘书安排时间去银行取现金；12:30钟先生和其秘书与安迪先生商谈下一次推销工作会议的日程安排，但不能占上午9:00—10:00的时间，因为钟先生想在这段时间里处理他的邮件；钟先生和夫人晚上 7：30 前往东方国际公寓出席晚上 8：00 的俱乐部聚餐会；秘书本人在晚上 7：00 要参加社交俱乐部举行的一个会议。

（二）训练要求

把星期一的活动安排有关内容分别填写在钟志安先生和其秘书的工作日志上。

（三）训练步骤

1. 教师提供背景资料；
2. 学生分组讨论；
3. 学生完成小组作业；
4. 教师根据作业情况，分析总结。

（四）训练提示

注意作业的完整性，具体可以参考教师提供的范例及教材网络与教材资源。

【拓展资源】

××公司《五项管理——工作日志》实施细则

第一章　总　则

第一条　为进一步规范使用《五项管理——工作日志》（简称《工作日志》），建立以“心态、目标、时间、学习、行动”五项管理为业绩提升手段的工作方法，特制定本细则。

第二条　《工作日志》的使用坚持实事求是、日清日毕原则，强调以提高工作绩效为导向。

第三条　总经办是《工作日志》实施的归口管理部门。

第二章　导入流程

第四条　总经办组织五项管理导师内训，学习何为“五项管理”，学习如何使用《工作日志》。

第五条　公司召开员工大会，明确公司一年发展目标、三年发展目标以及实现目标的具体战略规划。

第六条　员工依据公司的整体目标，结合个人发展规划设定本月个人发展目标，填写月目标、周目标、日目标。

第三章　使用规范

第七条　全员必须每天填写《工作日志》，填写规范为：

参照 ABC 方法将工作分类；

对照 ABC 方法规划工作时间；

每日工作结束后评估工作事项，完成打“√”，未完成打“○”；

每日工作结束后针对工作中的心态表现评估打分，做到评10分，未做到评0分；

每天晚上设定第二天工作目标和行动计划，并填写到日志上。

第八条　每周末评估本周目标达成情况并设定和填写下周目标和行动计划。

第九条　每月末评估本月目标达成情况并找到原因和解决方案。规划下月目标及行动计划，并填写在日志上。

第四章　检查和考核

第十条　部门晨会后首先交换检查《工作日志》并做简要点评，保证一位员工的日志被另一位员工检查，主要检查是否填写、填写是否符合规范。

第十一条　每周各部门主管对全员《工作日志》执行情况进行督察，督察不少于3次，每次督察率不少于25%，主要检查是否填写、填写是否符合规范、工作是否按照目标计划开展等。督查结果在周例会上通报，通报1次扣1分，员工在月工资中扣除，部门负责人在月工资中扣除。

第十二条　督察通报范围：

1. 未按时填写；

2. 未按时评分总结；

3. 填写不符合规范，如没有按ABC方法分类；

4. 工作计划安排不合理；

5. 实际工作内容与计划目标差别较大；

6. 拒绝接受他人检查、督察；

7. 其他与《工作日志》执行相违背的情况。

第十三条　每月总经办安排专人检查《工作日志》，可随时随地抽查并做出书面点评，对全员《工作日志》执行情况作全面了解和把握。同时及时汇总执行过程中出现的问题和疑惑，与《工作日志》专属绩效顾问共同沟通改进。

第十四条　《工作日志》实施的前三个月，由总经办每月定期组织开展专题研讨会，对《工作日志》执行效果进行评估，对《工作日志》实施过程中的问题进行研讨。三个月后是否开展专题研讨会视情况而定。

第十五条　所有员工不得以任何理由拒绝各部门主管经理和总经办督察、检查工作。

第十六条　部门负责人是本部门《工作日志》实施的第一责任人，分管领导是所分管部门《工作日志》实施的第一责任人，负有指导、审阅、监督责任。

第五章　附　则

第十七条　本规定由总经办负责解释和修订。

第十八条　本规定自印发之日起执行。

解释：每1分就是10元成长赞助基金，在工资中扣除。

本规范自2010年10月10日起实施。

项目二

领导约会与商务旅行安排

【学习目标】

任务分布	任务名称	知识目标	能力目标	学时
岗位任务 1	领导约会安排	了解约会的基本原则、程序	能够科学安排领导工作约会	2
岗位任务 2	领导商务旅行安排	掌握商务活动安排的主要流程和要求	能够熟练设计领导工作旅行计划、旅行日程表	4

【案例导入】

提前的会见

某省省长交代省政府沈秘书长："今天下午 4 时 30 分省领导要在省政府办公楼接待厅会见外宾，请通知电视台届时派记者到现场拍摄新闻。"省政府沈秘书长根据经验，叫值班室通知电视台："下午 4 时整记者必须到现场并做好采访准备。"

当日下午 4 时整，各有关单位的人员已集中在省政府办公楼接待厅前。4 时 05 分左右，省外办领导陪同外宾提前抵达办公楼，在楼下休息室等候。又过了 5 分钟，约 4 时 10 分，省长从外面赶回办公楼准备会见外宾。进门时路过休息室正好与客人打了个照面，省外办领导立即给双方介绍，于是会见比约定的时间提前 20 分钟开始了。各有关人员立即投入工作，会见顺利进行。会见结束时，沈秘书长一看表，正好是原定开始接见的时间——4 时 30 分，好险！

思考：

1. 秘书怎样有效安排领导活动？
2. 超前意识在秘书工作中如何体现？

任务一

领导约会安排

【任务描述】

公司领导要与重要客户进行业务合作商谈，准备约会对方。秘书小张接到行政事业部总监给的任务，让她安排好领导的约会工作。小张应该从哪些方面着手做好这项工作?

约会也称约见，是指上司在事先约定的时间、地点与别人会面洽谈业务，会商工作。在企事业单位中，约会这一种交际形式被运用的频率，仅次于电话联系和书信联系。凡商量工作、解决问题、交流信息、联络感情，都常用这一形式。在现代社会中，会面应事先约定，这是讲究社交礼节、注重工作效率的表现。

为上司安排约会是办公室事务中的一项常规性的工作。约会看上去似乎是比较简单的一项工作，但如何使约会工作安排妥当，完成领导的基本意图和工作目标，还是很有讲究的。这里有很多技巧性的事务处理方法、手段，也有约会工作的基本原则，还有在约会工作中的注意事项。应该说，约会的每一个环节都应重视，只有方法得当、举止得体、技巧娴熟、掌握原则，才会使领导的约会工作取得事半功倍的效果。

一、约会安排的基本原则

（一）尊重习惯原则

要根据领导的工作习惯和生活习惯来安排约会。领导对自己的日程安排有不同的喜好，安排约会不能打乱领导的常规工作。秘书可以通过对领导如何分配时间的观察，聆听领导的工作计划，并据此分析、掌握领导的工作习惯和生活习惯。约会一般不能安排在领导生活中的休息时间和睡眠时间。

（二）轻重缓急原则

一般来说，凡是领导安排约见人，都必须进行安排，但对方要见领导，就不一定有约必见。秘书要在领导频繁的约会活动中，分辨出轻重缓急，根据约会的性质及重要性妥善予以安排。要保证该约的、该见的不耽误，适时安排；不该见的，坚决不约、不见，但必须说明原因，要想办法推辞；该见的，但并不是很急的，可稍缓安排约见。

（三）信息掌控原则

秘书要协助领导搜集有关信息，使领导事先做到心中有数。约会应当是有准备的，越是重要的约会，越要准备好。

（四）时间掌控原则

时间掌控原则主要包含两方面内容：一是约会准备时间提前量要适宜，二是对因特殊情况发生而导致的约会活动安排上的时间变化要有个缓冲期。

二、约会安排的一般方法

（一）电话安排约会

处理电话提出的约会要求，秘书要先确认领导约的是否就是来电者要见的人，待对方讲明要求约会的原因后，再作出决定。电话安排约会时，秘书需要核对日历，确认领导的预定约会时间内没有其他安排。与对方交谈时，要告诉对方约定的时间要得到领导的确认，并会将领导的决定告诉对方。如果对领导确认所安排的约会有疑问，则要告诉对方，使约会安排留有余地。确认后要及时复电或去函向对方加以确认并按时参加会见。确认函须留一份副本，作为谈话的永久记录存档。

同时要让对方告知他是否知道约会的具体地址，如果对方不清楚，则要向他解释明白。除非秘书已知道对方的电话号码，否则一定要了解每位约会人的电话号码，因为可能需要打电话向对方确认约会时间，或者更改既定的约会。

（二）信件安排约会

秘书安排约会时，还有一种常用的方法就是通过来往信件安排约会。在处理信件时，要记录一下来函确定的约会时间，发出确认约会的函件也要予以记录。在准备用信函答复对方之前，要先得到领导的确认。一经领导确认，就可以列入约见日程表。

（三）制定约会日程表

约会一般要在一周前安排好。为此，秘书每周要制定一份约会日程表。约会日程表是安排约会的必备之物，可放在秘书和领导的办公桌上。约会日程表的内容要简明、清楚，便于查阅。重要的约会日程表具有一定的查考价值，可作为文件保存。如果会见地点不在领导的办公室，则要注明确切的地点。

约会日程表要一式两份，一份秘书留存，一份交给领导，以备查考。领导由于工作繁忙，有时会忘记查看日程表而耽误约会。因此，秘书还要在每一次约会前，再次提醒领导。

面试约会时间表见表 3—7。

表 3—7　　面试约会时间表

姓名	电话	面试时间	通知结果
A			
B			
C			
D			
E			

三、约会安排的注意事项

（一）配合领导的时间表

秘书在为领导安排约会时，不能随便打乱领导的常规工作，要注意配合领导的工作规律和生活习惯，做个有心人。在日常工作中，秘书要多加观察领导的工作习惯、近期工作的紧密度等。为领导安排约会时，要避免时间冲突，力求妥善安排。

（二）约会时间要留有余地

安排领导的约会时，在时间上一定要留有充分的余地，这包括两方面的内容：

1. 约会时间要错开，不可太紧或太松

许多秘书犯过这样的错误，为了争分夺秒，领导刚与A先生会谈完，就安排与B先生会谈……其实，这并不能提高工作效率，其结果往往适得其反。因为领导刚与A先生会谈，思想不能一下子转过弯来，加上又没休息，这样与B先生会谈，精神会好吗？再假如与A先生会谈延长时间的话，那不是浪费了B先生的时间吗？因此，在安排约会时间时，要在每次约会之间留出10～15分钟的机动时间。

2. 远期安排或答应的约会，时间不能太确定

未来是难以预料的，对于远期安排或答应的约会，时间不能太确定，这是因为时日接近时，往往会因情况有变化而更改约会时间。

（三）注意约会工作的保密

领导的约会安排，一般要注意保密。约会日程表不要随意乱发，一般来说，给领导一份，有关科室一份和汽车司机复印一份，自己留一份。给科室和司机的约会日程表，内容不能太详细，只有秘书自己和领导本人手中的约会日程表才允许很详细。如果手中有约会日程表的某些人不小心让竞争对手看到领导详细的约会日程表，后果就难以设想了。所以给这部分人的约会日程表，只要与他们业务有关的部分详细一点就行了。因此，秘书制定领导约会日程表时，不妨使用一些特定工作内容的符号，但是这些符号所代表的内容，秘书与领导、其他相关人员事前要进行沟通，不仅秘书可以看懂，相关人员也要看得明白。

（四）提醒领导准时赴约

秘书要注意提醒领导准时赴约。如果领导不能按事先约好的时间赴约，秘书要设法及早通知对方。保证准时赴约，不误约，不失约。

（五）心细少出错

安排约会时，秘书一定要向对方说明约会的内容、时间是得到上司的同意的。如果秘书为领导安排一个外面的约会，在他离开办公室之前，最好打电话再确认一下，了解每一位与自己领导有约会的人的姓名、地址以及电话号码，以便万一取消或更改约会时间可及时通知对方。

一般来说，如果约会是通过电话来联系的，在打电话的同一天，应该写一封信证实电话联系内容，而且该信件应该留一份副本，作为该谈话的永久性存档，事情办理情况应以便条形式写给领导留存备查。

特别重要的约会，在接近约会的时间前，应与对方再联络，以确保约会的顺利进行，并随时提醒领导准时赴约。

下班前秘书要将第二天的约会事项填进小卡片，一张送交领导，一张交给司机，一张自己保存，以供提醒。

任务二

领导商务旅行安排

【任务描述】

公司领导要去外地合作单位商谈下一年度扩大合作事宜，秘书小张马上收集对方企业相关信息，准备为领导做一份商务旅行工作方案。

由于工作的需要，企事业单位领导会经常出差、旅行。很多旅行任务甚至是临时决定下来的。但无论是国内出差还是国外出访，短期出差还是长期出差，在每次出差之前，秘书都要为领导做好大量的准备工作。熟悉和掌握旅程安排的基本方法和程序，是秘书事务工作的重要内容。有时秘书还要与领导同行，这对秘书的工作要求会更高。下面重点介绍旅行安排的有关程序、要求和基本方法。

一、旅行计划和旅行日程表

（一）旅行计划

旅行计划是领导出差能否顺利完成工作任务的重要前提，一份合理、周全、程序规范的旅行计划，能保证领导在最短的时间内完成工作任务。那么，如何才能制定出一份周密详细的旅行计划呢？主要从以下几方面进行考虑：

1. 时间

一是指旅行出发、返回的时间，包括因商务活动需要到两个或两个以上地点的抵离时间和中转时间；二是指旅行过程中各项活动的时间；三是指旅行期间就餐、休息时间。

2. 地点

一是指旅行抵达的目的地（包括中转地），目的地名称既可详写（即哪个地区、哪个公司)，也可略写（即直接写到达的公司名称）；二是指旅行过程中开展各项活动的地点；三是指食宿地点。

3. **交通工具**

一是指出发、返回的交通工具；二是指商务活动中使用的交通工具。这要求秘书了解这方面知识，如识别火车种类。

4. **具体事项**

一是指商务活动内容，如访问、洽谈、会议、宴请、娱乐活动等；二是指私人事务活动。

5. **备注**

记载提醒领导注意的事项，诸如抵达目的地需要中转、中转站名称，休息时间，飞机起飞时间，或者需要中转时转机机场的名称、时间及为旅客提供的特殊服务等，或者开展活动中，就餐时要注意携带哪些有关文件材料，应该遵守对方的民族习惯等。

秘书宜制定几个方案，征求领导意见，并与对方联系，最后选定一个方案为出差计划。计划制定后，至少打印3份，一份交出差领导，一份由秘书留存，一份存档。

(二) 旅行日程表

旅行日程表实际上就是旅行计划的具体细化实施表。其格式要求和内容可参考表3—8。

表3—8 旅行日程表

××总经理行程安排 上海至北京 2015年6月16日—18日
6月16日　星期二 上午 7:00 从自家赴虹桥机场（公司派车送赴）。 8:40 乘MU5143次班机离开上海赴北京。 10:20 抵达北京（×××接机），住××宾馆606房间（已预订房）。 12:00 与××总经理共进午餐（在宾馆）。 下午 14:30 与××总经理在公司会议室洽谈（需用的1、2、3号文件在您的公文包中）。 18:00 与××总经理在公司共进晚餐。
6月17日　星期三 上午 9:30 赴××公司与×××董事长洽谈（需用的4、5号文件在您的公文包中）。 11:30 与×××董事长共进午餐（在该公司）。 下午 15:00 拜访×××先生（由××先生陪同，礼品在您的手提箱内）。 18:00 在宾馆用餐。
6月18日　星期四 上午 8:50 乘CA1501次班机离开北京（机票已预定，由王秘书事先送交您）。 12:25 抵达上海虹桥机场（××接机）。

二、乘车、乘船、乘机旅行和预订票事务

（一）乘车的注意事项

接送客户坐轿车外出办事，秘书应首先为客户打开右侧后门，并用手挡住车门上框，同时提醒客户小心，等其坐好后再关门，然后自己从左侧后门上车。作为陪同，秘书一定不能先于客户打开车门，除非对方坚持。

抵达目的地时，秘书应首先下车，并绕过去为客户打开车门，用手挡住车门上框，协助客户下车。

如果是女性，上、下车的姿势是十分讲究的：上车时，仪态优雅的姿势是“背入式”，即将身体背向车厢入座，坐定后即将双腿同时缩入车内（如穿长裙，应在关上车门前将裙子整理好）；下车时，正确的姿势是将身体尽量移近车门，车门打开后，从哪边下车则应先将该方向的脚踏出车外，立定，然后将身体重心移至另一只脚，再把整个身体移离车外，最后踏出另一只脚。总之，上、下车的正确姿势是“脚先头后”。如果是穿低胸服装外出，不妨披一条围巾，这样可以避免弯身下车时出现尴尬，也可利用钱包或手袋轻按胸前，并保持身体稍直的姿态。

轿车座位的尊卑次序是：后排右座、后排左座、后排中座、前排右座，即右为上，左为下，后为上，前为下。如果主人亲自驾车，则其助手席即前排右座就是首席。如果秘书和领导同乘一部车，座席位置应由领导决定，待其坐定后，秘书再选个空位坐下，但注意尽量不去坐后排右席。

（二）乘船的注意事项

外出坐船时，应有秩序地排队上船，对号入舱位后，可在甲板上与送行的亲友同事告别。告别时，应举止得体，不要大声叫喊，也不要做出大幅度的动作。

由于轮船是公共场所，男女混居，因此进入船舱后，既要落落大方，也要注意谨慎自重，穿着上应该宽松保守些，如果太居家化，难免会遭人白眼，至于穿着睡衣在餐厅用餐或甲板上散步则更是不妥。

如果晕船要吐，应当立即去洗手间，千万不要吐在甲板上或舱内。如果来不及反应而已经吐了，则应马上歉意地给周围的人打招呼，同时尽快设法打扫干净。

出入舱口或在甲板上散步时，应礼让老人和孩童，见到其他乘客或船员，应彬彬有礼、友好和善地对待。

船上标明“旅客止步”的地方不要进入，船上的各种设备以及开关也不要随意触动。

无论是在舱内还是在甲板上，不要向水里随手扔弃或倾倒杂物，因为这样会弄脏下层甲板或船舱旅客。

在船上就餐时如同在酒店宾馆用餐，虽然要自己动手且有些喧闹混乱，但仍应不失礼貌和风度：一要排队；二是找空位时要向旁边在座者问好，经过允许后才可就座。下

船时不要抢先或拥挤，对曾经提供过帮助或有缘相遇的乘客和船员，应友好地告别，说些令人愉悦的告别语。

（三）乘机的注意事项

乘坐飞机旅行是件令人惬意的事。由于飞机内空间较小，人际关系特别紧密，而且各色人等聚在一起，因此对礼仪要求更高。

上、下飞机时，面对训练有素、美丽端庄的空姐职业性的问候，应报以同样职业性的微笑致意并说声“您好”。

进入机舱找到自己的座位后，应侧身尽快将自己随身携带的行李放入座位上方的物品箱并关上门后立即坐下来，以免站在通道上堵塞和影响其他乘客入舱。

坐下后对邻座，应微笑致意问好，以礼相待。如果不小心碰到了其他乘客，应立即主动道歉。如果别的乘客主动打招呼想攀谈，除非十分疲倦，否则应友好地应对。若想休息一下或要做什么事情，譬如看商务文件、查阅商务合同等，则应向对方说明并表示歉意。

在机舱内谈话声不能过高，尤其是其他乘客闭目养神或看书报时，不要大声喧哗。

除非坐久了站起身舒展一下筋骨，否则尽量不要站起来在狭窄的通道上走动，因为这会影响其他乘客或空姐的来往。

在飞机上拍照或为了看窗外景色而和其他人换座位是有失礼貌的举动，即使是靠窗观赏窗外景色，也要侧身观看，留一点空间给其他座位的乘客观赏，不能整个身体遮住窗只顾一个人观赏。如果坐在通道一侧，要朝窗外张望，也不要站起身只顾朝外看，而不顾自己的仪态。

如果遇到飞机误点或临时改降、迫降在其他机场，不必惊慌失措，也不要发牢骚埋怨。对秘书来讲，出差途中偶遇意外也是应该有所预料到的，有些惊险未必不是一种极好的应变能力训练。此时，秘书应镇静和泰然自若地听从空姐的安排，友好体谅地与之合作和配合。越是在这种令人烦恼的时刻，越能表现出良好的职业素养和道德规范。

在飞机上使用洗手间要按顺序进行，保持洗手间洁净。等候他人时不要催促，自己使用时动作要迅速。

飞机抵达目的地还未停稳时，不能解开安全带站起身急于拿行李，只有等空姐通知后才能这样做。下机前别忘了和舱门口的空姐道别。

下飞机后万一找不到交运的行李，也不用着急，可请机场管理人员协助查找。即使遗失，航空公司也会照章赔偿。但要注意的是，务必把贵重的资料和物品随身携带，以免对公司利益造成损害。万一运行中遗失，也不要过分、过多地责备和埋怨航空公司，因为即使这样做也已经于事无补。

（四）预订票的注意事项

在准备预订车票（机票）的时候，一定要查用最新的列车时刻表，因为现在有许多季节性的或临时性的车次，稍不留心，就会订不上。

各机关单位和公司对出差的待遇都有不同的规定，比如，按规定飞机的头等舱不是每个出差的人都能乘坐的。因此，秘书在预订车票和机票之前，一定要弄清楚领导出差时能享受哪一级的待遇。

预订车票时，最好选择直达车。因为出差途中，最麻烦的就是换车，倒来倒去，稍不注意，就会误车误点，所以能直达的就最好不要换车。如果是在大站换车，在时间上一定要安排得宽裕些。

为了预防意外，秘书在日程表上要注明其他交通工具，如飞机、轮船起飞、起航的时间，这样能根据实际情况，及时、灵活地换乘其他交通工具。

从平时起，秘书就要注意学习预订和购买车票、机票、船票的办法，以及如何使用支票、如何兑换外币，等等。这样，就能保证领导工作的顺利开展。

【技能训练】

训练一·约会事务安排

一、训练目标

通过本训练，学生能够了解并掌握约会的程序与注意事项。

二、训练方案与要求

（一）背景资料

场景：你是杭州丝绸公司秘书A，省外贸进出口公司业务处处长B欲约你公司王总周五晚聚餐。B拨通你的电话。

A：您好，这里是杭州丝绸公司，我是秘书A，请问什么事？

B：你好，我是省外贸进出口公司业务处处长B，我想约你公司王总谈谈2015年秋季丝绸出口中东的有关事宜，能安排王总周五晚在湖滨大酒店吃个饭吗？

A：（停顿）想约王总吃饭，周五晚上？

B：是的。请你安排一下。

A：（停顿）那我来查一下王总的工作安排表。（翻开记事本）对不起，周五晚上恐怕不行，王总要参加一个同学会。下周四、五都有空，要不安排在下周五？具体时间我们再联系，好吗？

B：（停顿）嗯——好的，我会通知你的。

A：（停顿，待答复）好的，那我等您电话，再见。

（二）训练要求

分组讨论并回答有关问题：

1. 接约会电话时应注意什么问题？
2. 秘书A的电话回复中，体现了约会工作的什么原则？
3. 从上面的电话片段中，可以看出秘书A的哪些优点？

4. 情景训练与讨论。

（三）训练步骤

1. 教师分析背景资料；

2. 班上学生以自然小组为一个单位，确定各组负责人；

3. 结合背景资料，设计场景，由两位学生扮演角色A和B，进行实务训练；

4. 学生代表对扮演角色的表现进行评价；

5. 教师总结5分钟。

（四）训练提示

训练主要注重场景与角色扮演，发挥学生的主观能动性，展示严谨与创新的有机结合。

三、课外训练与案例思考

1. 请安排一次事务性约会，设计约会卡。

2. 思考：当对方要变更约会时间时，你应怎样处理较为妥当？

训练二·领导商务旅行安排

一、训练目标

通过本训练，学生能够根据具体情况，较熟练地掌握旅行的基本程序与要求，安排好日程，最终有效地安排领导旅行。

二、训练方案与要求

（一）背景资料

湖州金洲集团有限公司成立于1982年，是一家主营管道制造、兼营生态旅游等产业的大型企业集团，是“国家重点高新技术企业”、“中国制造业企业500强”、“全国上规模民营企业500强”、“中国民营企业最具竞争力50强”、“中国民营企业品牌竞争力50强”、“中国民营企业自主创新50强”和“浙江省百强企业”，为全国最大的管道生产及科研基地之一。“金洲”商标和产品分别被认定为“中国驰名商标”、“国家免检产品”。

2015年6月19日—21日，湖州金洲集团有限公司副总经理陈某（男）前往西安，与西安市第二建筑集团公司谈判建筑用管道订购事宜，时间为3天。同往共3人，其中秘书（男）1人、助手（男）1人。主要任务包括：

1. 考察西安市第二建筑集团公司情况；

2. 签订合作文本；

3. 利用晚上时间约见同行的朱小明董事长；

4. 宣传本公司情况。

（二）训练要求

1. 为陈经理设计西安商务旅行计划（旅行日程安排表），做到安排客观合理，格式规范美观，操作简便易行；

2. 完成一份时区计算表。

（三）训练步骤

1. 教师分析背景资料。

2. 学生收集和整理湖州到西安交通和住宿的相关信息（航空信息）：

（1）收集西安市第二建筑集团公司的有关材料；

（2）选择去西安的旅行方式，查询杭州到西安的火车、航空等信息资料并进行书面整理（车次、航班、价位、起讫时间）；

（3）熟悉预订车、机票程序；

（4）预订西安客房及注意事项。

3. 设计陈经理西安商务旅行计划，制定具体日程安排表。

4. 课内将商务旅行计划、日程安排表的电子文稿发送到教师信箱。

5. 时区计算训练：

（1）教师分发时区计算训练表，每人一份，5～10 分钟计算完毕；

（2）教师宣布标准答案；

（3）教师分析时区计算规律及日常知识。

附：时区计算训练（填上空格内容），见表 3—9。

表 3—9　　时区计算表

旧金山	伦敦	格林尼治标准时间	北京	东京	悉尼
			10：00		
	10：00				
				10：00	
					12：00
8：00					
		12：00			

（四）训练提示

训练时要特别注意：

1. 学生收集信息的真实性；

2. 拟定旅行方案的合理性与操作性；

3. 注重团队合作。

【拓展资源】

约会卡

约会卡的制作虽然看上去很简单，但在实际工作中非常重要、实用。为使领导的约会工作顺利进行，秘书要做好精心的准备工作。其中制作约会卡便是一项不可忽视的重要工作。下面是约会卡样表示例，以供参考。

约　会　卡

××××年×月×日星期×

10：00　会见张××，商谈下一年度的销售问题，地点：公司会议室。

13：00　与××公司王××经理共进午餐，地点：白云大酒店三楼。

14：30　与律师商谈租赁位于中环大街的假日别墅事宜，地点：瑞金路 18 号。

16：00　去白云机场接××公司董事长周先生及其夫人，客房定在白云大酒店。

19：30　去白云大酒店三楼。赴晚宴（宴请 20：00 开始），服装要正式，附请柬。

约会日程表和约会时间提示表

约会日程表是安排约会的必备之物，其内容简单清楚，便于查阅。如能恰当使用，约会日程表不仅能帮助妥善安排约会，还能起到提醒备忘的作用。另外，约会日程表因为记录着领导参加过的约会及去过的地方，所以可以澄清一些开支的来龙去脉，如旅游开支、公务开支等。

如果领导告诉秘书，他安排了一个约会，秘书就必须把它记在领导和自己的日程表上。

如果某人写信查询约会的具体时间，一旦时间已定，秘书必须通知询问的人，并且把它记在领导和自己的日程表上。

当领导与某客户约谈时，他也许会让秘书安排下一次与对方约会的时间，安排好后，秘书必须确保对方收到书面或口头的通知，并记在领导和自己的日程表上。

有时，秘书与他的领导可能会通过信件与外地的参观者安排暂定的约会，这些约会必须用铅笔记在领导与秘书的日程表上，因为它们的变动性比较大。

每天上班前秘书要请领导核对他的日程表，看有没有约会，以免领导安排了约会却忘记告知，造成尴尬局面。

重要的约会日程表具有一定的查考价值，可作为文件保存，因为它从一个方面记录了公司的一些重要活动。

附：约会日程表、约会时间提示表样式（见表 3—10、表 3—11）。

表 3—10　　**约会日程表**

年　月　日

约会起止时间	地　点	对方人员名单	主要参加人员

表 3—11　约会时间提示表

约会事由	所带资料	随行人员	备　注

如何办理出国旅行手续

出国申请手续主要有五项：递呈出国申请书、办理护照、申请签证、办理健康证书、办理出境登记卡。

一、出国申请的内容

出国申请的内容一般包括：出国事由，出国团组的人数，出国路线（外国公司所在国名称），出国日程安排（出国时间，在国外活动时间、地点、回国时间）等。申请文书后面要附出国人员名单（写清出国人员姓名、年龄、性别、职务、职称）以及外国公司所发的邀请函（副单）。

出国申请由秘书撰写，经领导审阅后递呈给当地公安局的出入境管理处。

如果是单位内的领导或员工因私出国出境，秘书还应告诉他们须履行"单位意见"这道手续，即由单位人事部门依据申请者的实际情况，出具同意或不同意的意见。

组织人事部门出具单位意见时除了考虑国家的法律规定、地方政府颁布的有关政策以及单位的实际利益外，还应注意以下几个问题：

第一，保障公民出入境的正当权益，防止侵权行为。公民只要申请理由正当，符合法律规定的，就应该出具同意出国的意见。

第二，防止法定不准出境的人蒙混出境。如刑事案件的被告人和犯罪嫌疑人、人民法院通知有未了结民事案件不能出境的、被判处刑罚正在服刑的、正在被劳动教养的、国务院有关主管单位认为出境后将对国家安全造成危害或者对国家利益造成重大损失的，单位都应出具不同意出国的意见。

第三，不可弄虚作假，为非本单位人员出具单位意见。目前此类作假案件有所上升，因此规定国家单位、企事业单位的一般工作人员申请出国，由其工作单位的组织人事部门出具单位意见；国家单位、企事业单位的领导干部申请出国，则由上一级主管单位组织人事部门出具单位意见。

近年来，随着改革开放政策的进一步实行，我国有些省市对公民因私出国的条件、受理、审批正在逐步放宽。例如，上海市于 2000 年 1 月起，规定公民不论以何种理由申请因私出国，只需凭本人有效身份证件就可到就近区、县公安局的出入境管理办公室免费领取表格材料，并放宽了公民出国旅游的申请条件，只需在本地银行存有相当于4 000 美元的外汇，并存满半年以上者，无须提供境外人员的邀请信函和境外人员居住海外的证明材料，即可申请因私出国护照，同时，申请人只要手续齐全，在提出申请后的 10 个工作日内即可取得护照，如因急事出国，在受理后的 3 个工作日内即可发证。

二、办理护照

1. 护照的作用

护照是主权国家发给本国公民出入境及到国外办事旅行居留的合法身份证件和国籍证明。凡出国人员均应持有护照。出国前要凭护照办理所去国家和中途经停国家的签证，凭护照购买国际航班机票（车、船票）。在国外，当有关当局检验时须出示护照并凭护照住旅馆。任何国家都不允许没有护照的人进入其国境，对护照的检验很严格，以防止持照过期、失效或伪造护照的人进入其国境。

2. 护照的种类

目前，多数国家颁发外交、公务和普通三种护照，也有一些国家颁发三种以上或根本不分类的护照，或者颁发代替护照的证件。

我国政府现在颁发的有外交护照、公务护照和普通护照（包括因公普通护照和因私普通护照）三种。大红封面烫金的外交护照，发给具有一定职级的人员和具有外交官身份的驻外人员。墨绿色封面的公务护照，发给我驻外使馆职员、援外专家、出国访问代表团团员等。深棕色封面的因公普通护照，主要发给我国政府派遣出国的援外人员、访问学者、留学生等。因私普通护照，发给侨居国外的中国公民及因私事出国的公民，原为浅棕色封面，根据公安部《中华人民共和国普通护照审批、签发管理规范》的规定，自2000年6月1日起，将陆续在全国颁发玫瑰紫色的普通因私护照。这一种新护照的封二资料页中，取消了“身份”、“婚姻状况”两栏，并对申请新护照时提供的照片提出了新要求，即必须是持证人近期直边正面免冠彩色半身证件照（光面相纸），国家公职人员不着制式服装，儿童不系红领巾，照片只限一人，照片的背景必须是白色或淡蓝色，不得提交一次性快照。经翻拍的或用彩色打印机打印的照片，照片人像尺寸要求是：半身证件照为48毫米×33毫米，头部宽度为21～24毫米，头部长度为28～33毫米。凡提交不符合上述要求的照片，各地公安局出入境管理处一律不予受理。

3. 护照的办理

在国内，外交、公务和因公普通护照，由外交部及其授权单位（各省、市、自治区的外事办公）办理。在国外则由我国驻外使、领馆等外交机构负责处理。

秘书在办理护照时要注意以下几个事项：第一，携带有关证件，包括主管部门的出国任务批件、出国人员政审批件、所去国有关公司的邀请书等文件；第二，认真填写有关卡片和申请表；第三，拿到护照后，再认真检查核对每位出国人员的姓名、籍贯、出生年月和地点，若是组团出国，则要检查护照上的照片是否与姓名一致，有无授权发照人的签字和发照单位的盖章，以及发照日期和有效期有无问题，使用旧护照再次出国者更应注意其有效期，若已过期，必须申请延长。

护照是出国人员在外被唯一认可的身份证件和国籍证明，持照人在国外将凭此受到国家的外交保护。因此，护照的全部内容必须准确无误，检查核对时一旦发现差错，应立即向发照单位提出更正。护照上另一容易被忽视的是持照人签名。根据国际规定，护照必须由持照人签名，否则该护照被视为无效，出境、入境、银行开户、法律交涉等都将难以进行，有的国家甚至要对未签名的持照人进行拘留审查。

三、申请签证

1. 签证的作用和种类

护照办理好后，再申请所去国家（地区）和中途经停国家的签证。签证是一国官方机构对本国和外国公民出入国境或在本国停留、居住的许可证明。签证一般可做在护照上，也有的做在其他身份证上。如果前往未曾建交的国家，则用单独的签证与护照同时使用。我国的签证一般做在护照上。

签证也分为外交、公务和普通三种。根据不同使用情况可分为入境、入出境、出入境、过境签证，另外还有居留签证。我国政府规定，因公出国的公民出入国境凭有效护照，可不办理签证，而持因私普通护照出入国境的中国公民必须办理中国的签证。

2. 签证的办理

因公出国的人员前往国家的签证通常由外交部事务司或中国旅行社代办处向有关国家驻华使馆（或驻华总领馆）申办。如果时间紧迫，在国内来不及办理签证，可向我有关驻外使、领馆发报，请其向驻在国申请。办妥的签证，可在抵达时，由机场移民局发给。前往国的签证应持国外邀请书，或有关国家移民局的允许证等，一般可通过中国旅行社签证代办处办理。

取得签证后，秘书要注意以下几点：第一，注意签证的有效期及证明单位是否签字盖章；第二，若由于种种原因签证已过期失效，在国内重新申办延长，在国外应通过我驻外使、领馆或自行向驻在国有关当局办理延长手续；第三，注意签证上持有人的姓名的拼音、签证种类是否正确。

如果出国者需一次出访两个以上国家，应当在国内全部办妥。有人由于时间紧迫，特别是有的签证一时很难获准，就在国内只办较容易获得的签证，而将其他难办的签证放到国外去办。结果，事与愿违，这些签证在国外更难办出。在此情况下，这些人中，有的因时间不允许，只得提前回国；有的为取得签证，在外白白浪费了宝贵的时间、费用和精力。出国人员在申办出国签证时，需注意与本人的出国身份和目的相一致，否则，在国外就会受到种种限制，遇到更大的麻烦。

上海市根据形势发展的需要，规定从 2000 年 1 月 1 日起，所有在 24 小时内经上海浦东国际机场和虹桥国际机场的外国旅客均可免办过境手续，其中，对美国、德国、法国、加拿大、澳大利亚、日本等 17 个和我国签有互免签证协议的国家的公民，允许过境停留 48 小时免签。

四、办理健康证书

健康证书即预防接种证书，因为它的封面通常是黄色的，所以惯称“黄皮书”。为防止国际某些传染病的流行，世界卫生组织正式通过的《国际卫生准则》规定，入境者在进入一个接纳国的国境前，要接种牛痘、霍乱、黄热病的疫苗。

我国的黄皮书由卫生部统一印制，各省市卫生检疫站负责签发和注射疫苗，初次出国者，持单位介绍信前往办理。已有黄皮书的复种者可凭黄皮书复种。证书必须有医生签字，并盖有检疫站公章。

五、办理出境登记卡

在出国护照、前往国家的签证和符合要求的黄皮书都已备齐后，再办理出境登记卡。秘书须携带出国人员的护照、居民户口簿、身份证办理临时出境登记手续。凡出国超过6个月（含6个月）的人员，秘书则要携带上述证件到其常住户口所在地的公安派出所办理注销户口手续，然后凭护照、前往国的签证或入境许可证、临时出境登记单、注销户口的证明到护照颁发单位，把办理护照时领到的第一张“出境登记卡”换为第二张“出境登记卡”之后，可以购买机票、车票或船票离境出国。

在出国旅行期间，应注意以下环节：

第一，在出访前后：

(1) 掌握礼节。因公出国是代表国家、机关、单位，要注意在国外的形象。若不懂对方国家的语言，则出外最好集体行动。若能掌握些日常生活用语，则会带来方便。有必要全面了解一下当地的风俗习惯、礼节礼仪，以便在正式场合运用。

(2) 任务明确。因公出国是办事，因此，要有明确的目的。对工作任务要做出计划和安排，相关文件资料要及早准备妥当，尽量在有限的时间内圆满完成任务。

(3) 节约经费。出国期间的日程安排要紧凑。事先会有出访经费预算，出访期间不要大手大脚，随意消费。许多出国人员常常把自己的生活费用节省下来以购买工作中需要的资料、设备，这是值得学习的。

(4) 及时总结。出访回国后，要及时向领导汇报工作情况、出访收获，并以书面形式做出工作总结。

第二，在入出境时：

(1) 飞机选择。为避免发生意外事端，要尽量选择建交国家的航班，这样可直接过境，不下飞机，不用签证。在飞机上填写好海关申报单（由航空公司代发），飞机经过中间站休息1小时，在飞机内或在候机室内等候。若中间必须换乘飞机，要选好中转地点，并安排好衔接航班。合适的衔接时间以2～4小时为宜，以便有足够的时间办理中转手续或误机后办理改换航班手续。

(2) 行李托运。乘飞机旅行所带行李物品要尽量减少，能托运的物品要随机或分开托运。一般规定手提物品不超过5千克，随机托运行李，头等舱30千克、二等舱20千克内免费，超出部分付超重费。个人行李应有明显标记，写上中文名及目的地等。集体的行李用统一标记，以便识别。办完入境手续即可凭行李证领取托运的行李。下机后若行李一时找不到，可通过机场行李管理人员或有关航空公司查寻，并填写申报单交航空公司。若行李遗失，则由航空公司照章赔偿。

(3) 出关手续。飞机到达目的地，旅客下机后按次序进入机场检查处。每人手持护照、黄皮书到边防检查站办理入境手续，填写卡片。若通过对方国家接待单位（或主人）联系，可将有关证件集中交验。边防检查手续办完后，即可提取自己的行李。最后，再到海关检查站办理手续。

模块四

办公室会务管理

【模块导读】

会议是集中众人的智慧来讨论议题的一种活动形式。如何使会议安排得合理、有效呢？本模块正是以这个问题为中心，以会前、会中、会后的顺序，逐步、逐项地进行分析阐述，并对会议的主持人、与会人员的工作事项进行了详细的分析、介绍，以帮助会议组织者提高开会效率、降低会议的各项成本、做好会议的管理工作，从而使各个方面的与会议相关的人员都能有所收获。

项目一

会议的筹备

【学习目标】

任务分布	任务名称	知识目标	能力目标	学时
岗位任务 1	会议基本认知	1. 熟悉会议的主要形式及分类 2. 了解会议的申报与审批	能够熟练根据不同的会议类型，进行会议申报	2
岗位任务 2	拟定会议预案	掌握会议预案的基本要素	1. 能够拟定会议的筹备方案 2. 能够选择会议地点并预订会议室	2
岗位任务 3	会前组织准备	1. 熟悉会议证件及会议资料的基本制作要求 2. 熟悉会前准备的主要环节	1. 能够熟练布置一般会场 2. 能够按要求发送会议通知，制发会议证件，发放会议文件资料及用品	2

【案例导入】

细致、周密的会议准备

一次，某地党代表大会的开幕式上，会务工作人员未能按大会主持人宣布的程序播放国际歌，虽得到补救，但终是一件憾事，并受到批评。

事情发生的过程是，会务组会前起草的“大会开幕式程序（送审稿）”中列有“奏（或播放）国际歌”的一项。大会秘书处一位负责人审稿时，拟把此项放在大会闭幕式进行，于是把此项目在开幕式的程序中删掉了。后来大会秘书处主要负责人定稿时，又把该项圈了回来。会务组的同志凭印象只记住已删掉了奏国际歌此项程序，而对后来又被圈了回来一事，未加注意，因此当在大会上宣布“奏国际歌”时无法奏出，一时形成了冷场。幸好会务组长急中生智，立即上台指挥领唱，这样才圆了场。会后领导同志说，这一事故该予以批评，吸取教训。但在关键时刻能得到及时补救，这是好的，这一点值得表扬。

思考：

本案例中，会务准备方面存在哪些问题？

如何做好会前准备工作

金州公司准备在本市的新天地大厦召开大型的新产品订货会，参加的有本单位、外单位的人员。总经理让秘书部门负责安排，会上要放映资料电影，进行产品操作演示。而公司没有放映机，租借放映机的任务交给了总经理秘书刘小姐。会议的召开时间是6月9日上午10：00，而资料放映时间是10：15。刘小姐打电话给租赁公司，要求租赁公司在9日上午9：45准时把放映机送到黎明大厦的会议厅。

9日上午，会议开幕前，金州公司的秘书们正在紧张地做着最后的准备工作。刘小姐一看表，已经9：50了，放映机还没有送到。刘小姐马上打电话去问，对方回答机器已送出。眼看着各地来宾已陆续进场，刘小姐心急如焚……

思考：

1. 假如你是刘小姐，对接下去可能发生的各种情况，应该如何处理？

2. 假如放映机10：10还未送到，你将马上向总经理报告还是擅自决定调整会议议程？

3. 向总经理报告后，你还应该做些什么？

4. 召开大型会议前的各种准备工作，包括音响、电子类装置，应提前多长时间安排？

5. 有人说，会议上要用到的各种东西，最好公司都买齐。假如要借，应提前一天送到。你认为如何？

任务一

会议基本认知

【任务描述】

从事会务工作，先从会议基本认知开始。会议是如何分类的？作为秘书，如何进入会务工作角色呢？

一、会议的含义

会议是有组织、有目的地召集人们商议事情、沟通信息、表达意愿的行为过程。从字面含义上看，“会议”一词中“会”有聚会、见面等意思，“议”是讨论、商议的意思，则“会议”的基本意思应包含聚会和商议两层意思。但在现实社会中，会议却有多种形式：有的是聚会并商议，如各种代表大会、办公会、论证会、评审会等；有的是聚合集会，而

"议"则用沟通信息取代了，如报告会、传达会、记者招待会、新闻发布会等；还有的则是聚会只为表达某种意愿，如誓师会、庆祝会、团拜会、联谊会、欢迎会等。

在以上会议的三种模式基础上，交叉融合，各有侧重，又可演变成各种类型、各种形式的会议。

二、会议的种类

从不同的角度出发，可以将会议划分为不同的类型。

（一）按会议规模分

按会议规模分，可分为：

（1）大型会议，指千人乃至数千人参加的会议，如政治和群团组织的全国性大会，一些庆祝大会、纪念大会等；

（2）中型会议，指百人至数百人参加的会议，如报告会、庆功会、经验交流会等；

（3）小型会议，指少则几人、多则几十人参加的会议，如座谈会、办公会、现场会等。

另外，在某些地方、某些时候，还有在露天广场举行数以万计的人参加的特大型会议、庆典活动，如万人集会庆典活动、焰火晚会，特大型工程的奠基、开工及竣工典礼等。

对于秘书和秘书部门来说，大、中型会议的会务组织工作环节较多，难度较大，需要精心准备，小型会议虽属日常工作范围，但有些关键环节也需要认真安排。至于特大型会议，则不是秘书部门能独立承担得了的，应由秘书部门会同相关部门临时专门组建的会务工作班子来负责组织。

（二）按会议性质分

按会议性质分，可分为：

（1）规定性会议，指依法必须召开的，具有法律效力的会议，如各级人民代表大会；

（2）决策性会议，指各级政府的常务会议，省、市、县长的办公会议，企业中厂长、经理办公会等；

（3）专业性会议，这类会议具有极明显的专业性，多以各部门名义召开，如教育工作会议、金融工作会议、人事工作会议等；

（4）动员性会议，这类会议以宣传动员群众、提高群众认识为目的，如征兵动员会；

（5）纪念性会议，指纪念重大事件或重要人物的会议，如纪念辛亥革命九十周年大会；

（6）外事性会议，指与外宾会谈、与外商谈判的会议等；

（7）综合性会议，这类会议多以各级办公室名义召开，讨论和研究各种问题。

（三）按会议时间分

按会议时间分，可分为：

（1）常规型定期会议，如学会年会、机关办公例会；

（2）非常规型不定期会议，指视需要临时召开的会议或处理紧急突发事件而临时召开的会议，如防汛紧急会、抗震救灾紧急会等。

（四）按会议采用的媒介分

按会议采用的媒介分，可分为：

（1）电话会议，指通过公共通信系统或专用通信系统提供的电话会议功能，使多个会场实现异地语音交流的会议形式。20世纪中期至末期，这种会议形式在沟通交流重要情况、传达和布置紧急任务方面被普遍采用。

（2）电视会议，指运用远程数字传输系统，使声音和图像在不同地区的多个会场之间相互联通，使相隔千里的各分会场如同在同一会场内很方便地传输文字、图像和语音信息的会议形式。

（3）计算机会议。计算机和数字传输设备在网络支持下可实现非常灵活的网上多方对话，这种网上多方对话同时也是计算机网络技术支持下的会议组织和管理的新形式。

此外，按会议地域划分，有国际性会议、全国性会议、地方性会议等；按会议召开的阶段划分，有预备会议和正式会议；按会议目的划分，有为商讨研究的会议、为沟通信息的会议、为表达意愿的会议等。

以上会议分类方法都只是相对而言，没有绝对的标准。会议的规模概念并不明确，例如，有的会议是大小会议相结合，即通常所说的“大会套小会，小会接大会”；又如，有的国际合作会议，其内容既有相互沟通方面的信息，又有对共同关心的国际问题进行广泛深入的讨论，而这种特定范围内相互间的沟通和讨论，正是为向全世界显示与会国对某些国际事件的共同关注和一致的态度。也就是说，这种会议既有聚会行为又兼有沟通信息、商讨问题、表明意愿的作用。

三、会议的申报与审批

会议无论大小，都有提议和决定召开该会议的过程或程序。这种程序，视会议性质、内容、规模而不同。对于例行的常规性工作会议，如经理办公会，需要提议和审定的往往不是会议本身的必要性，而是会议应讨论研究的内容即议题。而对于更多的非例行、非常规的会议，如企业的客户联谊会、年终表彰会、产品鉴定会、订货会，这一程序应包括对会议的必要性、内容形式、规模、出席范围、经费预算等一系列内容的申报与审批。

（一）会议申报与审批的形式

一般而言，会议申报与审批大体有三种形式。

1. 口头申报形式

对于小型座谈会、简短的碰头会、一般问题的现场会、报告会等，由职能部门负责人口头向主管领导人提出召开会议的要求，由主管领导视情况当即答复或讨论研究后答复。

2. 书面申报形式

由申办会议的部门将需召开的会议的目的、议题、规模、形式、时间、场地、出席范围、所需经费等项写成综合性文字材料，上报机关领导，经研究协调后，由领导审定批复，或者责成秘书部门按领导研究意见予以回复。

3. 会议申报形式

在办公会、联席会或其他工作会议中提出要召开某一个会议的要求及会议的大体方案，在会议上由领导研究，决定是否批准该要求和方案。对于一些较复杂的大型会议，即使办公会议上领导原则上同意，也仍需要责成秘书部门会同有关职能部门综合协调，反复研究后，修改、制定出详细的会议预案，再次交办公会审定或报主要领导审批。

（二）会议审批的原则

为避免会议的重复，“会出多门”，或者“会海”现象，以及议而不决，甚至劳民伤财，有必要加强对会议的申报与审批工作的管理。

尽管各种会议的申报与审批形式不同，但精简从严的审批原则却大体一致。

秘书部门对有关职能部门申报召开的会议，要本着精简从严的审批原则，严格把好审批关。要分析会议是否有必要开，能否合并开，可否用其他方式解决问题等。对于可开可不开的会议，要向职能部门说明情况，协商变通解决。如仍不能取得一致意见，应上报领导裁定。对必须召开的会议，也应本着严格控制的精神，在规模、时间、经费等方面从严把握，在与申办会议的职能部门会商一致后，报领导批准。在企业中虽不至于形成某些机关单位“会海成灾”的现象，但这种精简从严的会议审批原则，对提高管理效率、避免资源浪费，仍是十分必要的。

会议审批还应遵循“一支笔”的原则。与前所说不同的是，精简从严的原则是针对会议本身而言的，会议审批“一支笔”的原则是针对会议审批管理而言的。在一些党政机关、大型企业中，众多的部门，复杂的事务，使得拟议需要召开的会议甚多。为加强管理，避免“会出多门”、“会海成灾”，必须由机关的一个部门负责会议审批把关，以更好地执行会议审批精简从严的原则。在党委、政府机关里一般由秘书长把关，在企业也大都授权由办公室主任或行政事务部负责人审批把关。

要开好会议，使会议有效率，达到预期目的，就必须认真组织好会议。有人认为开会很简单，通知一下，几个人就可以在一起开会了。而事实上，没有认真做好组织工作的会议，是很难开成功的，不是不欢而散，就是开成了马拉松式，解决不了问题。所以有人说，开会容易，开好会难，是有道理的。对于精心组织的会议，会议的主持者只是幕前指挥者，而大量的工作是由后台工作人员——会议筹备者去完成的。

开好会议，需要会议各方面的“角色”（即会议的主持者、参加者、组织者和服务者）共同努力，才能达到预期目的。通常情况下，会议的组织者、服务者，即会务工作人员的工作情况是影响会议质量和效果的重要因素。

四、指导会务工作的原则

1. 准备充分

会议不论大小，都应充分准备，围绕会议的目的展开调查研究，搜集必要的背景资料和统计数据，了解群众的看法和意见等。重要的会议还要事先准备好会议文件，如动员会中的领导人报告、经验交流会中的发言材料等。决策性会议应将讨论方案预先印出，会前送有关与会者审阅。这样，开会讨论时与会者才不会感到突如其来，发表意见毫无准备，避免出现职能部门用一两个月制定的方案却可能要求与会者在一二十分钟里表明取舍态度的现象。

2. 组织严密

会议有些什么具体内容、会议如何开、讨论议题可能出现什么情况，会前都要逐项研究，安排到周密制定的预案之中，从而使会议过程中的各项工作有条不紊地展开。对于规模较大的会议，组织工作更为重要。

3. 服务周到

对会议服务工作的各个细小环节都要考虑周到，以免因小失大，造成忙乱现象。例如，某地有一次召开咨询会，请各方面专家谈本地区的发展规划。各方准备一应俱全，但临到开会时，专家准备演示事先准备好的文稿，却出现了找不到投影仪、遥控器的尴尬局面。一时，台上台下，手忙脚乱，影响了会议的进行。秘书应从类似“小事”中吸取教训，对琐碎的会务工作尽可能地考虑周全，服务周到。

4. 确保安全

大型或特大型会议由于人数众多，要特别注意安全；有少年儿童和重要来宾参加的会更要确保安全。会议组织者应将安全问题作为一个特别重要的方面予以考虑。1994年，新疆某市一次教育系统汇报演出中，当会场出现火警时，由于疏散通道被堵，竟致使300余人葬身火海，其中大多数为参加汇报演出的儿童。这一惨痛教训应使每一个会议组织者，特别是大型会议活动组织者引以为戒。

任务二

拟定会议预案

【任务描述】

公司每年会议很多，有行政性事务会议和业务洽谈会、产品展示会等。秘书小张在接到领导决定召开会议后，就要拟定会议方案，并开始相关文件的准备工作。

一、会务工作的主要环节

各种会议类型不同，内容各异，规模也有差别，所以会务工作的项目也不同，这里重点分析大中型会议会务工作的主要环节。

大中型会议会务工作内容繁多，且视会议议题、规模不同而有差别，但概括起来说，大都有以下六个环节：

(1) 会议预案；

(2) 会议文件准备；

(3) 会议通知；

(4) 会前检查；

(5) 会间调度；

(6) 会后整理。

二、会议预案内容

所谓会议预案就是会议的筹备方案，制定好预案是开好会议的前提。

会议预案一般包括以下内容。

1. 会名

预案中首先明确会议名称。会名要名实相符，妥帖恰当。会议名称不同，其性质、规模也不同，如座谈会与汇报会不同，表彰大会与总结会也有差别。因此，首先要给会议“正名”。

2. 会议时间

会议时间包括会议何时召开和会期长短两项。会期长短应与会议内容联系起来考虑，能够在半天开完的会，就不要勉强拉长到一天，更不应该预先毫无估计，开到何时算何时。预案中应写明会期，由领导人最后“拍板”通过。

3. 会场布置

开会地点的会场布置，要结合参加会议的人数和会议效果来综合考虑。一两百人的会议，就不要勉强在可容1 000余人的大礼堂召开。党政机关或企事业单位的秘书部门平时要掌握本单位或附近的主要会场、礼堂、宾馆（招待所）的数据资料，包括会(剧）场、招待所可容人数，会场座号排列方法、舞台大小，宾馆单、双、多人房间数等基本情况。对于代表需要集中住宿的会议，会场安排还应与宾馆或招待所一起考虑，按会议的规格、出席人数等因素选择适当的会议地点。

4. 出席范围

会议出席人数事先应有比较精确的计算。会议开到哪一级（总公司、分公司、部门或车间)，哪些单位派什么人出席，哪些单位应有人列席，都应心中有数。这也需要秘书部门平时注意掌握本公司、本系统的基本资料（如下属单位数、部门数、某级干部人数等)。对于大型会议活动，应专门成立“组织组”来负责考虑会议参加者的范围、人数及名单分配。

5. **会议票证**

小型会议的票证很简单，凭会议通知或介绍信即可。大型会议则需要专门印刷入场证和其他票证，重要会议还要为工作人员印发证件。例如，大型游园联欢会或重要集会，应有各种入场证（分区使用的或各区通用的)、各种工作证（指挥长、联络员、领队、服务人员、记者等)、各种汽车通行证（小汽车、交通车、联络服务车等)，重要的代表大会要有出席证、列席证、请柬等。会议票证制发应兼顾会场安全和工作方便这两个方面。

6. **会议筹备班子的职责分工**

会议筹备班子中有关方面（如会务组、秘书组、后勤组）或有关人员的职责，一定要在会议预案中划分清楚，以便预案中规定的各部门分别按照其职责要求去完成会议筹备和会议的其他工作任务。特别是临时组织起来的大会指挥部、秘书处、会场的工作人员，平时缺乏分工协作的实践，更应在预案中明确各方的任务和协作要求，以期密切配合、共同努力，组织好会议。如较大会议的预案中，应分别写明大会筹备处、宣传组、组织组、秘书组、资料组、后勤服务组、保卫组的职责，人有专职，事有专人，既要分工明确，又要互相协作。

7. **会场布置**

会场通常布置成正方形、长方形，也有布置成马蹄形、圆形、八角形、山字形、而字形，视会议需要而定。

会场布置要讲究气氛。如庆祝会要布置得气氛热烈，履行法定程序的会场要布置得庄严，追念哀悼性的会场要布置得肃穆。会场的布置，包括会场主席台上方会标字体与横幅颜色的选择、会场周围标语与口号的制作以及台口花卉的摆法等。对于大型会议，为了预先了解会场布置情况是否合乎要求，有时还应先画出会场布置效果图，请有关领导人审定。

会场布置也包括场地的划分以及进场、退场的路线。人数很多的大型会议，如在体育场、露天广场上召集的会议，应有会场平面布置图。要特别注意的是，大型集会中与会者是分散进场和退场的，应避免出现由于集中退场而通道不畅，发生人群拥挤、踩踏伤人事件。这在大型活动中是有许多血的教训的。

此外，会场音响效果、照明设施、通风设备、茶水杯盘、录音录像设备、场地卫生设施、会场保安措施等，都应在会场布置中考虑如何妥善安排。

会场音响应事先调试妥当，不要临场调试，避免会场出现强烈的刺耳声。会议期间，在多路话筒语音信号同时接入时，音响控制室工作人员应密切注意会场发言人的转移变换，在多路调音台上适时将某路话筒传输信号的强度提升或消除。特别要避免在主发言人信号输出时，其他多路话筒中却传出与会议无关的声响，如主席台上就座的某些人员与其他人员讲述与会议主题无关的声音，影响会议效果。

重要会议的录音工作要有专人负责，录音工作人员应全程监听录音效果，适时更换磁带。使用无线话筒录音时，特别要避免由于无线话筒的频率漂移或信号减弱，造成录音不清晰，甚至一片空白，以致留下无法弥补的遗憾。

会议进行中，若有现场摄像工作，要充分考虑摄像照明对会场供电负荷的影响。若多个摄像照明灯接入同一相电源中，可能造成某一相电流过载而致使断电，即使马上采取紧急措施，也会严重影响会场气氛。

8. **主席台**

主席台是会议参加者注目的地方，也是会场布置的重点，应在预案中单独列为一项。

主席台布置除前面提到的会标外，还有国徽或纪念人画像、旗帜等悬挂问题。重要会议的主席台座次名单也是会务工作中必须考虑的重要问题，常常由秘书部门负责人亲自安排，并及时送领导审定。至于一般会议，则不必把众多的领导请上主席台，只要主持人和发言人上台即可。主席台上的座位安排，应根据领导审定的座次名单事先用名签（席次卡）标明。主席台上若有外宾，名签上面对外宾的一面应使用其本国文字或英语。话筒布置也要注意选择最佳位置。

主席团或负责同志的休息场所应有专门安排。

9. **会议议程**

会议议程通常是指会议所要解决、处理问题的大体安排，一般须经大会通过。会议议程必须体现在妥善安排的日程中。也就是说，议程比较概略，日程比较具体；各项议程在会议期间何时进行，要在日程中显示出来。将日程具体分解，可以看出半天或一天的会议内容的先后顺序，这就是会议进行的程序。

大型会议的议程、日程、程序必须划分得很清楚。小型会议则将三者合而为一，统称为议程。小型会议的议程可由主持人掌握。大型会议的议程应印发给主席团全体成员。

秘书在制定会议预案时，应首先了解会议议程，并依此作为初步日程安排，由有关领导人审定通过。会务工作人员在会议期间应根据议程或日程安排，事先做好准备。例如举行经验交流会，会务工作人员应事先将发言人提前请上后台等候或在台下前排就座，并由专人负责联系，不要在会上喊发言人上台或到处找发言人。

10. **经费预算**

会议活动的经费视会议规模大小、规格高低而定。但只要会议涉及经费问题都要事先做好预算，以备领导审核。

以上十项是一般会议预案的主要内容，有些会议还有选举、发奖、摄影等活动，也应列入预案之中。

11. **选举投票的组织工作**

各种代表会议往往有选举投票工作。投票地点、票箱的设置、唱票间隙的活动，都应在预案中有所安排。如果用计算机处理选票，会务工作人员也应做好相应的准备工作。

12. **发奖活动的组织工作**

表彰大会往往都有发奖活动，气氛既要热烈，又要防止错乱，预案中应就此列出专项，作好安排。例如，台上奖品的排列顺序应与领奖人上台的顺序相符。重大会议的发奖仪式，应将领奖人员安排在台下前排按顺序就座，必要时事前可预演，以便事先发现问题，避免错乱。

会务工作人员应预先向领奖人说明上台领奖的礼仪和程序。如果有现场摄影录像活动，更应将注意事项先通知有关人员。领奖后，如发现奖品错发，可以会后再行调整，不宜在会场上调换。

13. **集体摄影活动组织工作**

大型会议的集体摄影活动看起来不过是几分钟的事，但会务工作人员往往要为此花费很多精力。

会议预案中应对集体摄影活动周密安排。人员队列安排应有平面布置图；在人数众多的集体摄影中，进入摄影场地的路线和进退场先后次序应有明确规定；摄影场地的站台长度要计算准确，并留有余地，各排间应留有足够的高度差；领导人座次应在椅背上将姓名做出标示；整个摄影活动要有专人统一指挥。

14. **特殊活动的安排**

有些特殊性的会议，如节日的焰火晚会，也应列入节日庆祝预案之中。例如，对焰火施放地点与联络方法应作明确规定。

应指出的是，特大型会议内容较多，组织工作复杂，预案往往是由大会整体实施方案和各组具体工作实施方案（如秘书组、组织组、宣传组、保卫组、后勤组等各组的具体实施方案）组成。大会筹备处或办公室根据大会整体实施方案列出各组的工作要求，而由各组再行拟定具体方案。会议预案形成文字后，经过审批，由各方面遵照落实，并作为会后检查的依据。

任务三

会前组织准备

【任务描述】

在办公室全体人员的努力下，会议方案已经获得领导的肯定。领导要求行政事务部做好会前的各项准备和应急预案。秘书小张就开始了会议的新一轮事务工作。

一、会前检查

会前检查是落实预案、保证开好会议的重要一步，重要会议在会前要多次反复检查落实。会前检查，一般分为由领导人听取大会筹备处各组汇报和现场检查这两种方式。

其中，现场检查是主要形式。检查的重点是会议文件材料的准备、会场布置以及安全保卫工作等。

大型会议的会前检查还包括警卫部署，票证检验人员的定岗定位，交通指挥及主席台服务人员的就位，供电安全、疏散通道的检查，特别是会议播放乐曲的光碟或磁带的检查等。有的大型会议活动因为对播放乐曲的光碟、磁带的检查不认真，出现笑话甚至严重的错误而导致会场秩序哗然，影响会议进程。

二、办公会议题的收集整理

办公会议题的收集，由秘书主动向有关行政副职和职能部门联系、征询。在建立良好工作秩序的企业中，职能部门则每周定时向办公室主动联系，提出需要提交办公会研究的问题。

收集的议题应在合并整理后，视条件成熟与否和事项的轻重缓急，列出有必要提交办公会研究的若干问题，送主要领导人审定，由主要领导人斟酌后增删调整，确定办公会议题。

三、会议文件准备

会议审议的文件材料，应在会前数日分送与会人员审阅，让他们有时间准备意见，特别是对于研究工作方案、审议工作计划的会议，这一环节很重要，会直接影响会议的效率。

为了准备好会议的主要文件，秘书部门应根据领导意图，有的放矢地进行调查研究，提出解决问题的方案，拟出文件。如有必要和可能，还应将拟定的初稿，分送有关单位征求意见，然后修改定稿。会前做好有关文件的准备工作，可以使会议议题比较集中，保证会议的基本目标得以实现。

会议文件一般不宜过长、过多。特别是经验交流会的典型材料，一要真实，二要简短，以千字为宜，要力求短、小、精（即篇幅宜短，题目宜小，内容要精），不要长、大、空，要使人听后有“看得见、摸得着、跟着学”的感染力。

会议文件应事先打印好。印刷会议文件，应认真校对，避免差错，特别是统计数字、计量单位、人名地名，要力求精确，务必反复核对。文件印刷份数要比预计发放份数多一些。文件宜在代表报到时发给，不要开会时在会场上散发，否则会影响秩序，干扰会议。

重要会议的会议通知发出后，还应跟踪落实，用电话与参加会议的人员联系，检查通知是否送到，了解对方能否如期出席会议。特别是对会议中的关键人物，通知发出后一定要注意落实。

会议通知可将会议的有关票证一起附上，如入场券、汽车通行证等。但分发票证时，应留有必要的机动数，以解决不可预见的临时需要。

重要会议在通知发出时，还应准备好代表座次、住宿房间、就餐安排、乘车号码、小会地点、编组名单和其他准备事项。这些事项附件能随通知附上，则一起发出；不能一起发出的，至少也要在会议参加者报到时通知他们。

办公会相关材料的准备一般包括：

（1）与议题相关的背景材料及解决问题的初步方案；

（2）议题提出部门向办公会所作的专题汇报材料；

（3）拟作为会议讨论的文件初稿或拟提交会议讨论通过的决定草案。

在以上的会议相关材料中，第（2）、（3）两项大都由议题提出的职能部门准备，第（1)项一般由秘书部门在主要领导授意下完成。打印或复印的议题、与议题相关的背景资料及提交会议讨论的初稿，一般在会前送交给办公会组成人员，使与会者对商讨的问题心中有底。

四、会议文件的管理

办公会会议记录，应由秘书部门妥善保管。作为讨论稿的相关文件，应按文书处的有关制度予以妥善处理。

五、会间调度

（一）会议签到制度

会议签到可以及时了解参会人员是否到会，准确地统计到会人数。对于股东大会、董事会来说，这关系到是否达到法定人数，选举结果和通过的决议是否有效的大问题。为了保证执行签到制度，有的会议还采取了周密的签到卡、签到图的措施。在规模较大的会议中，采取划片安排座位的办法，由会务工作人员核对介绍信或入场券，执行签到制度。

（二）候会制度

有些会议，议题较多，对与前一议题无关但必须参加后一议题汇报讨论的人员，秘书部门可根据预计的各议题讨论时间，通知他们在讨论前达到另行为他们安排的地方候会。这是保证会议有条不紊地进行的必要措施，也是保证各议题的讨论内容不致扩散的重要措施。秘书部门应指定专人管理这件事，对各项议题讨论时间的估计应尽可能大体准确，以免候会过久。坚持候会制度也是改进会风、减少不必要的“陪会”现象的一种办法。

（三）会议特殊情况的应急措施

会议进行过程中可能发生临时变动，如调整议题、临时动议、增加与会人员以及其他特殊情况。秘书部门要根据情况采取应急措施，做好临时调度工作，以保证始终有人在场服务。

（四）大型集会的现场指挥

大型会议活动，要有现场指挥，并运用现代化联络手段（如有线广播、无线电对讲机和其他联络信号等）来调动队伍，处理突发事件，保证集会的顺利进行。

【技能训练】

训练·拟定会议预案

一、训练目标

通过本训练，学生能够掌握会议筹备工作的基本要求和会议组织工作的一般程序，熟悉会议计划和会议筹备方案的主要内容，熟悉会议材料的基本种类及一般要求。

二、训练方案与要求

（一）背景资料

近年来，中国家电业迅猛发展。这不只表现在家电品种的增加上，更表现在中国家电业在全球市场份额的扩大上。例如，中国制造的彩电已占全球市场份额的29%，洗衣机占24%，电冰箱占16%，空调占30%，而照相机和电话机则超过50%，微波炉的数字更是惊人，单是广东格兰仕一个厂生产的微波炉就占全球市场份额的35%。最近，手机和电脑的生产量与销售量也直线上升。这一分析充分说明中国家电业在逐步发展壮大、走向成熟，中国家电业在基本上占据了国内市场的同时，迅速占领国际市场。

当然，形成这种局面的原因是多方面的，除了我们国家良好的经济环境、优惠的经济政策外，企业自身素质的提高也是重要因素。企业注重开发科技含量高的新产品，注重产品质量、售后服务等，重视现代经济管理体制在企业发展中的作用。这不，国内一家著名的家电公司——朝阳家电公司正在召开有关会议，讨论关于近期召开全国各地客户咨询洽谈会的有关事宜。朝阳家电公司是一家改制后的大型国有企业，公司资产雄厚，员工众多，著名科技人员和高层管理人员云集。公司在做好内部管理工作的同时，也注意做好客户管理工作。最近几年，公司推出了一系列新产品，占领了国内50%以上的家电市场，在国外也影响很大。最近，公司又在电脑、手机、电视等多个项目上研制生产出新型、新款产品，准备在这次客户咨询洽谈会上亮相，以此引起客户和消费者的关注。会上，营销部主任提供了一份本公司客户名单，各种单位和个人有两三百个。公司决定给这些单位和个人发出邀请信，邀请他们参加本公司关于新产品的大型客户咨询洽谈会。公司派主抓公关、销售的王副经理负责此项工作，迅速成立会务筹备处，拟定会议方案，准备大会所用的各种材料。会议定于2014年10月10日在北京国际会议中心召开，食宿也安排在北京国际会议中心，会期暂定5天，其中第一天开幕式，第二天专家讲座，第三天专家咨询，第四天专项合作项目洽谈，第五天组织客户游览长城。公司要求大会必须取得圆满成功，以达到公司举行这次活动的目的。

王副经理立即成立了会务筹备处，成员有12人。他们首先召集会务工作会议，明确将要召开的咨询洽谈会的主题，即宣传新产品，洽谈新业务。围绕主题，拟定大会筹备方案。确定参加会议的正式人员180人，特邀有关领导和专家10人，工作人员12人。

经过精心准备，各方人员如期到会，新产品咨询洽谈会按时召开。但是，在与会人员报到时，负责接待签到的小张发现，有十几个与会人员在报到单上注明“回族”或其他民族。小张及时把这一情况报告给王副经理，王副经理马上通知有关人员安排不同民族风味的饭菜，使与会人员都非常满意。会议按计划顺利进行，与会人员对该公司的新产品非常满意，专家的讲解时间、介绍更使与会人员大开眼界。利用会议休息时间，公司还应与会人员的要求，组织参观了公司的生产车间等场地。会务筹备处还安排了舞会等娱乐项目，最后一天的游长城更是其乐融融，热闹非凡，大家像老朋友似的说笑着、唱着登上长城，年轻人还进行了登长城比赛。公司王副经理在长城上即兴演说，把长城的历史同当今中国经济的繁荣结合起来，使得与会人员群情激昂，振奋不已。与会人员都表示，对这种形式的会议很满意，他们了解了生产公司的情况，了解了公司产品的特点，在经销这种产品时就会有的放矢地介绍产品，这增加了他们销售的积极性。因此，这次会上，公司签订的订单是出人意料地多。在游长城回来后，还有单位同公司签订合同。

新产品咨询洽谈会结束了。公司送走了与会人员后，进行会后总结。总结会上，公司总经理认为，这次会议开得很成功。会务筹备处的准备工作做得周密细致，会议的组织接待工作做得很好，为公司赢得良好的人气指数打下了基础。再加上新产品过硬的质量、专家精辟的讲解等，使得这次会议达到了预期的目的，取得了圆满成功。王副经理也讲了话，他主要指出这次大会上的一些疏漏之处，比如，在准备期间，把一个常识性的问题给遗忘了，那就是少数民族人员的就餐问题。虽说是一个小问题，但处理不好也会造成不好的影响。幸亏发现及时，及早解决，才没有影响客户的情绪，使大会能顺利进行。在此特表扬小张工作细致，发现问题及时反映，尽早解决。另外，会议简报出得不够及时，没有把会议上的情况及时通报给有关人员，尤其是最后签订合同的情况，这可能是会期结束，有些人员思想松懈造成的，以后要吸取这方面的教训。总结会上还通报了这次咨询洽谈会的收获，80%的与会人员都同公司签订了合同，超出了预计的数量，这也为公司下一步的工作提出了更高的要求。尽管如此，公司上下都很高兴。总经理决定，对会务筹备处的人员每人奖励一个月的奖金。最后，总经理要求会务筹备处尽快把与这次大会有关的材料都整理出来。

（二）训练要求

1. 假定你是会务筹备处的秘书，请你为新产品咨询洽谈会拟定一份会议计划和会议筹备方案。

2. 要求学生在电脑上完成上述两份文案，排版后发邮件到教师指定的邮箱，并交打印稿一份。文档要求格式规范，内容正确，条理清晰，表达精确，编辑打印精美。

（三）训练步骤

1. 指导学生认真阅读案例与训练要求。

2. 分析案例的主要内容以及本次训练的目标。

3. 讲解会务准备工作（会议计划及会议筹备方案）要点。

4. 布置训练任务。

（四）训练提示

此案例设置的主要目的是让学生对会务工作有一个具体、清晰的认识，通过训练掌握会议计划及会议筹备方案的制作。

1. 拟定会议计划，一般要制成会议活动安排表。会议时间、名称、与会单位及人员、议题、主持人、地点等均填入表中，提前分发给领导及有关部门。

2. 制定会议预案，即会议筹备方案，主要包括：会议名称、会议主题、会期、出席人员、会务工作组及职责分工、会议会场布置、会议其他活动安排等。

【拓展资源】

会议通知与会议报名表范例

关于举办国家职业资格秘书职业师资培训班的通知

各省、自治区、直辖市高等院校及相关单位：

为推动秘书职业资格考试新标准、新教材的应用，确保 2014 年秘书职业资格统考培训和鉴定工作的顺利进行，适应“统考日”制度的实施，同时协助各地培训鉴定机构做好秘书职业实训基地建设工作，应各地培训和鉴定机构的要求，劳动和社会保障部中国就业培训技术指导中心、国家职业技能鉴定专家委员会秘书专业委员会拟于 2014 年 7 月，在北京举办国家职业资格秘书职业师资培训班。现就有关事宜通知如下：

一、培训目的

（1）促进各培训机构熟悉新标准新教程；

（2）针对秘书职业不同级别，进行教学和实训指导；

（3）提高秘书职业教师队伍的整体素质；

（4）适应各省鉴定中心对从业教师的资格要求，促进各培训机构的师资队伍建设，促进秘书职业技能实训的推广和普及。

二、培训内容

（1）秘书职业从业形势与企业需求分析；

（2）秘书职业主要知识技能体系及培训纲要；

（3）秘书职业技能鉴定考核方案；

（4）《秘书国家职业资格考试与实训指南》使用指导；

（5）秘书职业培训教学指导与经验分享；

（6）参训教师现场进行教学教法交流；

（7）秘书职业技能实训统一指导及实训资源库试用；

（8）实训基地和职业场所参观考查；

（9）参训教师体验实训流程。

另外，本次培训班在进行教学教法研讨的基础上，将选择优秀论文推荐发表到国内著名期刊上，请有意向的教师携带论文参加。

三、培训对象及资格认定

（1）秘书及相关专业的授课教师；

（2）培训机构秘书专业培训师。

参加培训并经考试合格者，由中国就业培训技术指导中心统一颁发秘书职业师资培训合格证书。

四、组织实施

（1）主办单位：劳动和社会保障部中国就业培训技术指导中心。

（2）承办单位：国家职业技能鉴定专家委员会秘书专业委员会。

（3）北京中鸿网略教育技术有限公司。

五、培训时间和地点

（1）培训时间：2014 年 7 月 26 日—31 日，共 6 天。7 月 25 日全天报到。

（2）培训地点：中央电大培训中心。

（3）报到地点：海淀区魏公村街 1 号韦伯豪家园 7 号楼二层。

自火车站：自西客站乘坐 727、827 路公交车（或自北京站乘坐 808 路公交车），到魏公村站下，上过街天桥，从人民出版社大厦路口进 50 米即到。

自首都国际机场：乘坐机场大巴到双安商场站下，转乘 727、332、808 路公交车到魏公村站下，直接从路口进即到。

六、其他事宜

（1）培训费：1 800 元/人。

（2）食宿统一安排，费用自理。

（3）报名及交费方式。

1）填写秘书职业师资培训报名表，传真至：010-888639××或发 E-mail 至大会秘书处。

2）报名截止日期：2014 年 7 月 20 日。

3）培训费通过银行汇款至：

户　名：（略）

账　号：（略）

开户行：华夏银行北京世纪城支行

4）将汇款底联传真到待会秘书处，同时注明发票抬头及要求。

5）报到当日领取培训资料。

（4）参加培训人员需带 2 张一寸彩色照片，以及身份证、学历、职称复印件各 1 份。

七、联系方式

联 系 人：王小姐　李小姐

联系电话：010-888637××　010-888639××

传　　真：010-8886××××

附件：秘书职业师资培训报名表

国家职业技能鉴定专家委员会秘书专业委员会秘书处

北京中鸿网略教育技术有限公司

2014 年 5 月 18 日

（说明：考虑到有些信息的私密性，部分内容隐去真实信息，适当修改。）

附件：秘书职业师资培训报名表见表 4—1。

表 4—1 **秘书职业师资培训报名表**

姓 名		性别		年龄		民族	
职 称		从事本专业时间					
工作单位							
通信地址							
邮政编码		联系电话				手机	
E-mail							
身份证号码							
本单位现有鉴定业务	□五级 □四级 □三级 □二级 □涉外						
个人专业经历							
所在单位意见	单位盖章： 年 月 日						

注：请报到时提交身份证、学历、职称的复印件，以及 2 张一寸彩照。

会议周安排表范例

会议周安排表见表 4—2。

表 4—2 **会议周安排表**

××集团公司周会议活动安排表

2014 年 9 月 8 日—12 日

时 间		会议内容	地 点	出席范围	主持人
9.8	星期一 下午 2 时	总经理办公会	集团二楼会议室	集团领导及生产、销售、财务部负责人	×××
9.10	星期三 上午 9 时	新厂区落成典礼	新厂区大门	集团领导及各部门负责人、新厂区基建领导小组成员	×××
9.11	星期四 下午 2 时	新产品论证会	技术中心三楼会议室	党委会全体成员	×××
9.12	星期五 下午 2 时	党委民主生活会	集团二楼会议室		×××

大中型会议筹备方案（例文）

××省党务公开工作现场会议筹备工作总体方案

根据省纪委安排，××省党务公开工作现场会议将于2014年11月15日至18日在××市举行。为了办好这次现场会，特制定本方案。

一、指导思想

本次“全省党务公开试点工作现场会议”以党的十八大精神为指导，以“推行党务公开，加强党的建设，展示和谐××”为主题，全方位宣传、推介、展示××市各级在党的建设特别是推行党务公开工作中所取得的成绩，为党务公开在全省更深入地推行提供范本、创造经验，促进全市经济社会新发展。

二、会议内容

深入学习贯彻党的十八大精神，总结××市党务公开试点工作的做法和经验，现场观摩党务公开示范点，研究部署全省党务公开工作，推进全省惩治和预防腐败体系建设。

三、主、承办单位及参会人员

××省党务公开工作现场会议由中共××省纪律检查委员会主办，中共××市委、中共××市纪律检查委员会承办。

参会人员为：省委副秘书长，市直有关部门负责同志；各市（州）委副书记、纪委书记，组织部副部长，市（州）委副秘书长；省直机关纪工委、省国防纪工委、高校纪工委书记；省纪委、监察厅负责同志；××市有关单位负责同志等。共预计70余人。

四、主要活动

现场会的主要活动有：

（1）现场观摩（单位：××市、××县、××区等单位）；

（2）交流经验（地点：市委礼堂）；

（3）大会总结（地点：市委礼堂）。

五、组织机构及职责

成立“××省党务公开工作现场会议筹备委员会”，全面负责本次现场会的筹备工作。

主任：××× 副主任：×××

成员：××× ××× ×××

筹备委员会下设5个小组：

1. 秘书组

组长：××× 成员：××× ××× ××× ×××

主要职责：（1）负责起草筹备工作总体方案；（2）负责筹备委员会工作会议及有关会议的组织、协调工作；（3）起草领导讲话、市委经验介绍、现场会欢迎辞及会议要求、大会主持词、欢迎宴会祝酒词等文件；（4）负责大会经验介绍材料的审核、把关；（5）负责收集、整理党务公开工作文件、资料，编制目录，分类归档，提供与会代表参观；（6）负责市委及有关单位介绍经验时的多媒体服务；（7）打印和收集会议材（资）料，统一装袋分发，并负责会议之后所有材料的组卷归档；（8）完成筹委会安排的其他工作。

2. 联络组

组长：××× 成员：××× ××× ××× ×××

主要职责：(1) 负责会前踩点及对观摩点的督导、完善、联络工作；(2) 确定观摩路线、审核观摩点简介材料；(3) 完成筹备委员会安排的其他工作。

3. 会务组

组长：××× 成员：××× ××× ××× ×××

主要职责：(1) 负责提出经费总预算，拟定财务开支标准；(2) 购置物（礼）品，定做印有会议名称的文件包；(3) 负责参会代表和工作人员的报到、接待工作；(4) 负责编制“会议服务指南”，设计制作会议出席证、工作人员证，同时布置会场，按照会场席次摆放座签；(5) 负责落实欢迎晚宴的文艺节目；(6) 策划、营造宾馆、会场周围（市委院内）的氛围；(7) 负责落实会议用车；(8) 在参会代表住地设医疗、保卫联络处；(9) 确保会议期间电、水、暖供应正常；(10) 完成筹备委员会安排的其他工作。

4. 宣传报道组

组长：××× 成员：××× ××× ××× ×××

主要职责：(1) 制作一部反映××市党务公开工作全貌的电视专题片（11 月 10 日前完成），刻录 VCD 光盘若干，向与会代表赠送；(2) 编辑出版《资料汇编》，并负责印制若干册；(3) 负责《××市党务公开电视专题片》的播放和“××市党务公开网”以及“××市党委综合信息网”等网络的演示；(4) 拟定沿途解说词，培训解说员；(5)抽调××电视台、××日报社记者和市纪委宣教人员全程摄影（像），在省、市新闻媒体、纪检监察报纸杂志上集中宣传会议情况和全市党务公开工作成效，力争在国家级媒体上刊播新闻；(6) 完成筹备委员会安排的其他工作。

5. 安全、交通组

组长：××× 成员：××× ××× ××× ×××

主要职责：(1) 负责会议期间会场、宾馆、观摩点等重要场所周围的治安保卫工作，疏导观摩沿途的交通，引导车队通行，处置信访突发事件；(2) 负责会议期间常规诊治（急救）、安全工作；(3) 完成筹备委员会安排的其他工作。

六、实施步骤

全省党务公开试点工作现场会议共分两个阶段进行：

1. 前期准备（10 月 1 日—11 月 14 日）

(1) 10 月 8 日—23 日，成立筹备委员会，制定筹备工作总体方案，研究安排工作。

(2) 10 月 24 日—30 日，各工作小组具体分工，落实责任，抓好落实。

(3) 11 月 3 日，各组向筹备委员会汇报工作进展情况。

(4) 11 月 10 日，筹备委员会组织验收。

(5) 做好会前与省纪委的衔接工作。

2. 召开会议（11 月 15 日—18 日）

会议议程：现场观摩、交流经验、大会总结。

七、工作要求

承办全省党务公开工作现场会议意义重大，各组一定要站在讲政治、顾全局的高度，充分认识召开这次会议对推广全市各级党组织抓党的建设特别是推行党务公开的成功经验，提高××市在全省乃至全国的知名度，促进××市经济社会全面快速发展的深远影响，以高度的政治责任感和优质的服务来展示××市精神文明和政治文明建设的丰硕成果。本次现场会议要求严、时间紧、任务重，省纪委、市委对召开本次党务公开试点工作现场会议十分重视，各组一定要按照统一部署，明确各自的工作职责和分工，周密部署、精心组织、紧密配合、全力以赴，认真抓好筹备落实工作，确保现场会议的顺利召开。

附：××省党务公开工作现场会议日程安排

××省党务公开工作现场会议日程安排

1.11月15日会议报到（地点：××宾馆）；晚上8:00召开会议（致欢迎辞，宣布会议要求）。

2.11月16日上午8:30开始到××县观摩（××镇—××乡—××水北调农村人饮工程—××镇安居小区—水上公园体育活动场地）；中午12:00市委举行欢迎宴会；下午2:00返回××宾馆。

3.11月17日上午8:30在市委礼堂观看《××市党务公开电视专题片》和“××市党务公开网”的演示；上午9:30—12:00市区观摩（××区委党务公开广场—××乡—××村）；下午3:00—6:00交流、总结大会（会议交流：市委、组织部、××县委、××镇党委；表态发言两个;省委副书记、纪委书记×××同志作重要讲话）；下午6:30举行欢送晚宴。

4.11月18日上午8:30统一乘车参观××市湖笔博物馆、××山。

项目二

会务组织管理与文字工作

【学习目标】

任务分布	任务名称	知识目标	能力目标	学时
岗位任务1	会议的服务与工作规程	熟悉会议服务的基本内容	1. 能够做好签到及座位引导工作 2. 学会会议服务礼仪 3. 能够熟练使用会议常用设备	2
岗位任务2	会议的组织与控制	了解会议组织的基本要求	能够做好会务协调工作	2
岗位任务3	会议的文字工作	熟悉会议的文字工作的主要内容	能够熟练掌握会议简报、纪要、工作规程、总结等的编写和处理	2

【案例导入】

首届“世界温州人大会”乐清发展恳谈暨投资项目推介会

为积极参与世界温州人大会和中国国际轻工产品博览会活动，充分挖掘和发挥在外乐清人这一独特优势，进一步加大招商引资力度，加快乐清市开放型经济发展，促进全市国民经济和社会各项事业持续快速健康发展，决定举办首届“世界温州人大会”乐清发展恳谈暨投资项目推介会。实施方案如下：

一、指导思想

以首届世界温州人大会和中国国际轻工产品博览会活动为契机，围绕把乐清建设成为新型的现代化中等城市这一目标，进一步加大招商引资力度，包装推出一批重点招商引资项目，把“乐清人经济”转化为“乐清经济”，实现资金回流，外资涌入，人才、信息、技术的交流合作及发展理念的更新提高，为全面提高乐清对外开放水平和提前基本实现现代化奠定基础。

二、时间地点

（1）时间：2003年10月13日。

（2）地点：新世纪大酒店。

三、来宾邀请

参加首届世界温州人大会的全体乐清籍人士，约155名。

四、活动安排

（一）参观考察

（1）时间：9：30—11：30。

（2）参加对象：全体来宾。

（3）参观考察路线：到来宾住宿宾馆迎接—正泰工业园—（上高速）—乐清经济开发区—中心区—新世纪大酒店。

（4）参观考察结束后，来宾入住新世纪大酒店。

（5）中午就餐：新世纪大酒店四楼荣华厅。

（二）乐清发展恳谈暨投资项目推介会

（1）时间：14：30—17：00。

（2）参加对象：全体来宾，市四套班子领导，组委会相关成员。

（3）地点：新世纪大酒店四楼荣华厅。

（三）招待酒会

（1）时间：18：00。

（2）地点：新世纪大酒店四楼荣华厅。

（3）参加对象：全体来宾，市四套班子领导，组委会全体成员。

（四）机动安排

（1）13日：温州其他来宾来乐清参观考察安排（根据温州具体部署另行安排）。

(2) 14 日：来宾继续参观考察（根据来宾报名情况组织）。

五、组织机构

为切实加强对首届“世界温州人大会”乐清发展恳谈暨投资项目推介会组织工作的领导，决定建立首届“世界温州人大会”乐清发展恳谈暨投资项目推介会组委会。组委会主任由×××市长担任，副主任：王××、张××，成员：相关单位负责人。

组委会下设联络文秘组、项目推介组、后勤保障组、环境整治组、新闻宣传组共5个工作组。具体安排另行通知。

六、工作要求（略）

思考：

若你是会务组秘书处秘书，针对这次大型会议，你认为应该从哪些方面着手做好会务工作？

任务一

会议的服务与工作规程

【任务描述】

会议方案和前期准备工作都完成得有条不紊。秘书小张为了将会议组织得更好，又对会议的工作要求好好地学习了一遍，并做了一份详细的会议工作规程。

一、会务工作的总体要求

（一）准备充分

会务工作是一项时限性、集中性很强的工作，会期机动时间很少，这就要求秘书必须充分做好会前准备工作。主要包括：

1. 拟定会议计划

会议计划一般要制成会议活动安排表。会议时间、名称、与会单位及人员、议题、主持人、地点等均填入表中，提前分发给领导及有关部门。

2. 制定会议预案

会议预案即会议的筹备方案，主要包括：会议名称、会议主题、会期、出席人员、会务工作组及职责分工、会议会场布置、会议其他活动安排等。

3. 准备会议材料

一般在较重要的会议举行前均应提前准备好各种会议材料。主要包括：开幕词、闭幕词、工作报告、领导者发言、交流材料等。

4. **发送会议通知**

会议开始前一般都要发通知给有关人员。做到及时准确，开会须知表达明确，防止错发或漏发。

5. **布置会场**

人的情绪很容易为外界因素所影响，合理布置会场，既能改变会议氛围，也能调节与会者心情。会议要取得理想效果，会场布置不容忽视。

6. **座次排列**

座次包括主席台座次和其他与会者座次。主要依据职务或社会地位、名望高低进行排列。

7. **制发名册与证件**

名册主要包括姓名、性别、年龄、工作单位、职务、联系方式、房间号（与会期间）等项目。若遇大型会议，还需编制会议手册等材料。证件主要包括代表证、嘉宾证、工作人员相关证件等。

（二）组织严密

会议经过充分的准备工作阶段后，会议的组织工作将会议带入实质性阶段，这就要求各项具体的会务工作责任到人，安排有序，运转有方，既遵循原则又不失灵活。具体包括：

1. **签到工作**

签到是为了及时了解与会人员的基本情况，同时对于需要选举的会议，还涉及有无达到法定选举人数和选举结果是否有效的问题。通常用签到本（事先分项列表）签到，也有用发放签到卡（或会议出席证）的方式进行签到。

2. **接待工作**

会议接待工作的好坏直接关系到会议和会议主办者的形象。秘书要根据会议的基本要求，彬彬有礼，热情周到，做好接待工作，使与会人员颇感亲切，从而提高会议工作的效果。

3. **会议记录**

会议记录是秘书的一项重要工作。认真做好会议记录，力争做到记录材料完整、翔实。尤其是重要会议的讲话、发言，还需要通过录音、录像等方法加以辅助，为会后整理、分析、研究提供依据。

4. **会议简报**

编写会议简报是对会议进程、动态的直接反映，通过通报会议情况的文件形式向与会者发布，便于与会人员、组织者及领导及时掌握会议信息和会议进程，加强交流。

5. **会间调度**

会间调度是指会议期间对会议程序、内容以及会场服务等环节进行调整和安排。秘书要及时了解会议进行的情况和与会者意见、建议，并遵照主要领导者或主席团指示进行会议期间有关内容的适当调整。这既是确保会议顺利进行的需要，也直接反映了秘书沉着冷静、灵活应变的处事能力的高低。

6. **会间生活安排**

一次大型会议，从准备到完成凝聚了很大的工作量，应该说组织工作非常不易。能否合理安排好会间与会人员的吃、住、行（交通）、乐（适当娱乐）等事宜，直接反映了会议组织工作的质量好坏，也是会议能否取得成功的重要因素。

（三）服务周到

会议期间，秘书要摆正自己的位置，将做好服务工作放在重要位置，以热情、细致、优质的服务迎接与会人员。在服务的每个环节上，秘书都要考虑全面、周到，严防出现差错。

（四）安全保障

会议的安全保障是会议成功与否的至关重要的前提。尤其是大型会议或重要领导人出席的会议，一是规模大、范围广，二是影响广、媒体介入力度强，所以安全保障工作尤为重要，采取强有力的安全措施非常必要。安全保障工作主要表现在交通、饮食、文体及会议内容保密、重要人物在公众场合出入保护等各个环节。

二、会议组织服务工作规程表

会议组织工作，特别是非常规的大中型会务工作，按照前文所说的方法制作会议预案，是一种多年形成的传统方法。这种方法是有效的，但也存在需要改进的地方。例如，用这种传统方法，很难在预案中将会议细节如时间要求以及工作效果要求制定得很完备，因而在操作时，工作人员只能依靠经验跟上整个会议筹备的进程，筹备服务工作也只能依靠经验或按口头指示尽可能地满足工作要求。再如，在这种传统的会议预案中，很难看清各部门、各程序相互之间的联系和制约关系，会议筹备者难以从整体上控制各项工作细节的进度，使分属各组的工作细节符合整体进程的要求。

会议组织服务工作规程表在一定范围内推广使用取得了较好的效果。这种方法对传统的预案制作方法的改进主要表现在：

（1）会议组织服务工作规程表将原来用冗长的文字所表达的预案变成一两张很简明的表格，不但篇幅缩小了，而且条理清晰。

（2）会议筹备组织工作在预案中比较难以表述的细节，在表格的项目中都能很清晰地表达，且工作的要求、完成的时间、责任人一目了然。

（3）对经常筹备大中型会议活动的单位，对于不同的会议，这种表格不仅项目可以相对固定，甚至有些要求也可以大体相似，仅对时间、责任人作些调整即可使用，这样极大地缩短了会议筹备工作的时间。

表 4—3 是 1985 年 11 月在原江汉大学召开全国高等院校秘书学教学经验交流年会所用的规程表。此表对该会议的成功组织起了相当重要的作用。这种工作规程表的设计，即使到了 21 世纪的今天，仍然十分有效。

表 4—3　　全国高等院校秘书学教学经验交流年会会务工作规程表

会名	（见题头）	批准人		批准时间	
会期	1985年11月15日至 11月19日共5天	会场	6号楼三楼 会议厅	会务筹备负责人	
出席范围	1. 全国高等院校中开办秘书专业的负责人； 2. 高等院校秘书学教学研究会会员； 3. 国内各秘书杂志编辑部负责人； 4. 秘书学研究领域中有影响者； 5. 特邀中办秘书局、中国行政管理学会、国家教委及国内知名人士	新闻单位	光明日报 湖北日报 长江日报 武汉电视台 湖北人民广播电台	会议人数	原定150人 实际报到人数包括本校与会者将达到170人
				主持人	

责任分工	任务	具体要求	完成时间	责任人
会务组	负责人	落实各项工作，并协调各组行动		徐俊
	会标全文	9米×0.9米白布底，吹塑纸，长宋体字		
	主席台背景及桌椅	主席台设两排座，每排10人		
	主席台座次安排	画出三种方案草图，视情况摆好名签		
	主席台成员休息室	6号楼小会议室		
	会场花卉	庄重、淡雅为宜		
	音响、录音	2支有线话筒，1支无线话筒，保证录音质量		
	茶水供应	由会务组提供茶叶，实习学生随时倒茶		
	新闻单位联系	开幕式安排电视采访，消息见报、电视台播放		
	欢迎标语牌	北院大门内置一大标语牌——“欢迎全国高校”		
	特邀代表接送	热情有礼，细致周到		
	参观活动联系	确定线路、时间，落实午餐安排		
	文化活动安排	校内文艺演出		
	开幕、闭幕式安全保卫			
	分组讨论地点安排	按5组分，每组30～40人讨论安排		
	特邀代表的看望	预先通知校领导		
秘书组	制发会议通知	会议正式通知	10.15	金伟德
	会议须知	明确周到	11.12	
	编排名单	1. 按地域编组；2. 按研究内容编组	11.4	
	会议日程、议程、作息时间	预先提出方案，经碰头会认可即打印		
	代表及工作人员胸卡	编号、分发、登记务必准确无误	11.12	
	编写简报	3期简报，力求第二天发给代表		
	记录人员	将学生分3组，记录准，整理快		
	预订报纸	每间房一份《长江日报》，有会议消息时每人一份		

续前表

责任分工	任务	具体要求	完成时间	责任人
	集体照相安排	安排好前排座位，后排估算准确	11.12	金伟德
	预问气象	分别向省台、武汉台预问会期天气情况	11.13	
	公告栏	在住宿处设一公告栏	11.14	
	住房划分	划分后，应印制成平面图，以便查找	11.10	
	学生礼仪服务安排	11日动员，12日进入工作		
后勤组	负责人			余国良
	确定膳食标准	30元/餐/人，每餐六菜一汤		
	进餐票证制发	在会议报到日前发至专门人员负责分送代表		
	落实住房			
	保证供电	向地区调度送交报告，确保15日供电，校内电工值班		
	工作用车	一辆面包车		
	接送代表团用车	车队安排		
	参观用车	4辆大客车，17日上午8时招待所待命		
	医务人员			
	会场卫生			
	回程车（船、机）票	会议报到时落实所有返程车、船、机票		
	经费落实	由学校财务科按办公会意见预拨4万元		
	预收票款	伙食费、车票预售款由财务科负责，会务费另行安排		
	财务结账	财务应在代表离会前结清财务手续，不耽误代表离会		
	集体照相椅、凳、桌安排	与秘书组合作，搬运桌椅	15日中午	

当然，因为不同的会议在规模、内容、地点上不同，所以不同会议的会议组织服务工作规程表会有许多区别。会议组织服务工作规程表除了将一般会议必须有的项目列入其中，还可视会议内容和会议筹备者的不同要求增减其中的项目。

应注意的是，使用这种表格筹备会议，筹备者自身仍应对会议的细节有充分考虑。虽然已有的表格项目已可以为筹备者避免许多细节上的疏忽，但毕竟表格是死的，完成这项工作的人才是至关重要的。因此从严格意义上讲，会议组织服务工作规程表只是会议筹备组织工作分工责任表，明确了工作责任和完成任务时间，并不等于筹备工作就能做好。如对于上述所列的规程表，会议筹备负责人仍要抓好三个大组的工作，即通过会务组、秘书组、后勤组的负责人，反复督促检查会议组织各项工作的质量和进度。

必须明确的是，应用这种规程表方法筹备组织会议，要建立在熟练掌握传统方法的基础上，即基于对会议筹备组织工作全局的全盘把握。否则，没有会务工作的全局在胸，仅凭一张详细的表格，也难以组织好会务工作。

任务二

会议的组织与控制

【任务描述】

会议如期举行。秘书小张为了将会议控制得更有序，又开始着手考虑会议的场地布置、设施设备到位、主席台座位安排、主持人相关事务等具体工作。小张感到还有许多工作等着去做。

会议种类繁多，性质不同，目的各异，规模、会期也互有差异。因此，在会议工作具体实务操作过程中，采取的方法和措施也自然不同。只有充分了解各种会议的基本特点，做到心里有数，不断积累经验，才能使会务工作真正务实、高效、圆满。这里主要介绍常见的会议实务的处理技巧和方法。

一、会议组织技巧

（一）如何选择和布置会场

1. 会议场地选择

会议场地选择对组织一些规模较大或重要的会议特别重要。主要掌握以下要点：

（1）足够的会议场地空间。这既为会议场地布置带来多种选择，也是保持会议室内良好环境的需要。同时，会间休息时便于自由交流、活动。

（2）与会人员与会务组均感方便的场所，这是提高会议效率的需要。

（3）良好的照明、通风、保暖（或送凉）设备，这是保持与会人员良好精神状态的需要。

（4）完善的会议设备，除普通桌椅外，有时需要黑（白）板、视听器材（投影仪、幻灯机、扩音设备等）以及各种不同会议所需的专用设备器材等。

（5）抗干扰。会议期间能有效地确保与会人员专心致志地参加会议，避免噪音及其他干扰因素影响会议的正常进行。一般会议室内不装电话，会议中，门外挂上“正在开会，请勿打扰”等类似牌子。

2. 会场布置要求

（1）会议桌椅安排。会议时间如果较长（1 小时以上），要尽量安排大一些桌子，椅子有靠背，便于摆放会议资料，同时能减轻与会者身体上的疲劳。对于年长者居多的会议或自由讨论的会议，在桌椅安排上更多地考虑以舒适为主。

（2）照明光线。一般宜采用亲和的暖色灯光，这样既避免受强光照射刺眼引起疲劳，又利于与会者集中注意力。会议室窗帘应用遮光布。

(3) 室内装饰。室内装饰并不是越高档豪华越好，而应根据会议中心议题，起到突出会议主题和烘托会议气氛的作用。主要考虑：

1) 色调：与会议内容、对象、气氛相适应，并考虑季节因素。

2) 徽标：在会场主席台或主席位的上方悬挂会标或会徽。

3) 标语：在会场内或入口处适当挂一些与会议内容相关的庆祝性标语。标语文字力求通俗易懂，读来上口简短，多用口号式。

4) 花草：是营造会议气氛的需要，既能保证会场的环境美观，也能创造会议的宽松气氛。一般安排在主席台底幕布下、主席台前排与代表席的隔离处、会场四周等。有时在专题发言席（演讲台）处放置鲜花，既庄重也美观。

5) 旗帜：对一些党、政、团等政治性会议和企业商贸开幕式等会议，在主席台底幕会标两边要挂10面红旗或竖一些彩旗，以烘托气氛。

(4) 排列座次。这是很多会议必须做的重要工作。大中型会议都需要排列座次，使与会人员有固定的座位，确保大会整齐、方便、有秩序。主席台与主桌席是排列重点。具体排列方法有：

1) 主席台和主桌席一般按职务身份排列。

2) 代表席则按系统、区域、汉字笔画（或英文字母顺序）排列。

3) 正式代表在前，列席、候补代表在后。

4) 会议主持人的座位应事先决定。一般来说，主持人的座位以会场主席台中央或稍中央为宜，以确保其主要角色地位。

5) 发言席（报告者）一般安排在会场的中央位置，有时特设演讲台（报告席），以突出其中心地位。

6) 会议秘书座位，原则上设在大会入口处。这样既便于联系工作及会间调度，又不会影响整个会场秩序。

当然有些小型会议或普通事务性会议，对座次排列要求并不是很严，甚至是自由择座，但无论如何，作为秘书，在座次排列或是否进行座次排列上，都要征求领导的意见。

(二) 会议议题确定

(1) 提交会议讨论的议题的资格。提交会议讨论的议题，一定要达到会议讨论标准。一般性事务议题或主管领导能解决的问题，不要放到集体会议上讨论。

(2) 议题应有简要的文件或汇报提纲。

(3) 议题及文字材料应事前经过领导人审批和专人对其内容及文字审核把关。

(4) 议题的选定、处理均应当事前请主管领导人审定。

(5) 适量的会议议题。议题过多，与会者不能充分发表意见，讨论仓促，容易忽视有关因素；议题太少，会议效率就显得低下，会议的必要性就值得怀疑。从这一点上看，会议议题宁肯多一些，也不要出现无事可讨论的尴尬局面。

（三）会议日程与时间安排

会议日程是秘书对会议期间整个过程的框架安排，会议时间是对会议各个环节的具体时间分配。

1.会议日程确定

一般根据召开会议的具体目的，确定总体安排。在具体运作过程中应特别注意以下因素：

（1）事先安排好关键人物（重要领导人、发言者）等的时间。一些会议，若目的明确，但缺少某个重要人物，会议效果则会大打折扣甚至会议根本无法进行。所以会议召开前应征求关键人物的意见，先确定其出席到会时间，再根据需要对其他环节作时间安排或调整。

（2）考虑多数与会人员的情况来确定日程。会前应充分调查与会人员的情况，根据调查结果排出若干日程，最终确定合理的会议日程。

（3）照顾特殊原因或因素。一些会议是历史沿革或特殊原因所致，如党、政府、军队、团、妇女组织等纪念性会议，尽管某些重要领导可能没空，但也应以大局为重。一般来说，关键人物也会考虑到这点，能准时到位。

（4）例会制度不能随意改变。单位或部门原来确定的例会（年会、月会、周会制度等），没有特殊原因，不能随意取消或改变，以确保例会制度的严肃性、规范性，也是确保单位职能部门的权威性的需要。

2.会议时间分配

会议日程一旦确定，应该说，会议召开的时间也就可以确定了。特别需要注意的是，会议时间较长的，一定要安排好开（闭）幕式的具体时间，做到每个与会者心中有数，也便于安排会间活动。同时要注意每次召集时间不宜太长，以 2 小时左右为宜，避免因开会时间过长，引起与会者疲劳，降低会议工作效率。如确需将会议时间延长，中途可安排 10～15 分钟的休息。

（四）会议通知与会议资料准备

1.会议通知

会议一旦决定召开，就要以书面形式分发通知。召开单位内部会议可以给每位参加者发一份通知，也可以用传阅形式通知，甚至可以在布告栏上通知、电话通知或转告等。但一些较重要的、涉及外单位或部门的会议，尤其是地区性会议，包括地市级及以上规模的会议，撰写会议通知并及时发出就变得非常重要了。在撰写会议通知时，应重点抓住以下几方面因素：一是会议名称，如“浙江省教育厅高校招生工作会议”、“浙江省高校财政拨款协调会”等；二是开会日期、时间、地点要明确；三是写明会议议题；四是附上必要的会议资料，并注明名称、页数；五是写明与会者必须随带的物品和费用预算等。有些全省乃至全国性会议，因与会者来自四面八方，路途遥远，开会通知中还应注明前往报到地点的具体交通路线等。

2. 会议资料准备

很多会议，为使与会者早日准备讨论内容或意见、建议，会议资料和会议通知一并发出。会议资料一般包括两方面内容：一是对会议议题的主要说明，阐明会议目的与背景；二是对会议中要讨论议案的说明。

会议资料是与会者必要的参考资料，因此在准备会议资料时应做得精简、准确、必要、一目了然。

（五）会中茶水服务与会间膳食安排

1. 会中茶水服务

会中服务除了提供必要的资料准备、与会人员的引导、突发事件的处理等，很重要的一个环节是做好茶水服务工作。乍一看，会中茶水服务是一件很简单的工作，实际上是很有讲究的。在会中茶水服务过程中应做到：

（1）茶水端出时间要适当，若会议时间长，则要多次倒茶。

（2）倒茶姿势文雅，茶杯不要放在会议资料上，要慢倒轻放。

（3）先端给重要人物或外单位人员。

（4）准备充足的热水，方便与会人员随时能用。

（5）遇到像座谈会、商谈会等较宽松自由的聚会，可准备一些饮料或糖果，增加亲切感，改善会议气氛。

（6）大中型会议上，主要对主席台及前排的重要代表席上茶水；小型会议上，直接上茶水。

2. 会间膳食安排

有很多会议，因开会时间较长，需要安排与会人员的用膳。因与会人员来自各个地方、单位，所以与一般的单位食堂用餐是不同的。合理安排用膳，是一件很细致、严肃的工作，要主动请示领导，再作妥善安排，并对不同的情况、不同的会议采取不同的方法。总结一般会议用餐的经验，在安排会议用膳的具体操作过程中，主要把握以下几点：

（1）在会议通知中注明是否用膳。用膳时统计人数要准确。

（2）预约订餐时，要明确交代具体时间，确保准时送来。

（3）注意用餐食物口味大众化与特殊化相结合。对于大中型会议，用膳人数多，要以符合大多数人的口味为宜，对少数特殊情况者（少数民族、地域饮食习惯特殊、孕妇等）要事先了解清楚，以便给予适当照顾。

（4）因会议用膳人多、集中、量大，饮食卫生特别重要，以防食物变质、中毒事故发生。

（5）会议用膳力求经济、实惠。

二、会议角色扮演

秘书在各种会议中经常扮演不同的角色。掌握会议不同角色的基本要领和技能，是秘书综合能力的基本要求。

（一）如何当好主持人

会议主持人担负着控制会议有序进行的重任，其对会议良好氛围的营造和会议效率的提高起着极其重要的作用。

1.主持原则

（1）善于调节各方意见。作为主持人，要能及时收集获取与会人员的建议、意见。主持人本身就是会议主办者与与会人员之间架起的桥梁和纽带，不宜将自己的意见强加给与会人员，要善于协调。

（2）充分发扬民主。与会人员的职位、资历虽有不同，在会议座次及发言安排上有所体现，但千万不能忽视与会人员中大多数职位低、资历浅的这部分人的作用。会议要给予与会人员平等发表意见的机会。发扬民主，是会议的基本原则。

（3）效率优先。无论什么会议，都必须在议程规定的一定时限内完成，力求高效率。作为主持人，在会前及时宣布会议纪律和要求，会中有效控制会议节奏，限时发言、讨论都是提高会议效率的有效方法。

（4）集中统一。主持人要与主办方领导及时交换沟通信息，利用自己的有效职权，集中统一指挥整个会议过程，这样能有效地将会议控制在议题范围。在会议结束前，主持人一般都要对本次会议做出简短、精要的概括，以表达会议成功之意。

2.主持人的基本能力要求

主持会议是一门学问，必须不断积累经验，才能使会议在主持人的引导下开得有条不紊。作为秘书，掌握这些基本功，是非常必要的。

（1）调研能力。主持人在会前应对整个会议的基本情况作认真调查、分析、研究，掌握一手材料，以便在主持时得心应手，避免因不了解情况而出现错误。

（2）洞察能力。主持人要能够及时观察会场情况并及时做出反应。这要求主持人应当是思维敏捷、反应及时、应对自如的大会组织者。会场局面的控制和会场秩序的维护很大程度上取决于大会主持者的组织能力。

（3）判断能力。主持人在充分遵从主要领导或主席团意见的前提下，对会议需要解决的情况不优柔寡断，犹豫不决，必须果断裁决。当然，并不是说主持人可以盲目拍板。

（4）表达能力。主持人的语言要求准确、简洁、有号召力。这要求主持人善于表达大会意图。我们经常看到一些主持人妙语连珠，使大会有声有色。所以说，语言艺术训练是每位秘书的必修课。

（二）会议发言技巧

会议发言与平时一般交流时的用词、语调、神态均有很大区别。在稍大规模的会议上发言，对发言者来说，是有较高要求的。一般来说，发言者在发言时应掌握以下基本技巧：

1. **语言通俗易懂**

除专业学术会议外，一般会议与会者学历层次、文化程度等相差很大。为加强沟通、交流，发言者所用语言应尽可能通俗易懂，避免出现深奥难懂、专业性很深的词汇。即使像国家领导人的报告都是遵循这个基本原则的。

2. **发言简洁明了**

除特殊需要（专题报告、学术研究等）外，对于一般性会议，发言的时间长短均有明确规定，力求简明扼要。话说多了，易偏离议题中心，如果不是高明的演说者，泛泛而谈更易引起与会者反感。

3. **节奏快慢有序**

会议发言不是播音、朗读，它应该是随着内容的变化、会场的气氛及时变换语调和速度的。尽管多数会议用扩音设备，但仍要求发言时声音大，发音清晰，语速不宜太快，以便与会者听得清楚。当然，时快时慢、时轻时重都是由会议的需要决定的，这样使发言变得充满激情而娓娓动人，充满吸引力和号召力。

4. **形体语言得体**

在发言过程中，加以适当、得体的形体语言（主要通过手势、脸部表情等），对提高会议发言的感染力能起到很大的作用。秘书在平时与人交谈时就要充分注意养成良好的习惯，善于发挥形体语言的作用，落落大方，温文尔雅。

5. **保持双向交流**

发言时要面对观众，不要看天花板、地板或斜视，要善于把握会场气氛，将目光从一个人身上慢慢移向另一个人，让目光在每个人身上都停留片刻。如果感到这样不舒适或不习惯，那宁可把目光集中在会场尽头的某一点上，这比看天花板或地板要好些。将目光注视听众，就能保持与他们的交流。当然，在发言过程中，提一个小问题，讲一个笑话，也是经常采用双向交流的技巧。

三、控制会议的特殊技巧

（一）如何营造踊跃发言的氛围

在举行的各种会议中，我们经常看到，由于种种原因使会议“冷场”，这未必就是坏事，可能是与会者正在动脑筋思考问题。会议组织者此时不应慌张，应注意观察每位与会者的表情，要善于暗示和启发、鼓励其发言。通常采取以下方法：

1. **主持人或组织者要有幽默感**

这是指在会议举行过程中适当运用幽默语言，提起与会者的精神和兴趣，使大家有亲切、轻松感，产生主动参与的意识和欲望，关键要掌握一定的“度”。

2. **供大家讨论的议题要具体**

组织者提供较具体的议题，便于大家在讨论时入手。如讨论来年计划时，可分阶段讨论。比如：“明年第一季度的主要任务是什么?”“哪个部门负责?”“有什么任务指标?”这些问题都很具体，便于大家有针对性地讨论，会议就不会“冷场”了。

3. 会议组织者要创造民主气氛

不要在会议上指责发言者，即使说错了，也不能当面点明，以解释的方式进行处理比较合适。千万不要以简单、粗鲁的方式行事。如果这样，要么对方沉默，要么互相争论，会议效果适得其反。

（二）如何缓解会议出现的紧张气氛

有时，会议可能出现一些意想不到的事情。有些人甚至利用会议这种特殊形式来发泄私人恩怨，使组织者难堪。秘书面对这种情况，首先不要紧张害怕；其次不要以牙还牙，要保持自己的身份；最后就是要用巧妙的语言，从容应对。这需要组织者有良好的心理素质和综合能力。比如，一位与会人员指着组织者大声说道："你算什么？照照镜子，看看你的模样！"这时组织者应该和气有礼地回答："谢谢你的批评。真的，我在平时工作中确实还有很多需要改进的地方，自身努力也需要加强，幸亏大家都能给予真诚相助，才使我的工作得以顺利完成。我也衷心希望大家继续关心和支持我的工作，在此谢谢了！"如果这样，能有利于会议紧张气氛的缓解，也会赢得与会多数人的佩服和尊重，从而使他们站到组织者的一边。要记住，对方的不理智，大家自有分辨。但组织者的不理智，不仅会使会议因矛盾激化而陷入僵局，而且会使大家认为组织者无能。

四、会议中问与答的技巧

在会议过程中，及时提问和恰到好处的解答能使会议质量上一个台阶。掌握问与答的技巧是秘书做好会务工作基本的要求之一。

（一）会议提问方法

在会议进行过程中，经常会遇到不明白或需要加深理解的时候，为跟上会议进程，趁热打铁，有必要及时提问。然而提问是有讲究的，主要应从以下几方面考虑：

（1）不明白的地方要及时提问，以便跟上会议节奏。

（2）正确选择提问对象。如"我想请问大会主席……"、"请问大会主持人……"等，提问对象一定要明确。

（3）问题提得要明确、精要。不要一次提很多问题，也不要一个问题中含有太多的层次，以确保回答者"对症下药"，否则易造成回答者无从下手。

（4）提问紧扣会议主题。提问者一定要紧紧抓住会议议题，所提问题最忌不着边际，远离主题，否则会遭到主持人或答题者婉言拒绝，甚至难堪的反问。

（5）提问不是指责。提问的目的是想更深、更多地了解发言者的意图或精神，绝不是对发言者的无端指责或评头论足。提问不是辩论，这是提问者必须掌握的基本原则。

（二）会议解答提问的要领

当会议上有人向组织者提出问题时，如果组织者给予恰当的回答，则既能达到对方的目的，也能使组织者的发言获得更大的成功，那么如何做到回答有方呢？

（1）确认对方的提问内容。在听到对方提问后，稍思片刻，很有礼貌地问对方："你是问这个问题吗？""是想让我将刚才所说的作些说明吗？"这样一来，对方感到的是一种尊重，会对组织者产生一种亲切感，双方合作就容易顺利。

（2）抓住问题的要点回答。有时提问者的问题语句较长，层次也可能较多，但组织者要抓住最主要的一点展开回答，其他内容可附带说明，忌讳全面铺开。

（3）答案既要明确，又要留有余地。这是指当对方提出问题后，组织者应尽可能地给予清晰的回答，或肯定，或否定，但有时要善于将答案留有余地，巧用辞令。比如说："我想是的。至于时间嘛，大约在国庆节之前能够完成。不过，这需要我们大家共同努力才行。"

（4）回答内容要具体明确。在会议上回答问题时，千万不要说"我们有许多事情要做"、"我们还有很多方案有待讨论"、"我们准备做一些工作，花一些力气"等此类的话，这容易给人造成模棱两可、解决不了实际问题的不良印象。

任务三

会议的文字工作

【任务描述】

会议事务工作一切顺利。会议的成果需要以会议文件形式记载留存下来，以便于传达会议精神、会后落实和督查等。领导安排任务：让秘书小张和小王负责会议记录、会议简报、会议纪要等文字工作。

会务工作中，涉及文字工作的内容比较多。一般来说，有起草会议通知、工作报告、总结，做好会议记录，编写会议纪要等项工作。这里仅就会议记录、会议简报、会议纪要作简述。

一、会议记录

会议记录是会议情况的真实反映，也是检查会议决定事项执行情况的依据和凭证。它包括两部分：

第一部分是会议组织情况。要写明会议名称、届次数、时间、地点、出席者、缺席者、列席者、主持人的姓名与职务，稿末签上记录者的姓名。以上这些项目多在会议主持人发言之前写好。

第二部分是会议内容。这是记录的主要部分，要将会议议题、讨论发言、形成的决议，尤其是主持人的结论性发言记录下来。

会议记录的方法有两种。

1. 摘要记录

这是一般会议通用的记录方式。不必有言必录，只记发言要点、结论和会议上讨论的问题，以及通过的决定、决议。

2. 详细记录

详细记录多用于领导班子的重要会议，如党委常委会、经理办公会等。要求有言必录，不能只作提纲挈领式的记录，也不能只记结论，要尽量记原话，不改变原意。

做好摘要记录的关键在于：要对发言内容迅速做出分析，哪些可记，哪些可不记，有所取舍，适当归纳，扼要地记下重点，不可歪曲发言者的原意，不可遗漏发言者的主要观点。所谓重点，一般是指会议主持者和主要负责人的发言，也包括与会者的不同意见或有争议的问题，以及会议的决定或决议。所谓扼要，就是要记下发言人的主要观点和论据。

作详细记录，要求记录者认真负责，精力集中，一字一句谨记不放，特别要注意抓住发言人开始、转题、结论的语言。对通用词汇可采用简化方法，事后补正；涉及文件名称或便于查找的文件内容，可先省略后补记。有可能的话，可采用多人记录、事后综合整理的方法；还可利用录音方式，修正补齐会议记录。能否做好会议记录，不完全是书写速度的问题，还要看记录人是否熟悉会议所涉及的内容。有的组织机构即使配备了速记员，但记下来的内容往往并不合要求，甚至闹笑话，原因就在于记录人不熟悉会议内容，不了解实际情况。

会议结束后，记录人要全面检查记录，检查错漏字，字迹不清的地方和其他遗漏处要及时补写好，对会上没有弄清楚或发言者表述不清的地方，要及时找有关人员核对。

记录人必须遵守保密规定，不得泄露会议内容。会议记录要妥善保管，不得外传或遗失，并使用专用记录本，按规定定期归档。

二、会议简报

会期短、人数少的会议，不必出简报。人数多、会期较长的会，应做好会议简报。

会议出简报的目的是交流情况，提高会议质量。简报应求新、求实、求短、求快。求新，即要反映新经验、新情况、新问题；求实，即反映情况要真实，不夸张，不缩小，事事要查对落实，不能马马虎虎；求短，即文字要简练，篇幅要短小；求快，即迅速反映值得注意的问题，若简报不抢时间、拖拖拉拉，就起不到指导会议的作用。

会议简报的主要写法有以下两种。

1. 报道式写法

这往往是由简报编写者将情况综合后，选取有价值的部分，用新闻消息报道的形式，反映会议全局或局部的进展情况。

2. 转发式写法

这种会议简报往往用于节录某组代表的发言，照登某代表的倡议或意见。简报编写者“转发”这些发言或倡议时，往往加上简短的“按语”，强调“转发”内容的指导意义或参考价值。

会议简报应注意标题的选用，既要醒目，能吸引人看下去，又要实在，做到文题一致。

简报的印制数量和发送范围，应视内容而定，有的只送主席团，有的发到各组负责人，有的发到全体与会者。

三、会议纪要

会议纪要的内容可分为两部分：

第一部分是会议情况简述。其中包括召开会议的根据、目的、时间、地点、参加会议的人员，会议讨论的问题以及会议结果（包括对会议的基本估价）。

第二部分是会议主要内容的归纳。这是会议纪要的主体，应对会议讨论问题的基本结论和今后的任务做出具体的阐述。若会议内容较多，则可以分列标题，逐段逐层地将会议讨论的各方面问题阐述明白。

属于一般例行的办公会议，可直接在会议纪要的结尾处写出会议的号召，提出贯彻会议精神的阐发。有的会议纪要，特别是例行的会议，这一部分写得极简略，开门见山就是“×月×日会议，讨论和议定了以下问题”，结尾处才写会议主持者、参加者姓名等。

会议纪要的第二部分，既是对会议主要内容的归纳，也是今后对会议贯彻执行的依据，应认真拟写。这部分的写作要点是“纪实”和“扼要”。也就是说，纪要应忠实于会议实际，这也是拟写纪要的基本原则。纪要又应是对会议基本精神的提炼和概括，既要反映会议讨论情况，特别是领导人的重要讲话精神，又必须是综理其要，不成为会议记录。拟写这部分内容，特别应注意条理要清晰，可用顺序号或小标题将各问题、决定、措施、要求分清楚。

写好会议纪要，文笔固然重要，但关键在于了解会议主旨，拟写纪要的人应自始至终参加会议，注意从发言和简报中收集素材，当会议进展到一定阶段，就可根据会议主旨和实际情况，拟出纪要的大体轮廓，进一步收集材料，加以充实并广泛征求意见。必要时，会议纪要的要点或提纲应经会议讨论，统一认识。会议纪要起草后，一般需经会议讨论，然后定稿。例行办公会的纪要，只需将会议讨论的若干问题结论明确后，直接拟写，由主管领导人或秘书部门负责人核准，即可发出，不必再经办公会通过。

【技能训练】

训练·会务组织情景训练

一、训练目标

通过本训练，学生能够掌握会议期间的组织、协调、服务的基本要求。

二、训练方案与要求

（一）背景资料

学校暑期大学生社会实践活动圆满结束，涌现了一大批表现优异的同学，学校决定举行一次专题表彰大会。校领导、学生处、教务处、各学院党总支书记等参加会议。会上领导讲话并颁奖，学生、教师代表发言。校长办公会议决定由办公室负责组织此次表彰会议。

（二）训练要求

1. 熟悉会议筹备方案的分工落实环节；
2. 熟悉主持人、发言者、会议记录者等不同角色的基本要求；
3. 熟悉会议的协调和服务要领及会议期间的文书工作；
4. 秘书组会后整理会议记录，出会议简报。
5. 其他人每人写一份会议记录。

（三）训练步骤

1. 以班为单位，举行一次“暑期大学生社会实践表彰大会”（模拟）。
2. 情景模拟：设定上级领导、来宾若干人。
3. 确立会议主持人、主要发言人。
4. 成立会务服务组、秘书处。

（四）训练提示

1. 对会议筹备方案、议题、议程进行审核。
2. 大会服务组布置会场：座位牌制作、座次排列、音响设备调试等。
3. 会议主持人、发言人角色扮演。
4. 颁奖次序与形式要求。
5. 会中服务：茶水服务、资料分发、摄影等。
6. 会议记录：要求与会者均作记录。

【拓展资源】

会议日程表

教育部高职高专文秘类专业教学指导委员会第四次会议日程安排表见表4—4。

表4—4　教育部高职高专文秘类专业教学指导委员会第四次会议日程安排表

会期：2008年3月20日—23日　　　　地点：浙江省湖州市

时间	项目	内容	主持人	地点
3月20日 下午	会议报到	1. 签到；2. 交费；3. 领取文件资料；4. 安排住宿；5. 订返程票	李柯 宗培玉	湖州大厦总台会务室907房
3月20日 19：30	会务组会议	1. 研究会议细节安排； 2. 确定讨论要点	孙汝建	另行通知

续前表

时间	项目	内容	主持人	地点
3月21日 8：30	开幕式与 专题报告	1. 介绍到会领导、来宾； 2. 主任委员孙汝建教授致辞； 3. 湖州职业技术学院领导讲话； 4. 9：30：集体合影； 5. 孙汝建教授介绍会议主要议题； 6. 湖州职业技术学院吴建设教授介绍文秘主干课程标准开发； 7. 兄弟院校介绍文秘专业主要课程设置情况（每校10分钟）	孙汝建	湖州职业技术学院 5号会议室 （陆中恺老师摄影）
3月21日 13：30	专题讨论	1. 高职高专文秘专业主干课程标准（草案）讨论； 2. 高职高专文秘专业教材开发编撰讨论	任鹰	荻港渔庄会议室 全体人员
3月21日 17：00	晚宴	校领导宴请	湖州职业 技术学院 校领导	荻港渔庄
3月22日 8：30	教指委委员会议	1. 教指委文秘专业课题选题事项讨论； 2. 高职高专文秘专业教材开发编撰讨论	孙汝建	湖州职业技术 学院1号会议室
	校际专业交流 （特邀代表）	文秘专业建设交流与实训中心参观	丁国强	人文分院6410 会议室
3月22日 13：30	教指委委员 会议	1. 首批教指委文秘专业课题申报确定； 2. 首批高职高专文秘专业教材开发课程名单确定	杨群欢	湖州职业技术 学院1号会议室
	兄弟院校代表自由活动		人文 分院	机动
3月22日 19：00	校方组织联谊活动		人文 分院	湖州大厦
3月23日 上午	会议结束，代表返程			

备注：(1) 叫早：7：00，午餐：11：30，晚餐：17：30。

(2) 会务组湖州大厦专车接送到会场，上车时间：上午8：00；下午13：15。

(3) 会务组联系电话：办公室：0572-2364208，湖州大厦2035888转907室。

教育部高职高专文秘类专业教学指导委员会第四次会议会务组

2008年3月20日

会议简报、会议纪要例文

全国高等院校秘书学教学经验交流会会议简报

（第一期）

大会开幕盛况

全国高等院校秘书学教学经验交流会暨中国高等院校秘书学教学研究会第一次年会于11月15日在江汉大学召开。

出席开幕式的有中共中央办公厅秘书局副局长李欣，光明日报社学校教育部高级编辑陈季子，中共湖北省委办公厅副主任金启芳，湖北省行政管理学会筹备组负责人、省编制办公室副主任戴国家，市政府办公室副主任叶竞生，华中工学院副院长姚启和，以及来自全国28个省、市、自治区10多个大专院校的近190名代表。

江汉大学校长王千弓同志致开幕词。李欣、金启芳、李涌泉和姚启和等同志作了讲话。中国写作协会副会长周姬昌、武汉大学党办主任张清明和四川省电子工业秘书学会代表邹厚荣向大会致贺词。学会秘书长张金芳汇报了学会成立一年来的工作情况。

开幕式后，全体特邀代表和与会专家、学者合影留念。

论文交流拉开序幕

15日下午，代表们就秘书学教学和专业建设方面，展开了热烈的讨论。

成都大学常崇宜老师就当前秘书专业建设中的一些问题谈了他的四点看法。第一，他认为把秘书看成单纯的“秀才”与“笔杆子”是片面的，并提出应分清秘书与中文两专业的差异，尽快建立独立的秘书学系。第二，在秘书专业的培养目标方面提出了当前有笼统化和忽视办事能力培养的问题，他认为应当开始考虑分层次、分战线、分工种去确定专业的培养目标。第三，他认为秘书专业基础课应是语文、数学、外语，尤其认为数学和外语应摆到新的位置。第四，他谈到了解决专业师资的问题，认为应通过将青年教师送到实践中去体验工作再回来上课与请老秘书讲课这两种途径解决师资问题。

大连工学院陶菊怀老师作了题为“创办秘书专业的两个问题”的发言。她认为，培养目标问题应从社会主义经济、科技和社会发展对秘书工作的需要出发，从如何适应国家的要求着想。她还谈到目前培养两年制大专的秘书人才是必要的，可以快出人才，但要尽快举办四年制的大学本科，这将不仅会大大提高秘书的质量，而且可以解决秘书学专业的专业师资问题。我们应当为实现这一目标，为社会主义现代化建设培养质量更高的秘书人才而努力。

汕头大学林鸿荣同志有以下观点。第一，创新业、育新人、注意共性，更要办出各校自身应有的特色。既然是应用文科，“用”是共性，“杂”家也是共性。汕头大学招生对象面向广东、港澳地区，办学方针是“立足澳东、面向全省、对外开放”。全国4个经济特区，广东3个，汕头大学在特区，加之广东的海南更是中央特许实行特殊政策的地方，汕头大学理所当然要办出一个“特”字。第二，培育秘书人才必须注意通专兼备和文理渗透：（1）课程设置既要重视基础性又要重视专业性，既要突出文秘性又要注意综合性；（2）教学方法的改革既应体现知识数量的丰富性与智能结构完善化的辩证统一，又特别强调早期实践的穿插，以培养实干、应变能力。

上海大学文学院黄立新同志在大会上交流了他们的教学计划。他提出，秘书专业教学中应注重理论联系实际，重视实习环节。另外，他还提出了从秘书专科生中择优选拔部分学生继续深造、办秘书本科的设想。

还有其他院校代表也在会上作了发言。

教育部文秘类专业教学指导委员会第四次会议
会议纪要

文教指委〔2008〕2号

2008年3月21日上午8点30分，“教育部文秘类专业教学指导委员会第四次会议”在浙江省湖州职业技术学院隆重举行。会议由教育部文秘类专业教学指导委员会主任委员、南通大学文学院院长孙汝建教授主持。东道主湖州职业技术学院院长胡世明致辞，向全体与会代表表示热烈欢迎，并介绍了该校整体发展情况。副院长丁继安教授参加了开幕式。

3月21日—22日，教指委根据会议安排，分专家组和特邀代表组分组对专业建设、课程体系、课程标准以及课题研究等专题进行讨论，由教指委副主任任鹰教授主持。教指委全体专家对由湖州职业技术学院牵头负责的“文秘专业主干课程国家标准开发”课题组前期所作的卓有成效的工作给予了高度肯定和赞扬。对“秘书理论与实务”、“文书与档案”、“办公自动化”、“文秘应用写作”四门专业核心课程标准进行了认真、细致的讨论。由于课程标准是在前期足够翔实的调研基础上开发的，并经过国内课程标准研究专家学者的充分论证，因此，教指委一致认为四门课程标准具有客观性、先进性、职业性和可行性，为文秘专业其他课程标准的开发提供了有效的摹本和依据。同时，教指委针对各门课程提出了相应的完善意见和建议，将在2008年6月底向全国推出（国家）文秘专业标准和课程体系，确定专业核心课程，并逐渐推出核心课程标准，编写规划教材。

专家会上，孙汝建教授重点介绍了文秘类专业教指委的工作重点。其中2008年的工作重点，除了每年例行会议组织外，主要包括骨干师资培训、课程标准开发、课题研究立项、精品课程建设、实训基地建设、规划教材建设、秘书技能大赛（全国）以及国际学术交流等。会议决定教指委要加强组织内部建设，由开封大学李光教授、四川职业技术学院王金星教授、湖州职业技术学院杨群欢教授分别负责师资培训、实训基地建设、人才培养模式和专业课题研究等相关内容。会上认为，为加强文秘专业教学改革研究，将在全国范围内积极组织教育部文秘类专业教学指导委员会课题研究。会上决定将“文秘专业标准和课程体系改革”作为2008年重点研究课题，由湖州职业技术学院杨群欢教授担任课题组组长，李光教授、陈江平副教授、王箕裘副教授为副组长，全面深入调研和研究。其他课题将在近期向全国范围内实行申报、审批。

会议决定教育部文秘类专业教学指导委员会第五次会议将于今年10月在福建泉州进行。

另外，本次会议期间，来自全国各地的30余位专家和代表参观了湖州职业技术学院浙江省重点建设专业——文秘专业实训基地，对该校文秘专业的成功改革给予了高度评价。大家就如何有效开展文秘专业建设、加强课程改革和实训基地建设开展了广泛的交流。

本次教学指导委员会会议形成的各项决议，将在向教育部汇报后逐项落实。

教育部文秘类专业教学指导委员会第四次会议秘书处

2008年3月23日

模块五

办公室礼仪与接待事务

【模块导读】

办公室是一个处理单位业务、沟通协调内外关系的场所。办公室礼仪不仅是对同事的尊重和对公司文化的认同，更是每个人为人处世、礼貌待人的最直接表现。办公室礼仪涵盖的范围其实不小，但凡电话、接待、会议、网络、公务、公关、沟通等都有各式各样的礼仪。其实，在办公室遵守礼仪，是职场人士的基本要求，根本不需要刻意强调。在此提醒大家，时代可以改变，生活可以改变，心情可以改变，但是我们的礼仪不能改变。

办公室接待工作，是透视一个单位作风的窗口，也是联系和增进感情的纽带。做好接待工作是为上级领导机关和来访者创造良好工作环境的前提。因此，秘书绝不能把它看作一件小事，应以高度负责的态度认真做好。

本模块重点介绍办公室工作常见礼仪规范、秘书接待事务的一般程序和基本要求。

项目一

办公室基本礼仪

【学习目标】

任务分布	任务名称	知识目标	能力目标	学时
岗位任务 1	办公室礼仪规范	1. 熟悉办公室礼仪的内容与规范 2. 了解办公室事务处理礼仪 3. 熟悉办公室上下班礼仪规范	1. 能够有礼貌地运用恰当的方式问候别人 2. 学会与办公室人员友好相处 3. 学会得体地处理办公室的各项事务	2
岗位任务 2	如何妥善送礼	熟悉赠送礼品的礼仪	学会用正确的方式妥善送礼	2

【案例导入】

秘书李丽琍

李丽琍形象较好，性格开朗活跃，人也聪明，在生产部做了两年的文员。目前公司总经理秘书小吴要生小孩了，从上个月就开始请假在家待产。公司总经理管理着 200 多名员工，有大量的事需要人来协助处理，但公司又不好重新招人，否则小吴休完产假回来后，招来的人就不好安置，于是公司决定让李丽琍顶一段时间。李丽琍原来在生产部主要做生产任务的统计与汇总工作，秘书这个岗位对李丽琍来说，还是一个新岗位，但李丽琍也想尝试一下，于是就答应了。上岗前，公司也没有对她进行正规的培训，只是行政人事部经理简单告诉了李丽琍一天要做哪些工作，要注意些什么。人事部经理的意思是要李丽琍边干边学。李丽琍第一天刚坐到秘书这个位子上不久，人事部经理就走了进来，让李丽琍去复印几份材料。复印室设在公司的三楼，李丽琍去时，刚好遇到原来生产部的郑经理也上楼，李丽琍很礼貌地让郑经理先进，郑经理进去后先按住了电梯开门键，然后问李丽琍到几楼。李丽琍回答道："三楼，谢谢。"乘电梯过程中，郑经理主动询问李丽琍是否适应，她说还行。电梯到了三楼，李丽琍让郑经理先出。来到复印室，有几个同事也在这里等复印，其中一个还是原来生产部的同事彩绢。彩绢一见李丽琍，就开玩笑地说："你现在靠近领导了，好好表现，等着升迁，不过升迁后，不要忘了我们这些苦命姐妹。”李丽琍推了一下同事，大声地说：“你说啥啊，这只是临时差。中午有什么安排，还是去可颂坊吧，那里意粉我最中意。总经理今天出差了，我们可以提早点走……”正说着，李丽琍接了电话，说人事部经理要等这份材料。刚好一个人已经复印完了，李丽琍就说：“我先印吧，经理在等着呢。”其他几个同事虽然没有对她说什么，但还是脸带不悦。李丽琍印完后，就直接来到人事部经理办公室，李丽琍看门虚掩着，只有经理一人在屋，就推门进去，经理看一人突然进来，吓了一跳。经理提醒她：“丽琍，进入别人房间不管门有没有开，都要先敲门。另外，你是否刚才说话声音太大，影响隔壁的人办公？”李丽琍挨了批评，只好低头认错。李丽琍还算聪明，别人在投诉她声音大时，肯定也告诉经理她想早退的想法，只是经理没有点出来罢了。中午李丽琍等到12点整才离开。下午事不多，李丽琍整理了办公室，给水浇了花，同时也整理了总经理的办公室。

思考：

1. 秘书李丽琍除了大声说话、进入别人房间没有敲门不符合办公室礼仪外，还有哪些举止言行不符合办公室礼仪规范？

2. 从办公室礼仪规范的角度来看，你觉得李丽琍在哪些方面做得到位？

送礼也讲时机

顺昌公司引进了一批新货，计划通过超市渠道进行销售，而华业超市是本市最大的连锁超市。为了让公司的货物进入这家超市，老总给销售部下了死任务，要销售部在一个半月内打通华业超市这条渠道。老总也知道这是一块难啃的骨头，因此要求行政部全力支持，配合工作。行政部安排秘书周琳一起参与公关。周琳经过周密的设计与安排，拟先从超市的采购主管入手。

周琳通过多层关系，与超市采购主管取得了联系，约好了面谈时间。周琳按中国的办事“传统”，想求人办事，必须“礼”先行，于是向公司说明了情况，公司给了周琳1 500元的经费。周琳第一次给一个陌生男性送礼，一时又找不到人商量，不知送什么才好。她只好到超市买了一条中华香烟、一瓶五粮液，兴冲冲地去见客了。

到了约定的地方，采购主管看到周琳带给他的礼物，微微一笑，又全部退还给了她。在后来的交谈中，周琳才得知采购主管上个月当爸爸了，为了给小孩一个良好的居住环境，他把烟酒都戒了。他开玩笑地说等小孩长大了，再和她喝两杯。周琳知道他这么说是在给她留面子。当晚的交谈，没有多少进展。坐了不久，采购主管就借故走了。周琳望着这堆东西不知怎么办，最后只好认栽了，上千块的烟酒只有拿回家孝敬老爸了。

过了一周，周琳从别人那里找来了采购主管家里的地址，她与销售部小刘以朋友的身份提着些婴儿用品来到他家里，看望采购主管的孩子与他夫人。这次去没有提新货进入超市的事。采购主管也装着不知道，也不打电话给周琳。周琳在与他老婆的交谈中，了解到他小孩老是咳嗽，吃了很多药都没有效果。周琳后来托朋友从香港买来了治咳嗽的药，送到家里，这药还挺有效，小孩吃药三四天后就好了。这时采购主管也很感动，主动给周琳打电话，感谢她对家人的关心，周琳终于在一个月之后，使新产品进入华业超市。

思考：

1. 是什么让采购主管主动打电话给周琳？
2. 为什么周琳第一次送礼会失败？

任务一 办公室礼仪规范

【任务描述】

公司领导认为办公室礼仪非常重要，在几次商务活动中，看到了合作对方在这方面做得非常好，启发很大。回到单位后，公司领导让办公室秘书整理一份有关办公室礼仪规范的材料，这既是公司工作规范的需要，也可以供公司内部办公人员加强学习。秘书小张应该从哪些方面着手整理？

一、办公室礼仪的基本内容

办公室是秘书活动的主要场所，也是秘书展示自己才华与风采的舞台。秘书在这里要整理办公室环境，处理日常事务，接受领导指派的任务。同时，秘书还要组织或参加会议，接待客人，协调内外各种关系等。这些活动处处要求秘书以完美的礼仪体现自己的修养，展示单位的形象。

办公室礼仪是指人们在办公室这一特定环境中所应具有的礼仪，主要包括三个方面的内容：

（一）环境礼仪

办公室作为员工工作和与社会公众进行交往的重要场所，清洁、整齐、舒适、幽雅的环境，不仅让员工心情舒畅，也让组织机构充满生机。具体来说，环境礼仪一是指工作环境的洁净，二是指工作环境的整齐。

（二）上下班礼仪

办公室是秘书处理公务的地方，每天早上从家里出来到这里，处理单位的各种事务，到了下午，离开单位又回到家里。这个过程也要讲究礼仪，如上班不迟到、办公时不做与工作无关的事，下班前清理办公桌面等。上下班注意礼仪能够让自己自觉执行单位的制度，同时也让自己成为一个勤快的人。上下班礼仪又包括下班时礼仪、办公时举止行为礼仪、事务处理礼仪以及下班时礼仪。

（三）异常情况下的礼仪

秘书在办公的时候常会遇到异常情况，如领导之间矛盾、领导失误、群体上访、突发事件等，这时要求秘书把握好分寸，注意基本的礼仪。异常情况下礼仪包括异常情况下与领导关系的礼仪、异常情况下处理信访的礼仪以及突发事件处理的礼仪。

二、办公室行为举止的基本要求

（一）分寸得当

从事秘书工作的人员应有分寸感，所谓分寸感，是指行为举止与办公场所的气氛、环境以及正在进行的工作相吻合。办公室行为举止的分寸感，主要包括言语表达的分寸、个人情绪表露的分寸和行为的分寸。言语表达的分寸，是指同事之间在办公室不随意开低级趣味的玩笑，不乱传播单位的小道消息，不议论别人的私事，在对外场合要用礼貌用语，不随意使用不规范的词。个人情绪表露的分寸，是指个人在办公室里不毫无掩饰自己的喜怒哀乐，不毫无顾忌地嬉笑怒骂，注意办公室环境的严肃性，考虑其他办公人员的存在。行为的分寸，是指在上班时，不做与办公无关的事情，比如不在办公室闲聊，不在办公室化妆，不在非休息时间下棋、玩游戏等。

（二）关心他人

掌握分寸是让办公室人员保持一定的距离，但办公室工作大多数需要协作、需要理解，因此关心他人也是办公室礼仪的基本要求。办公室里关心他人应做到下面几点：第一，秘书在办公室工作时动作宜轻、细，以免影响他人办公；第二，主动关心领导，主动为领导分忧；第三，办公室工作分工不分家，彼此之间相互协作、相互配合。

三、如何规范办公室礼仪

（一）办公室环境礼仪

1. 配备必要的清洁卫生工具

要搞好办公室环境礼仪，办公室应配有必要的清洁卫生工具，如扫帚、垃圾筐、垃圾袋、水桶、吸尘器、拖把、抹布、簸箕、清洁液等。但这些卫生工具应摆放在隐蔽的地方。

2. 定期进行打扫

秘书应在早上上班前打扫办公室卫生，擦去灰尘，下午下班之前清理垃圾，并且每周应进行一次卫生大扫除。有些办公室的沙发、电话、办公设备盖有遮罩物，也应定期清洗。

3.保持办公室家具的协调与整齐

在选用办公室家具时，秘书要注意办公室家具颜色、款式、规格的统一，摆放这些家具时，要注意整齐，与办公室的结构相一致。

4.分类摆放办公室物品与设备

办公室的小物件可以先放在文件筐中，然后按类型放在物品架上。办公室的设备可以按工作流程摆放，以保持设备连线整齐有序。办公室设备最好选择一体机，以节约办公室空间。文件报纸要及时清理，分类存放。绿色植物要定期浇水、去掉枯叶，并放置在不影响工作与行走的地方。

5.收藏好个人生活用品

个人生活用品除水杯外，应放在隐蔽的地方。

（二）上下班礼仪

秘书上班场所主要在办公室，秘书在上班时，也要讲究礼仪。在办公室中讲究礼仪，不仅可以更好地展示自己的良好形象，也有利于营造良好的工作人际关系。

1.做好上班前的准备工作

在上班之前应检查必须携带的物品，如钥匙、记事本、文件、名片盒等，以免遗忘而影响一天的工作情绪。出门前，要再次整理自己的服饰和仪容。为保证第二天有饱满的精神去上班，在头天晚上最好不熬夜。上班时应考虑路上的突发事件，应尽量提早15～20分钟出家门，做到不迟到。

2.专心工作

上班时间是用于办公的时间，因此在上班时，应专心工作，不能在工作时间内做与工作无关的事，闲聊与工作无关的话题，更不在上班时间干私活，甚至离开工作岗位。上班时间最好不要打私人电话，如果有朋友来找，又不是为了单位工作的事，应尽快解决或要求对方下班后联系。

3.遵守单位规章制度

不同单位对秘书有不同的管理制度，秘书应毫无条件地遵守这些制度，不能以别的单位制度或以前工作单位的制度来评说现有的制度，尤其不能以别的单位制度作为自己不遵守本单位制度的理由。

4.举止行为得体

办公室是单位的一个窗口，自己的举止行为也影响到企业的形象，因此办公室人员应有言行举止礼仪。具体的言行举止礼仪要求与规范如前文所述。

5.准时下班

下班是一天工作时间的结束，但很多人没有下班的概念，尤其是在公务繁忙时，加班成了常见的事，但是必须清楚，适当的休息和放松对第二天的工作至关重要，为此办公室人员应在工作时间内提高效率，养成准时下班的习惯。办公室人员下班之前，应预订好次日的工作事项，将桌面物品清理整齐，将文件和材料锁好。如果是最后一个离开办公室，要把窗户、电器设备关好。万一手头还有工作没有做完，应尽可能在工作完成告一段落后再下班。

（三）办公室服务礼仪

1.尊重领导

服务领导、辅助领导是秘书岗位存在的前提，秘书在服务领导和辅助领导的过程中，首先应尊重领导。尊重领导主要表现在服从领导，尊重领导的权威，凡事多向领导汇报请示。在显要场合，要突出领导，向客人介绍领导时态度要恭敬，不论什么场合，与领导说话要有分寸，陪领导外出要料理好领导的生活琐事，根据事情的轻重缓急，为领导挡驾。

2.与同事和睦相处

秘书在办公室中要记住“和为贵”，也就是要求秘书与同事和睦相处。要做到和睦相处，首先对同事要笑脸相迎，热情招呼。同事有病，要主动打电话问候或抽时间去看望。对同事的成功要给予真诚的祝贺；当同事遇到挫折时，应主动送去鼓励。如果是新到一个单位，不要在同事面前将现在的工作单位与以前的工作单位进行对比、评说，应与同事保持一定的距离，不要显示跟人天生就熟。

3.热情服务同事

办公室是联系单位各部门的枢纽，很多部门在运作过程中需要办公室给予协助，有时还会求助于办公室。办公室人员对前来办事的同事，要服务周到，在政策规定的范围内积极给予办理。不能有意为难同事，尤其不能公报私仇。

4.善待上访员工

在单位中员工遇到不公平，有时会直接找领导解决。作为领导秘书，应主动接待，尊重并理解上访者，积极与上访者沟通，倾听他们的意见与要求，并根据相关规定做出适当的承诺。

5.热情接待来访者

无论是对待有预约的来访者，还是未预约的来访者，都要热情接待，在弄清楚来意的基础上，区分处理，最后礼貌送客。

6.认真接听电话

接听电话是办公室人员的基本工作，办公室人员在接听电话时要迅速，要认真倾听，并做好电话记录，让对方等待时，要说声抱歉，结束电话时要说再见。

7.外出办事要注意维护单位形象

秘书因公务外出，既是代表单位职能部门的具体的工作人员，也是代表单位权益人，在着装、谈吐、行为规范等方面，时刻影响着本单位、本部门在社会社交圈中的信誉度、美誉度。尤其是在公共场合，优雅有致的礼仪可能带来无形的正面形象；反之，也可能造成负面影响，从而在很大程度上给本单位带来经济利益和社会利益的多重损失。

（四）办公室行为举止礼仪

1.进出门

进出门虽然是一个简单的行为，但能够反映秘书的礼仪修养。进出门礼仪要做到“轻、敲、让、帮”。“轻”是指进出门，开门与关门的动作要缓，声音要轻。“敲”是指去别的办公室应先敲门，即使门开着也是如此，同时询问：“我能进来吗？”或“方便进来吗？”“让”是指与别人一同进出门要谦让。“帮”是指如果遇到门关着，秘书应走在前面帮助打开门，让后来者顺利通过。无论是进还是离开盥洗室都要帮助关好门。

2.吃喝

随着后勤社会化，在办公室喝水、吃饭越来越普遍。虽然吃喝在非工作时间，但也要注意礼仪。吃喝礼仪主要包括吃喝时，要打开门窗通风，不宜发出太大声音，注意避免汤水污染文件，注意清扫剩饭残渣。在办公室可适当储备些点心，但应藏好，吃点心时，不能边走边吃，以免碎渣掉在办公室地上。

3.琐细小节

在办公室时称呼别人用尊称，路遇同事和熟人应打招呼，不在办公室内奔跑，办公室设备要按操作规程操作，有故障时，不能大力拍打设备。使用公共物品用完后要放回原处。不随意翻看别人文件，在别人工作时不宜探头查看。借用东西要及时归还。

（五）办公室人际关系礼仪

1.与同事相处的礼仪

同事之间应相互尊重、相互关心、相互帮助，后辈应虚心向前辈学习，前辈应关心爱护后辈。求同事帮忙要用商量的口气，得人之助后要诚心表示感谢。同事之间有分歧时，应以大局为重，求同存异。不能以自己的标准去苛求别人。

2.与上司相处的礼仪

对待上司在感情上要高度尊重，在组织上要高度服从，而不是表面上的谦恭。在上司遇到困难时，下属应协助解决，而不能拆台。上司不了解情况时，要帮助他们了解情况，以辅佐其工作。当上司之间或上司与同事之间有矛盾时，应积极从中调解、解释。自己与上司之间发生分歧时，不要当面顶撞上司，而应从尊重上司、爱护上司的角度出发，婉转表达自己的意见。遇到不关心下属、以权压人、给人“穿小鞋”的上司时，也不要消极怠工或到处发泄。

3.与下属相处的礼仪

上司对下属既要关心，也要严格要求与管理。上司对下属态度要和蔼，要心平气和，接待下属要热情，对下属反映的问题与意见要仔细倾听，耐心解释，合理解决。上司对下属的生活要关心，但不要干涉他的私人生活。上司对下属的错误要批评指正，同时要倾听下属对自己提出的意见，要信任下属。

任务二

如何妥善送礼

【任务描述】

快到年底公司要开年会了，领导要办公室准备一些适宜的礼品，以拜访重要客户时用。行政事务部应该如何做好此项工作呢?

一、送礼的形式

送礼主要有下列几种情况：拜访、探病、祝贺、送葬、送别与回礼。送礼主要是显示心意，因此，送礼要根据不同的情形，采用不同的送礼方式，否则，容易造成误解与不快。

1. 拜访送礼

拜访送礼主要是表示对对方的尊重，显示拜访的情意，选择礼物时，不一定要是很贵重的礼物，尤其是第一次去拜访更是如此。拜访送礼可以选择本地特产或本公司的产品。

2. 探病送礼

探病送礼主要给病人送去慰问，带的礼品要根据病人的情况选择花或滋补品。所以去之前，可以从医生处或家属处了解病人的一些情况，再决定送什么礼品。

3. 祝贺送礼

合作单位或对本单位至关重要的人有大喜事举行庆祝时，作为接受邀请的一方，应送礼表示祝贺。这时选择礼物应选有意义的礼物，来表达自己的感激之情和祝福之意。

4. 送葬送礼

送葬送礼主要是表示对死者的怀念和对家属的关心与慰问。这时选送礼物要特别注意，一般来说，送花圈和挽联是比较恰当的。

5. 送别送礼

当一个对本单位有贡献的人要离开本地时，可以送些礼物表示对对方的感谢和对双方友谊的珍惜。送别送礼可以选择一些有纪念价值的礼物。

6. 回礼

礼尚往来是中国交际传统。当接到别人送来的礼物时，作为接收方应回礼。回礼选用的礼物在价值上不要超过送来礼物的价值太多，否则会让别人产生自己送礼太轻的误解。可以选用等价的礼品，也可以选用价值小但有纪念意义的礼品。

二、送礼的原则

送礼是一门艺术，有其约定俗成的规矩，不能瞎送、乱送和滥送。送礼经过历史的发展形成了一定原则。

1. 礼尚往来

别人送来礼物时，为了表示对对方的感谢之情，应回赠礼物。回赠的礼物价值不是很重要，最主要的是用心替对方选一件适当的礼物。

2. 投其所好

俗话说："宝剑赠侠士，红粉送佳人。"送礼要看送礼对象的身份、品位与兴趣。比如对方是教师，最好送书；再如对方有写书法的爱好，可以选择文房四宝作为礼物。总之，送礼要从接收方来考虑，要选择能让别人开心的礼物。

3. 不含动机

所送礼物不能带有表达感谢之外的动机，尤其是所送礼物不能包括有影射性意义。带有动机的礼物，有时会让受赠方处于尴尬境地，甚至让受赠方生气，从而影响双方的感情。

4. 注意禁忌

由于受各地历史、文化、风俗和习惯的影响，一些物品在当地会被认为是不吉利的物品，比如在我国祝寿，最忌讳送钟，因为"送钟"与"送终"谐音。所以送礼时要了解当地的禁忌。

5. 新而特别

选送的礼物应是新的，因为没有多少人喜欢别人送二手货。如果选送的礼物很特别，甚至独一无二，则容易让受赠方开心。

6. 做足表面文章

礼品不是自己使用，在注意内容的同时，还要注意好的表现形式，即赠送的礼物应尽可能选择漂亮的包装。此外，礼物上不要有价格标签，因为送一个有价格标签的礼品，好像提醒对方这礼物花了多少钱，这是很不礼貌的行为。

7. 把握好时机

无论国内还是国外，选准时机送礼会让双方皆大欢喜。在国内，一般要选择良辰佳节、婚丧喜庆之时送礼。有些时候可以提前一两天送礼，但最好不要事后送礼，事后补礼会让人产生被轻视的感觉。

三、礼品的选择

送礼是人与人之间诚心相待、表达尊重与友情的见证，送礼品要得当，这其中包括礼品选择要有讲究，不可敷衍了事。

最好的礼物是让对方惊喜的礼物、表达幽默感的礼物、透露出高贵思想的礼物，因此选择礼品时应考虑下面三个方面的问题。

1. **注重真情**

选择礼品时，应把礼品视为友情与敬意的物化。通常来说，融进感情的礼品是最好的礼品，因此在选择礼品时，首先要考虑的是如何通过礼品来表达自己的情感，而不是考虑是否满足某个人的私欲，更不是显示本人的富有。常言道："礼轻情义重。"选择礼品时不应只关注礼品的价值，更应着眼于礼品所表达的情感与心意。

2. **因人而异**

送礼要看对象，不同的对象务必选择不同的礼品。在选择礼品时首先要考虑对方与本单位的关系，即考虑这次送礼是因公还是因私，是新朋友还是老朋友，是外国人还是中国人，是商务往来还是文化交流。不同的关系要送不同的礼品。其次，要考虑对方的兴趣、品位，选择对方感兴趣的礼品容易给对方带来喜悦之情。最后，要根据对方不同的情形，选择不同的礼品，对方是告别还是新到，是庆寿还是生病，是结婚还是丧葬，情形不同，选择的礼品也不同。

3. **尊重禁忌**

礼品选择不当是馈赠礼品的最大禁忌。由于受各地历史、文化、风俗和习惯的影响，生活中，人们形成了许多禁忌。送礼时，应注意这些禁忌。目前，人们的禁忌主要来自三个方面。第一，由风俗习惯、民族差异和宗教信仰等形成的禁忌。比如，女士不给男士送腰带，除非你与他有亲密的关系，因为送腰带有拴住人的意思。再如，在欧洲参加舞会，不能给女主人送鲜嫩的菊花，因为它让人联想到死亡。第二，个人的禁忌。这主要是由于个人经历、兴趣和习惯的不同，形成了其个人的禁忌。比如一个前不久被车撞伤的人，若送给他汽车模型，则会勾起他负面的回忆，这样送礼效果肯定不好。第三，国家的有关规定。比如毒品、涉黄的物品不能作为礼品，因为这些物品在很多国家是作为非法物品的。另外，在一些国家把接受超过多少价值的物品作为受贿标准，那么送礼时也要注意。

在社交场合或商务往来中，一般不用金钱作为馈赠礼品，也不送有害健康的、旧的、用作广告的物品。选择礼品时可以依据下面几个标准来考虑：

第一，适应性。即送人的礼品，要符合对方的某种实际需要，或者有助于对方的学习、工作和生活，或者满足对方的兴趣和爱好。

第二，纪念性。即选择的礼品要突出其具有纪念意义，或者是有历史意义的纪念物，或者是有城市特色或民族特色的纪念物。

第三，独特性。即礼品独具匠心，具有新、奇、特等特点，忌讳"千篇一律"。

第四，时尚性。即选择的礼品，还要十分注意时尚，不要落后于时代。送人过时的礼品易让对方产生被轻视感。

四、礼品的赠送礼仪

选好礼品，如何送出去也是有讲究的，赠送的过程也要有一定的技巧。

1. **精心包装**

很多人选好礼品后，不重视包装，往往很高档的礼品用报纸一包了事，这是不符合礼仪规范的。包装是礼品的外衣，也能反映送礼人的心意，所以选好礼品后，应精心包装。

2. **把握时机**

赠送礼品要注意赠送的时机，时机准确，双方皆大欢喜。在国内，一般要选择良辰佳节、婚丧喜庆的时候向对方表示祝贺、感谢和慰问之意。如果是参加道贺活动，最好在见面之初赠送；如果是会见，最好在活动之后赠送。

3. **注意送礼礼仪**

送礼最好当面赠送，这样可更好地畅谈友情、介绍礼品、加深感情。如果托人赠送或邮寄赠送，则要附上一份礼笺，署上姓名，说明赠送的理由。

当面送礼，送礼人要神态自然，举止大方，双手送给受礼者，而不能手足无措，更不能偷偷摸摸，将礼品放在一边，也不告诉对方。

赠送礼品时对礼品的介绍要简短、热情和得体，不必要说自夸的话，否则会让人产生受礼太重之感。当然也不要说自贱或自贬的话，这样会让人产生不被重视的误会。

有时赠送礼品，不必要介绍礼品，但可以在赠送的同时，说些祝贺或慰问的话。

五、礼品的接收礼仪

在社交场合，当他人赠送礼品时，作为受赠者不应该对他人漠然相对，而应讲究接收礼品的礼仪。

1. **接收方式**

一般情况下，只要送的礼品不违法、违规，最好的方式是大大方方、欣然接受，不可忸怩失态，也不要推辞再三后才接下。

当赠送者向受赠方赠送礼品时，接收方应停下手中的活，站起来，双手接受，然后伸出右手，同对方握手。如果礼品较大，则可以转交身边的人后再握手表示感谢。

接过礼品后，如果条件允许可以当面打开欣赏，以表示看重对方，也看重对方送的礼品。拆开礼品包装时动作要文雅，要有序，不可乱撕。欣赏之后，可以将礼品放置在适当的地方，再次向赠送者表示感谢。

2. **拒收**

接收礼品要把握好原则与分寸，不能接收他人的礼品时，应讲明原因，婉言拒收。拒收对方礼品要讲究方法与方式，给对方有退路，不使对方难堪。具体来说，应注意以下几点：

（1）拒收礼品要当场进行，最好不要接收后再退回。

（2）看到对方礼品不能接收时，说明不能接收的原因，并对对方的心意表示感谢。

（3）无法当场退回时，应及时（一般应 24 小时内）退回给本人。

（4）要保证退回礼品的完整，不能拆封后或试用后再退还。

3. **回礼**

“来而不往，非礼也。”礼尚往来是中国馈赠的传统。当收到他人的礼品时，要及时回礼，有所表示。回礼要注意以下两点：

（1）把握回礼时机。接收礼品后，不要立即回礼，否则会给人有“等价交换”的感觉，但如果拖的时间过久，会让人觉得自己不珍惜彼此的情意。一般情况下，在对方有喜庆活动，或节假日，或登门拜访、回访对方时回礼是较好的。

（2）回礼要注意方式。在回礼的礼品选择上，可以用对方赠送的同类礼品作为回礼礼品，也可以选择一些有纪念意义或独特的礼品作为回礼的礼品。回礼的礼品不必要非得超过礼品价格，可以是等价的，也可以是不等价的。当然有时可以打电话表示感谢，或者告诉对方很喜欢礼品来作为回礼。

【技能训练】

训练·办公室礼仪规范与送礼训练

一、训练目标

通过本训练，学生能够掌握办公室礼仪规范，能根据不同的目的完成送礼工作。

二、训练方案与要求

（一）背景资料

上海精仪设备公司是一家经营医疗设备的公司，吴佳丽是这家公司行政人事办公室的文员，她的日常工作主要是协助总经理处理日常事务，具体有总经理办公室环境维护工作，公司信件收发工作，资料管理工作，公司文件打印、复印、归档工作，公司的考勤工作以及总经理的时间管理等。今天，吴佳丽提早15分钟上班，一到公司，她把自己的包放进柜子后，就去整理总经理办公室，她先打开窗户，然后整理总经理的桌面、茶几以及书报，接着打开饮水机烧好水，之后她又去清洗茶杯。整理完总经理办公室后，吴佳丽回到自己的办公室，看到同事李嘉珍也来了，她主动与李嘉珍打招呼，然后打开复印机及自己的电脑后，就去写字楼大堂取今天的信件与报纸。今天的信件不多，除了1封给同事的信，其他是送到总经理办公室的报纸。吴佳丽将报纸拿到总经理办公室的时候，总经理也已经来了，坐在那里办公。吴佳丽送完报纸后，总经理告诉她10点钟要用一下公司的商务车。公司的车辆是由李嘉珍管理，于是吴佳丽回到办公室就与李嘉珍商量总经理使用商务车的事。安排好车辆后，销售部来复印资料。复印资料后，吴佳丽的大学同学来看望她。下午她要代总经理去给广州来的客户刘经理送礼。刘经理虽然是个生意人，但是他对书法特别感兴趣，据说他的家里收藏了不少名家书法作品，记得去年汶川地震，他还拍卖了两幅作品用作善款。吴佳丽准确选用一个端砚作为礼品送给刘经理。吴佳丽来到一家经营艺术品的商行，选了一个质地很好的端砚并包装好，下午来到了刘经理下榻的宾馆，双手送给刘经理，并说：“我代表我们华总感谢你对我们公司的一贯支持。”刘经理当面一看，细细欣赏起来，直说这个端砚好。

（二）训练要求

1. 四个一组，一人扮演吴佳丽，一人扮演李嘉珍、刘经理，一人扮演总经理、销售员和吴佳丽大学同学，一人拍摄。四人根据上述的情景进行模拟表演。

2. 模拟表演要求学生在实训室或教室完成，拍成视频，适当编辑后提交。同时提交表演脚本。

（三）训练步骤

1. 指导学生认真阅读案例及训练要求。
2. 四人共同编写表演脚本。
3. 准备好道具并对场景进行简单布置。
4. 学生进行表演，完成拍摄并编辑。
5. 赠送礼品。

（四）训练提示

此案例设置的主要目的是让学生通过模拟一个办公场景，检查学生对办公室礼仪规范的掌握情况。

1. 对案例进行分析时，应分析有多少情景，列出每个情景的礼仪细节，然后完成脚本编写。

2. 拍摄可以使用DV机或有录像功能的数码相机完成，视频编辑可以使用Windows系统自带的Movie maker软件。

3. 赠送礼品要符合礼仪规范。

【拓展资源】

办公室礼仪禁忌

一、盲目认为形象比工作重要

有些女士过分注重自我形象，在办公桌上摆着化妆品、镜子和靓照，还不时忙里偷闲照照镜子、补补妆，这不仅给人工作能力低下的感觉，而且使人产生品行不正之感。

二、缺乏公共意识

很多单位为了方便大家，提高工作效率，会在办公室提供一些公共设施与物品。办公室人员理应加以爱惜与保护，但很多人只考虑自己的方便或个人利益，不保护公共设施，不珍惜公共物品，甚至占为己有。

三、在办公室吃零食、吸香烟

女孩子大都爱吃零食，且以互换零食表示友好，还有一些以吸烟为享受的男士在公共场合也不注意办公室是公共场所，毫无顾忌地吸烟。这些行为不仅影响自身形象，还会招人厌烦。

四、形象不得体

坐在办公室里，浓妆艳抹、环佩叮当、香气逼人、暴露过多，或衣着不整、品位低俗，都属禁忌之列。工作时，应有得体的仪容与衣着。

五、把办公室当厨房

中午自带的饭盒，用微波炉热一下，在办公室里吃，只要保证办公室通风就可以接受。但是如果在办公室用电炉煮食品，饭后将餐具之类随手一放，等到下午上班后，让同事们在这种充满菜味的屋子进进出出，就不好了。

六、高声喧哗，旁若无人

有什么话慢慢讲，别人也一样会重视你的，而旁若无人地喧哗，只能让人心生讨厌。

七、随意挪用他人物品

未经许可随意挪用他人物品，事后又不打招呼的做法，显得没有教养。用后不归还原处，甚至经常忘记归还的，就显得不会为人处世。

八、偷听别人讲话

两人私下谈话，你却停下手中工作，伸长两只耳朵偷听，或者别人在打电话，你竖起耳朵向前倾听，这都会使你的形象大打折扣，此时有可能的话还是暂且回避一下的好。

九、对同事的客人表现冷漠

无论是谁的朋友踏进你的办公室的门，就是你们的客人，而你应客客气气地招待，如果你一言两语把客人推掉，或不加理睬，就会有失风度。

办公室语言礼仪

语言是人们最主要的交际工具。办公室人员要做到语言美，不仅要重视自己"说什么"，也要重视自己"如何说"。办公室语言礼仪包括：

一、语言文明

使用语言时，要文明当先，办公室人员要以文明的语言体现出自身良好的文化修养。办公室语言文明的具体要求有：

（1）讲普通话。作为一个地域广大的多民族国家，我国各民族都有使用和发展自己的语言文字的自由，但是《中华人民共和国宪法》明文规定："国家推广全国通用的普通话。"办公室人员最好都要讲普通话，尽量不讲方言、土语。

（2）用文雅词。在与同事或客人交谈中，要努力做到用词文雅。不要动辄讲脏话、讲粗话，更不能讲黑话、讲黄话、讲怪话。

（3）检点语气。语气，即人们讲话时的口气。它直接表现着讲话者的心态，是语言的有机组成部分之一。与外人交谈时，语气要热情、亲切、和蔼、友善、耐心。在任何情况下，语气都不要急躁、生硬、狂妄、嘲讽、轻慢。

二、语言礼貌

语言礼貌，要求办公室人员在日常性交谈中主动使用约定俗成的礼貌用语，以示对交往对象的尊重友好之意。基本礼貌用语主要有如下五种。

（1）问候语。它的代表性用语是"你好"。接待来宾、路遇他人，或是接听电话，应主动问候他人，否则便会显得傲慢无礼，目中无人。

（2）请托语。它的代表性用语是"请"。要求他人帮助、托付他人代劳，或者恳求他人协助时，应当使用这一专用语。缺少了它，便会给人以命令之感，使人难以接受。

（3）感谢语。它的代表性用语是"谢谢"。使用感谢语，意在向交往对象表达本人的感激之意。获得帮助、得到支持、赢得理解、感到善意，或者婉拒他人时，可使用此语向交往对象主动致谢。

（4）道歉语。它的代表性用语是“抱歉”或“对不起”。在工作中，由于某种原因而带给他人不便，或妨碍、打扰对方，以及未能充分满足对方的需求时，应及时运用此语向交往对象表达自己由衷的歉意，以求得到对方的谅解。

（5）道别语。它的代表性用语是“再见”。与他人告别时，主动运用此语，既是一种交际惯例，也是对交往对象的尊重与惜别。

项目二

办公室接待工作

【学习目标】

任务分布	任务名称	知识目标	能力目标	学时
岗位任务 1	接待工作计划与准备	1. 熟悉接待工作的内容和种类 2. 掌握接待工作的一般程序	能够拟订接待工作计划	2
岗位任务 2	接待工作的实施与礼仪规范	1. 了解预约接待、非预约接待的基本要求 2. 熟悉接见、会谈、宴请活动礼宾安排 3. 熟悉握手、介绍、称呼、名片、电话迎宾、送客等常用相关礼仪	1. 能够正确安排礼宾次序 2. 能够指导安排会见、会谈和宴请 3. 熟悉国内外常见礼仪	2

【案例导入】

“第四届世界华人论坛”浙江温州段活动接待方案见表 5—1。

表 5—1　“第四届世界华人论坛”浙江温州段活动接待方案

时间		内容	地点	接待要求	主要负责部门
6月23日	10:35	参观考察正泰集团	正泰集团	市领导在正泰集团迎候并全程陪同	市府办
	11:45	赴雁荡山庄	雁荡山庄	招商引资资料的收集、发放	市外侨办、市外经贸局、雁荡山管理局
				住地安全保卫	市公安局

续前表

时间		内容	地点	接待要求	主要负责部门
	12:50	自助中餐	雁荡山庄二楼灵峰宴会厅	中餐安排	市接待处
	14:30	赴大龙湫、灵岩景区参观	雁荡山	餐饮卫生监督检查	市卫生局
				门票、导游5名、停车位、景区环境整治、时间衔接	雁荡山管理局
				景区安全保卫	市公安局
	18:00	晚餐	雁荡山庄二楼灵峰宴会厅	晚餐安排	市接待处
				通知有关市领导赴宴	市府办
				餐饮卫生监督检查	市卫生局
				安排翻译1名	市外侨办
	19:30	赴灵峰景区参观	雁荡山	门票、导游5名、停车位、景区环境整治	雁荡山管理局
				景区安全保卫	市公安局
6月24日	07:00	自助早餐	雁荡山庄二楼灵峰宴会厅	餐饮卫生监督检查	市卫生局
	08:00	赴杭州		市领导送至高速公路雁荡入口处	市府办
注：1. 市外侨办负责全程接待工作衔接和人员联络。 2. 市交巡警大队安排警车开道，并安排警力保持道路畅通。					

思考：

“第四届世界华人论坛”的与会代表主要是来自世界各地的华人。作为秘书，你认为此次接待方案的重点应该包括哪些方面？

任务一

接待工作计划与准备

【任务描述】

一个海外华侨商务代表团就要来了，地方政府和主要企业都要参与贸易洽谈相关活动。政府外事部门接到了这项非常重要的工作，应该怎样做好这次接待准备工作？

接待工作，看似简单，实则不然，它要求接待人员：口才上，能伶牙俐齿，做到接待什么人说什么话，能随机应变，善打圆场，及时消除可能出现的困窘场面；组织能力上，善于协调各种关系，调动各个部门，能够自如地应付各种局面；人际交往上，沟通能力强，路子宽，熟人多，确保接待工作畅通无阻；业务能力上，熟悉本单位的情况，明确自己的本职工作——最好是博学多才，如懂英语、熟电脑、能开车等。总之，接待工作对秘书的综合素质要求相当高，除了掌握接待工作的技巧外，还必须具备良好的个人素质，如精神状态、言谈举止、着装打扮等。接待工作的好坏，对本单位的形象起着至关重要的作用。

一、接待工作的内容和种类

接待是指对来访者给予相应的服务的活动。它涉及面广，对象多而复杂。根据不同的对象、不同的来访目的，接待的内容各不相同。根据不同的标准，接待工作的分类方式也就不同，具体有：

按照来宾的来访意图，可以将接待分为公务接待、会议接待、视察与检查接待、参观接待、经营活动接待、技术考察接待和其他接待。

按照接待的对象不同，可以把接待分为外宾接待和内宾接待。内宾接待又可分为对上级单位来人的接待、对平行单位来人的接待、对下属单位来人的接待、对新闻单位来人的接待和对本单位来人的接待。

按照来访者有无预约，可以把接待分为预约来访者接待和未预约来访者接待。

二、接待工作的一般程序

接待的内容不同，接待的程序也不尽相同，但一般的程序主要包括以下几方面。

（一）发出邀请

邀请可分为口头邀请、电话邀请、书面邀请、登门邀请及邮件邀请等。邀请的方式很多，采用哪一种应根据亲疏关系和实际情况而定。例如，口头邀请是向被邀请者以谈话的方式发出邀请，这多在一些较为简单的活动场所应用；又如，登门邀请是邀请者亲自到被邀请者寓所或单位发出的邀请，以表示重视等。有时是这几种方式的综合运用，发了书面邀请后，又用电话邀请，然后再登门邀请。无论哪一种邀请，语言要恳切，态度要真诚。若是对方主动提出或是来函来电通知来访的，则没有这个环节。

（二）接待前的准备工作

接待前的准备工作很重要，它是整个接待工作的基础，决定着接待工作的质量和效果。

1. 思想心理的准备

（1）诚挚恳切的态度。无论来访者是有预约的还是没有预约的，是易于沟通的还是难以沟通的，性格是内向的还是外向的，脾气是平和的还是急躁的，都要让对方感到自己是受欢迎和受重视的。对客户的到来要有“感谢光临”的心态。当自己手头事情很多而接待的客户又难以应付时，要极力暗示自己：“不要着急，一件一件解决，一定能做好的。”当客户的情绪过于激动时，不要受其影响，若问题出在自己身上或是单位的问题，则向对方致以歉意；若问题出在客户身上，则不能针锋相对、责骂或是侮辱对方，而要等对方冷静下来后，再把事实说清楚。

（2）团结合作的工作精神。接待工作是单位共同的事情，因此，在接待客户时，要有主动协助的精神，不能认为不是自己的客户就不予理睬或态度淡漠。

2. 业务知识和能力的准备

作为领导的助手，代表单位门面的秘书，不仅要熟悉自己的本职工作，而且必须全面了解本单位的各方面情况；手边必须占有较完备的资料，具体包括单位内部职员的电话号码、本市其他公司或企业单位的电话号码、国外 VPN 自动拨号的密码，当地名胜古迹、游览路线以及娱乐场所的名称、地点、联系方式，本市的政治、经济、文化等情况。

3. 物质和环境的准备

接待环境物件的摆放应该整齐、养观、清洁，光线充足，空气清新。前台、办公室、会客室设置要协调，物品齐备。如前厅里应该为客户准备座椅，会客室里要准备茶具（包括茶叶、饮料等，普通客人可以用一次性茶杯，重要客人用正规茶具为佳）、烟灰缸、空调设备，还应有电话、复印机、传真机等（即使没有，也不要离会客室太远）。做到办公室里的文件、文具、电脑、电话等物品各归其位，摆设美观、整洁。常用的、不常用的及私人的用品应该放到合适、固定的地方，需要时能马上找到。

会客室要及时清理，勤换空气。客人走后，秘书要清洗烟灰缸、茶具，为下一批客人的到来做好准备。秘书每天下班前要整理好所有的办公用品，上班提前到达，清洁、整理、检查接待环境，做到有备不乱。

（三）接受任务后的接待准备工作

一般情况下，来宾来前会事先通知，接到通知后，秘书接待准备工作的一般程序如下。

1. 了解来宾的情况

秘书在接到通知时要了解来宾的基本情况，包括来宾的来访意图、目的和要求，来宾的单位、人数、身份、性别、民族、年龄和健康状况，来宾抵离的时间、乘坐的交通工具和车次航班等，并将上述情况向主管部门领导报告，同时通知有关部门人员。

2. 确定接待规格

由于来宾的身份和来访的目的不同，接待的规格也不尽相同。接待规格是从主陪人的角度而言的，即来什么客户由什么人陪同的规格问题。接待的规格分为高格接待、对等接待和低格接待三种。

(1) 高格接待。高格接待是指主要陪同人员比主要来宾的职位或职称高的接待。它表明对被接待一方的重视和友好。主要有几种情况:上级领导或上级领导机关派一般工作人员向下级领导口授意见,下级领导要出面作陪;兄弟单位领导派人商谈重要事宜,本单位领导要出面接见,必要时还应陪同座谈;下级领导来访,领导应该出面作陪;接待公司的重要客户。

(2) 对等接待。对等接待是指主要陪同人员与主要来宾的职位或职称大体相当的接待。在接待工作中,这种接待最为常用。

(3) 低格接待。低格接待是指主要陪同人员比主要来宾的职位或职称低的接待。这种接待多用于基层单位或业务性联系的接待。

采用哪一种规格的接待,除了来宾的身份影响因素外,还有其他因素的影响。例如:双方的关系,当对方的来访事关重大或我方希望发展与对方的关系时,往往采用高格接待;突变情况,如领导临时有事,可采用对等或低格接待,只能让他人代为接待;老客户的接待,客户曾经来过,那么接待最好按上次的规格。

总之,无论采用哪一种接待规格,秘书拟定后,由领导决定。一旦定下来,秘书应当把主要陪同人的情况和日常安排告知对方,征求意见,加以确认。

3. 制定接待工作计划

"凡事豫则立",接待来宾,制定接待计划很有必要:一是可以合理地安排各项接待工作,使之有条不紊地开展;二是可以使有关人员提前安排好自己的时间,保证接待工作顺利开展。接待工作计划一般包括三个方面的内容:确定接待规格、拟定日程安排和开列接待经费。接待规格和来访意图决定了接待人员、日程安排和经费开支。涉及的具体内容有:来宾的单位,来访的目的、要求和人数,来宾的性别、身份、生活习惯、抵离的日期;工作日程的安排;负责这次接待的高级管理人员和专职陪同及接待人员的安排;来宾的住宿地点、标准、房间数量等;会见、会谈的时间、地点和参加的人员、人数,担任主谈判的人员,其他谈判人员、翻译、后勤服务人员名单,大的项目还要有律师和会议的名单;宴请的时间、地点、规格、人数、次数;参观游览或娱乐等活动的时间、地点、人数、次数及陪同人员;接待期间的交通工具的安排;接待期间的安全保卫工作,包括饮食卫生、人身、财产安全等;接待经费主要包括住宿费、餐饮费、劳务费(讲课、作报告等费用)、交通费、工作经费(如租借会议室、打印资料、通信等费用)、考察参观娱乐费、纪念品费、其他费用等。

若来宾的住宿费、交通费等一些费用由来宾自己承担,则必须把所需费用数目与日程安排提前通知对方(用电话或信函等)。若由两个或两个以上单位联合接待,则双方要明确经费的承担问题。接待计划制定好后,送交领导批准,一经批准,按照方案组织人力、物力、财力,做好接待准备工作。同时,制定并填写表格,印发各有关人员,使有关人员明确自己在此次接待工作中的任务和责任。总之,要提前安排好工作,以确保接待工作圆满成功。

任务二

接待工作的实施与礼仪规范

【任务描述】

公司年会近期就要举行，领导要求行政事务部做好本次接待工作的各个环节，并对所有接待人员进行培训。秘书小张应该怎么做?

一、接待工作的实施

为了保证接待工作的顺利完成，来宾来前秘书要检查接待工作所需的文件、资料、场所、交通工具是否落实到位，同时要及时提醒或联系有关接待人员，做好充分的准备。来宾一到就要实施具体的接待工作内容。

（一）迎接来宾

核实班机、车、船抵达的具体时间，要到机场、车站、码头接的，则根据来宾人数准备车辆提前到达。若双方是第一次见面，则要准备接站牌。必要时，准备仪仗队或迎宾鲜花。当来宾下飞机或车、船后，应立刻上前迎接，双方互作介绍。若是外宾，则我方人员（或翻译人员）按照身份高低向来宾介绍，按来宾习惯致见面问候礼，行礼后献花。接下来把来宾送到宾馆，送上日程安排表，约好下一项活动的时间，就可离开，切不可在来宾的房间里停留时间过长。

（二）会见、会谈的接待

会见，是一种礼貌性应酬、礼节性的会晤，时间较短，通常是半个小时左右。会谈，俗称谈判，内容比较正式，而且专题性较强，是指双方或多方就某些实质性问题交流情况、交换意见及达成协议等。

（1）在会见、会谈前，秘书要做好信息资料工作，了解对方的背景，包括对方国家的政治、经济、地理、历史情况、对外政策、领导人情况等，对方可能提出的问题，以做到知己知彼。若是外宾，则要掌握外宾的礼仪特征和习俗禁忌，并把它变成书面文字呈送有关人员，还要提供外交资料作为参阅。凡能收集到的资料，应尽量收集齐全，提供给领导或其他人员作参考。就内部而言，要给领导提供本单位情况的资料，有时包括我国的法律和政策。如果不是第一次交往，则把以前会见、会谈情况写成摘要交给领导或与会人员。

（2）来宾抵达时，接待人员在大楼门口或大厅迎接，并引导来宾到会客室。若是重要来宾，则来宾进门前由主见人在门口迎接。

（3）会见、会谈时要安排好座次。会见时，宾客在右，主人在左，座位安排通常为半圆形；会谈时，宾主则在长方形桌子两边相对而坐。

（4）会见、会谈时，要做好记录，认真、细致地将双方的谈话原原本本、一字不漏地记录下来，以备查考。会上有争议的问题、未落实的问题等都要一一记下。无论是客人提出的问题，还是领导许诺的问题，会后应负责做好后续落实工作。

（5）会见、会谈结束时，有时要安排合影留念，应事先安排好合影图。安排合影留念时一般主人居正中，遵循“以右为尊”的原则，让主、客双方间隔排列，如果人多要分成多行，则按“前高后低”进行排列。注意尽量不要让来宾站在边上。

（6）会见、会谈结束后，在会客室门口与来宾握手告别，对重要来宾则送至大厅或大门口再握手告别。有领导一起送的时候，秘书应走在领导的后面。陪同人员送客视情况而定。

（三）宴请接待

要事先通知来宾宴请的时间、地点和与宴人员。如果要接送的则安排好交通工具。

宴请时要根据来宾的情况确定宴请环境、菜单和席次。若是外宾，则要考虑外宾在饮食特点及宗教信仰方面的禁忌。例如，在我们的“山珍海味”中，有许多外宾是不能接受的，如受保护的野生动物和家禽等。

在宴请时，接待人员应到门口迎接来宾，引导来宾进入宴会并入座。参加宴请的人员要讲究个人卫生，衣着大方、得体，女士要化妆以示尊重。

（四）安排参观游览

组织安排来宾参观游览，有利于增进友谊和加深相互之间的了解。在具体安排参观游览时，一定要根据来宾来访的目的、性质和来宾的意愿、兴趣，结合当地实际情况，有针对性地选择游览项目。在接待计划中事先安排好有关事宜，包括参观游览的日期、路线与内容、交通工具等。参观游览前要预先通知接待的单位和人员做好准备。

（五）安排娱乐活动

娱乐活动包括观赏歌舞演出、戏剧、文艺演出、听音乐会等，预订座位以第 7～9 排最好，观看时应有人陪同，要求陪同者衣着大方得体，女士要化妆。注意观看演出时不能迟到，也不能提前退场，把移动电话调到振动，不在场所内打电话。

（六）新闻报道

对重要来宾的接待来访，应根据情况，确定新闻报道的内容，事先通知有关新闻部门和人员前来。

（七）送客

根据来宾来访通知单上有无需要代订返程票来决定预订与否。若是邀请来访的，则在回执单上有“是否预订返程票”一项。确认来宾返程的具体时间、飞机（或车、船）班次等，提前订好车辆，并通知有关人员。送客时，应提前出发，尤其是外宾，需提前2～3个小时到达机场（或车站、码头），这是因为外宾安全检查需要很长时间。只有等来宾乘坐交通工具启动后才可以走开。注意送客的规格与迎接的规格要一样，无论谈判成功与否。

（八）接待工作后总结

来宾接待工作的记录是重要的档案资料之一，一定要收集齐全，及时整理，按照档案管理规定的要求整理归档。另外，在送走来宾后，应结算接待经费，做好会议善后事情的处理，力求事事落实到位。写好接待工作小结，如有必要，可编印简报。

二、预约来访者的接待

按来访者事先有无预约可以把接待工作分为预约来访者的接待（简称预约接待）和未预约来访者的接待。日常有约的接待对象大都是零星来单位访问或洽谈工作的客商或是朋友。接待时在保证礼貌待客的基础上参照上述接待工作程序，酌情简化。企业秘书的日常接待工作大多是一般性的来访接待。日常的一般性有约接待，不需要制定接待计划（方案），秘书只需根据计划安排表，按顺序有礼貌地接待预约前来的客户，并按顺序安排客户与领导见面即可。秘书如何做好一般的预约接待工作呢？一般的工作程序是：了解来访者的情况→确定接待规格→制定接待计划→做好接待准备工作→实施接待计划→总结接待工作。

在接待来访者时，特别注意以下两点：

（1）正确引导。引导来访者到被访的部门，或按单位要求安排专门工作人员接待。

（2）送客。当来访者离开时，应礼貌送客，如“请您走好”、“欢迎您再次光临”等，并为客人开门，帮客人取衣帽等物或是陪同客人到门口。若有必要，可帮助来访者预订车辆。

三、未预约来访者的接待

未预约来访者的接待（简称无约接待）是指没有事先预定会见面谈，是临时来访的接待。

对于临时来访者，秘书要有礼貌地询问来访者的来意，再根据当时情况，凭借自己以往的接待经验，采取适当的接待应对办法。具体的做法如下。

（一）热情接待

面带微笑主动迎接问候来访者，了解未预约来访者，仍要以礼貌、友好、欢迎的态度去接待。

（二）了解情况，尽心服务

了解来访者要访问的部门或人员，看看能否安排尽可能早的预约时间。若来访者要求当下见面，则要设法联系有关部门或人员，看被访者能否接见来访者：若可以，则可以按照预约来访者的工作程序进行；若不可以，则向来访者说明情况，主动请对方留言或留下联系方式，保证尽快将留言递交给被访者，或者尽可能快地安排会见时间并通知对方。

（三）机敏应对

如果来访者要见领导，而领导不愿意见，秘书则要找借口打发来访者，或是请示领导能否指定别人代替，若可以，则礼貌地请来访者与指定人员会见、会谈。如果来访者坚持要见领导，而领导实在不想见，则一方面要为领导挡驾，让来访者明白今天想会见是无论如何都不行的；另一方面让对方留下电话和会面时间、要求，表示将及时禀告领导，待领导决定后立即通知对方。

（四）耐心倾听

若来访者是怒气冲冲前来指责批评或是脾气急躁的，一方面要耐心倾听，礼貌接待，切不可以话语相激，致使事态恶化；另一方面要快速寻找解决方法，向对方表示尽力帮助解决问题，抱着善良、认真、真诚的态度对待他，使对方感到是真心诚意为他着想的，等事态缓和下来后再想办法解决问题。

（五）确保来访者满意

在接待过程中始终要热情、周到，使来访者满意离开。送客时与有约接待相同。礼仪，是指人们在长期生活实践中形成的约定俗成的一种行为规范，它是社会文明的标志，也是人际交往的准则。就秘书来说，他（她）每天都要和各种各样的人打交道，礼仪就是他（她）与众人交往场合中的“通行证”，更是其业务素质和自身修养的一种标志。掌握一套基本的礼仪规范有利于秘书顺利地开展接待工作，随时随地给人留下良好的印象。

四、接待工作主要环节礼仪

（一）握手礼仪

握手礼是人们在日常交往中最常用的一种礼节，是人们在相见、离别、祝贺或感谢时相互表示情谊、致意的一种礼节。一般双方先打招呼，后握手。

1.握手的顺序

一般来说，男女之间，女士先伸出手后才握手；长辈与晚辈见面，长辈先伸出手（以示对对方的尊重）再相握；上下级之间，上级先伸出手，下级才能与上级相握；宾主之间，主人先伸出手，客人再相迎握手。

2.握手的时间

握手讲究时间，握手时一般以2～4秒为宜，太长让人觉得有些不舒服，太短则显得没有诚意。但熟人在一起或满含感激之情时，握手时间可以长一点。

3.握手的方式

握手时一定要用右手，五指齐用，在握住之后，如果是一般关系，在一般场合，双方握手时稍用力握一下就可放开。此时，两人的手掌最好处于垂直状态。同时，眼睛要注视对方，不能东张西望，还要微笑致意。握手要适度，不能握得太紧，过紧地握手或是只用手指部分漫不经心地接触对方，都是不礼貌的。一般来说，老朋友见面，可稍微用力一些，异性之间，轻轻握一下四指就行，特别要注意的是，绝对不能紧紧抓住异性的手不放，否则会让人觉得你不怀好意。

4.握手的避讳

（1）贸然伸手。在上级、长辈、女士、主人等未伸手时，自己先伸手是失礼的。

（2）长时间不放手。旁边的人很多，却只顾握住一个人的手，忽视或冷落别人，或者影响对方与他人握手，这是不礼貌的。

（3）交叉握手。当两个人正握手时，却跑上去与正握手的人相握，或者穿过他们与别的人握手是失礼的。

（4）该先伸手而没有伸手。在需要握手的场合，上级、长辈、女士等不主动伸出手去跟人握手，也是不礼貌的。

（5）出手时慢腾腾。当对方伸出手后，出手很慢，被视为失礼。

（6）握手后用手帕或纸巾擦手。刚刚与对方握完手，就用手帕或纸巾擦手，是失礼的。另外，女士可以戴手套握手，男士以脱去手套为原则，若不易或不便脱去，则需要说明理由，请求谅解，但遇到地位高的人，仍应先脱去手套。

（二）介绍礼仪

介绍是社交礼仪的重要环节，是一切社交活动的开始，即不相识者建立交往的起点。介绍分为自我介绍和他人介绍两种。

1.介绍的顺序

在介绍两个人相互认识时，一般应遵循的顺序是："先卑后尊"、"女士优先"。具体地说，把年少者介绍给年长者；把职位低的介绍给职位高的；把男士介绍给女士；把未婚的介绍给已婚的，若未婚的比已婚的大很多，则把已婚的介绍给未婚的；先宾后主；如果双方的年龄、职位相当，又是同性，则可根据实际情况灵活介绍。集体介绍时，特别是在宴会上，如果你是主人，可以按照他们的座位顺序进行介绍，也可以从贵宾开始。商业介绍习惯与一般的社交惯例不完全一样，商业介绍不分男女老幼，社会地位较低的人总是被介绍给社会地位较高的人。

2.介绍的方法

一般情况下，介绍人和被介绍人（除年迈者和身体原因外）都应站起来，以示礼貌和尊重，等介绍人介绍完毕，被介绍双方应微笑点头示意或握手致意，或者同时寒暄一下，譬如说："王局长，很高兴能认识您"，"你好，李小姐"，"久仰久仰"。说出对方的名字是最亲切也是较有礼貌的做法。

在宴会、会议、谈判桌上，被介绍双方视情况可不必起立，微笑点头致意即可；如果双方相隔较远（2米以外），中间又有障碍物，可举右手微笑点头致意。

自我介绍时，应将自己的姓名、身份说清楚，等对方也作过自我介绍后才与之进行交谈。交谈之初，应多谈些别人、少谈些自己，等彼此有了一定的交流、沟通之后，再作详细介绍。要及时、准确、清楚、谦虚地介绍自己，如自己是大学教授则可以说自己是在大学任教的，销售经理可介绍为某公司跑业务的。

3.介绍人的礼节

（1）先向双方打招呼。介绍前，应先向双方打个招呼，如"请允许我介绍你们认识一下"，使双方有所准备，打招呼后再把双方的名字介绍一番。

（2）注意介绍的先后顺序。

（3）介绍要清楚、准确。尤其是双方难记、生僻或易发生混淆的姓名，如向某人介绍吴先生时，要补上一句"口天吴"。

（4）避免过分赞扬。因为不合时宜的吹捧易使被介绍的人发生尴尬、不自在。

（5）介绍停留时间得当。一般情况下，介绍完毕后，稍停片刻，引导双方交谈，双方能交谈后，可借故离开。

（三）称呼礼仪

称呼反映人们之间的关系，反映一个人的修养，决定着社交成功与否，被认为是交谈前的"敲门砖"。称呼一般可分为：职务称、职业称、姓名称、一般称（不知对方职务或姓名时称）、代词称、亲属称等。一般称男子为"先生"，称女子为"夫人"、"小姐"或"女士"，称已婚的为"夫人"，称未婚的为"小姐"，不能十分确认的称为"女士"，在这些称呼前可以冠以姓名、职称、衔称等，如"怀特先生"、"爱丽丝小姐"、"市长先生"、"董事长先生"、"凯特夫人"等。对大使或政府部长以上的高级官员，在官衔之后往往加上"阁下"、职衔或先生，如"部长阁下"、"总统阁下"、"大使先生阁下"。对有高级官衔的妇女，也可称"阁下"，如"撒切尔首相阁下"等。

在我国，很多时候，在称呼前冠以敬词或称谓前表以谦词，如"请问尊姓大名"、"你的高徒"、"李公"、"王老"、"贵公司"、"令郎今年大学毕业了吗"、"敬请台启"、"先祖"、"贤弟近来可好"、"尊夫人一向可好"、"鄙人意见仅供参考"、"鄙居简陋"、"家兄在外工作"、"舍妹刚好在家"、"贱内上班去了"、"愚兄之见，请多谅解"、"拙作不成气候，烦请指正"等。

（四）互递名片礼仪

在认识新朋友、自我介绍、一般聚会、联系业务等很多场合都需要互相交换名片。互递名片的过程，要注意基本的礼仪。

（1）名片一般由持有者自行设计，内容包括任职单位和部门、本人姓名、职务、单位地址和通信地址、邮政编码、联系电话、邮箱等。文字有横排和竖排两种。

（2）名片的递送要讲究礼仪。名片通常是在自我介绍后或被别人介绍后出示的。递送名片时应起立，上身向对方前倾以敬礼状，表示尊敬，并用双手的拇指和食指轻轻地握住名片的前端，而为了使对方容易看，名片的正面要朝向对方，递名片的同时要报上自己的姓名。

（3）名片是对方身份的象征，接收名片时，态度一定应像对待名片主人一样尊重，要用双手由名片的下方恭敬接过收到胸前，一只手接名片是十分失礼的行为。接过名片后不要急于收起，眼睛注视着名片，要看清楚对方的身份、姓名，也可轻轻读名片上的内容。

（4）接过的名片忌随手乱放或不加确认就收入包中，这是很失礼的。应该准备专门的名片夹或名片簿，用以存放收到的名片。在闲暇时间可对名片进行分类、整理，以方便查找和使用。

（5）与长者、女性、职位高者打招呼后，可先将自己的名片递给对方，并请对方多指教。需要明确的是，直接向长者、女性或职位高者要名片是不恰当的。

（6）在多人面前发名片时，应该注意除了很熟悉的人以外，每一位在场者都应收到，以免失礼。

（7）名片的索要。向他人索要名片时，不要直接向对方要，而是要含蓄地向对方仔细地询问姓名、单位、地址、电话等。例如："××先生/小姐，今后想向你请教，怎样能找到你?""××先生/小姐，今后怎样和你取得联系?"若对方愿意，一定会送给你一张名片。

（五）迎送礼仪

接待是商业活动的一个重要组成部分，接待礼仪备受重视。接待礼仪的基本要求：热情周到，文明礼貌，平等待人，衣着得体、整洁，举止大方，女性还要化淡妆。

1. 迎宾礼仪

具体的做法是：

（1）见到来宾光临，主动迎上前亲切问候，表示欢迎。尤其是遇到老、弱、病、残、幼客人，要特别主动帮忙，倍加关心。

（2）宾客乘坐的车辆到达时，要热情相迎。当车子停稳后，应一手拉门，一手挡在车门框上沿，以免客人的头部碰撞到车顶门框。下雨天时要撑伞迎接，以防客人被雨淋湿。

（3）帮助宾客提行李物品时，要主动热情，同时要尊重宾客的意愿。宾客的行李物品要轻拿轻放，对贵重和易碎的物品，要倍加小心。

（4）接待团体宾客时，应连续向宾客点头致意和多次重复问候语。问候时注意力要集中，眼睛注视着宾客。若宾客先问候致意的，要及时还礼。

2. 送客礼仪

具体的做法是：

（1）帮助宾客确认所携带的行李物品，并帮助宾客小心提送到车上。安放好行李后，向宾客作一下交代，并施礼感谢光临和致告别语，如“祝您旅途愉快，欢迎下次再来”、“祝您一路平安，同时希望我们合作愉快”等。

（2）帮宾客关车门时，时间要恰到好处，不能太重，也不能太轻。太重会惊吓宾客，太轻车门会关不上。另外，还要注意不要让宾客的衣服裙裤被车门夹住。

（3）车门关好后，不能马上转身就走，而应等宾客的车辆启动时，面带微笑，挥手告别，目送车子离开后才能离开。

（六）交谈礼仪

无论是在业务洽谈还是社交聚会的场合，一个人谈吐的风度礼仪是决定其个人乃至所代表的企业形象的重要因素。因此，要注意交谈时的表情、仪态、话题的选择等交谈的礼仪。

（1）谈吐的仪态。不论言者还是听者，交谈时双方必须保持精神的饱满。表情要自然大方，应目光温和、正视对方，以示尊重。两人谈话时，不宜与对方太远，也不宜过近，一般而言只要近于 60 厘米，就会给对方带来压力。

（2）话题的选择。话题的选择反映着言谈者品位的高低。选择一个好的话题，使言谈双方有了共同语言，往往就预示着言谈成功了一大半。因此，首先，要选择交谈者喜闻乐见的话题。如天气状况、风土人情、体育比赛、电影电视、旅游度假、烹饪小吃等。其次，要回避众人忌讳的话题。如个人的私生活（包括一个人的年龄、婚姻、履历、收入、住址等其他方面的家庭情况）、令人不快的事件（疾病、死亡、丑闻、惨案等），以及某人的生活习惯、宗教信仰、政治主张等均少谈或不谈为好。最后，不宜谈论自己不甚熟悉的话题。

（3）谈话者的语言表达应准确明了、语意完整、合乎语法，说话的声音要轻柔，语调要亲切，说话的语速不要过快。同时，要顾及听者的情绪与心理的变化，不可滔滔不绝地说个没完，或只与在场少数几个人交谈而冷落了其他客人。不雅的口头禅甚至粗话不要出口。交谈时可以适当地做些手势来加强语气，但手势的幅度不要过大。

（4）在别人发言的时候，听者要适时做出积极的反应，以表明在认真聆听，如点头、微笑或简单重复对方的谈话要点等。如果同时做出恰如其分的赞美，则会使交谈气氛变得更加轻松、友好。轻易打断对方的讲话或随意插话，是对对方的不尊敬，会引起对方的不满，应尽量避免。当然，在交谈中一言不发也是会令众人扫兴的。

（5）与人交谈过程中，应多用平视的目光注视对方，表明重视对方或对其发言颇感兴趣。不要左顾右盼、注视别处，或显示出心不在焉的样子。

(6) 在交际场合，既要自己讲话，也要给别人发言的机会。别人讲话时也可适当发表个人看法，但不要过多纠缠、高声辩论，更不能出言不逊、恶语伤人，应表现出绅士的风度。

(7) 接待用语礼仪。接待常用语一般有："欢迎，欢迎"，"请您稍等一下"，"谢谢！欢迎下次再来"，"实在对不起，让您久等了"，"感谢您的光临，请走好"，"对不起，您要找的不在，有需要我帮忙的吗"，"没关系，我将尽力而为"，等等。

【技能训练】

训练一·接待工作案例分析

一、训练目标

通过本训练，学生能够按照接待工作的要求正确地接待来访者。

二、训练方案与要求

（一）背景资料

案例一

史密斯先生到你办公室要求拜见你的上司，可你的上司却完全忘了这个约会，且此时上司正在俱乐部与一位重要客人打完网球后在吃午餐。

案例二

假如你是新开泰物业有限公司的秘书小王，一周前公司来了实习兼试用的电话兼接待员小丽。今天早上你发现桌子上有一封她留给你的短信，内容是：

王秘书：

你好！我因接待来访者和通过电话与外界联系时不得体曾受到多次责备。我的确很想得到这份工作，希望你给我一些建议和指导，我该如何做好来访者的接待和电话的接待。不然，我就有被辞退的可能。有时碰到来访者是不速之客，而上司又不想见他们，他们只好悻悻而去。而且更为糟糕的是，上司不想见，可客人一定要见，上司不高兴，客人不满意。又如接电话，由于听不清对方的声音，对方很生气。我怎样做才能应付这些困难的场面。若你能给我一些指导或建议，我将会思考并从中学着去做，那么我就会有不被开除的希望和可能。

小丽

2015 年 1 月 20 日

案例三

国人有国人的传统，洋人有洋人的习惯。在接待来宾上，两者之间有很大的区别。来了来宾，总要去车站、机场接一下，而且来的人是什么级别，接的人也大致相当。认识的翘首相望，不认识的便打一块牌子，写明会议或本单位的名称。然后或与来宾在单位寒暄一阵，或直接送到事先预订好的宾馆、招待所，办好手续再帮来宾拿行李，送进房间，沏茶，递烟，先聊上一小会儿，接下来是吃饭、工作、陪伴游览。

在匈牙利、德国则不讲这一套。在匈牙利开会，他们先寄来一份通知，告诉你住宿与开会地点，以及从机场到宾馆、从宾馆到会场乘车的路线。另外特别提醒你，从机场到宾馆如果乘出租车，应事先了解路费大约是多少钱，以防司机“宰人”，这便是他们对你格外的关照了。会散之后便立即“拜拜”，你乘哪一趟飞机、火车，如何去机场、车站，则一概不问。

（二）训练要求

案例一

作为秘书，你应该如何处理这种局面？

案例二

请对小丽提出的问题列出一个提纲——如何应付困难尴尬的场面。主要针对下面两个方面进行准备：

1. 如何接待未预约的来访者？

2. 如何接待电话？

案例三

1. 你是如何看待匈牙利和德国的接待的？

2. 假如有一个会议在中国召开，参加会议的人员除了中国外，还有其他六个国家的人员，他们分别来自德国、匈牙利、日本、俄罗斯、泰国、美国。针对匈牙利、德国的“接待，不接也不送”，中国有关部门或组织将如何接待来自匈牙利和德国的客人？

（三）训练步骤

1. 分组讨论；

2. 每组推荐一位中心发言人，归纳该组同学的发言；

3. 每组中心发言人在全班发言；

4. 老师作最后总结；

5. 讨论 30 分钟，班级发言 15 分钟，老师总结 5 分钟。

（四）训练提示

此项目主要是以案例讨论为主，注重综合知识的应用，提升秘书分析能力和应变能力。

训练二・综合测试

一、训练目标

通过综合测试，学生能够进一步全面掌握接待的基本规范。

二、训练方案与要求

1. 假如你公司新来了一位接待员，上司要求你给她一份接待时所需的简要指南。那么，这份指南具体应包括哪些内容？

2. 为什么在客人被引进会客室或上司的办公室之前，要派秘书与客人交谈？

3. 你单位要求你开列一份新的接待中心所必需的设备用具的清单，并说明你选用这些设备用具的理由（包括你认为有用的参考资料和记录）。

4. 有甲、乙两家公司都是你公司的合作单位。一次甲公司的副总经理到你公司商谈业务，你公司的总经理为了表示友好和尊重，出面接待，全程陪同。两个月后，乙公司的副总经理也到你公司商谈业务，而你公司的总经理恰好有事，抽不出身来接待作陪。作为秘书，你该怎么做？

5. 甲、乙两家公司是合作伙伴。甲公司是小公司，是给乙公司提供生产原料产品的。乙公司是一家大公司，前几年由甲公司提供的原料生产的产品销路很好，甲公司的总经理过来时，都是由乙公司总经理亲自接待。今年开始这种产品销路不好了，这时甲公司的总经理又过来了。请问乙公司将以什么样的规格接待？为什么？

【拓展资源】

涉外礼仪简介

随着我国改革开放的不断深入，国际往来也在不断增加。为了更好地进行国际交往，我们应遵循涉外礼仪行事，既要对国际交往的礼仪原则有基本的认识，又要对特定国家的习俗和礼仪有较详尽的了解。

一、涉外礼仪的基本原则

1. 讲究礼节原则

在与外宾交往中注重礼貌礼节，包括：注重仪表，服饰整洁、搭配合理，言谈举止大方得体，态度热情，交往遵守时间，不失约超时，处处体现出关心和尊重别人。礼貌用语也是讲究礼节的表现形式，在国际交往中多使用“你好”、“请”、“谢谢”、“对不起”、“再见”这些礼貌语言。

2. 尊重习俗原则

不同国家的文化背景、社会制度、思维方式和理解问题的角度常常有较大的差别，存在许多不同的风俗习惯，所以在交往关系中要互相尊重，谨慎从事。尊重习俗是国际交往中很重要的一条礼仪原则。一些在中国人看来是正常的举止，在一些国家会被认为无礼。

3. 尊重隐私原则

在国际交往中尊重隐私是一条十分重要的礼仪原则。在交谈中应回避涉及个人隐私的一切话题，尤其不要谈论年龄、婚姻情况、个人经历、工作收入、家庭住址等问题。

4. 女士优先原则

“女士优先”是国际礼仪中重要的原则。女士优先原则的核心是要求男士在任何场合、任何情况下，都要在行动上从各个方面尊重妇女，照顾妇女，帮助妇女，保护妇女。

5. 平等交往原则

国际礼仪的平等交往原则，最要紧的是要保持人格平等。要做到：交往过程不卑不亢，不贪图对方的金钱和物质利益，一切事情严格按照外事接待程序和制度办理。对个别外宾的不合理要求，在保持礼貌的基础上予以回绝，并保持国格和人格的尊严。

二、部分国家的习俗和礼仪

1. 俄罗斯

（1）宗教信仰：俄罗斯人主要信奉东正教。

（2）饮食习惯：俄罗斯人日常以面包为主食，鱼肉禽蛋为副食。在午餐和晚餐时一定要喝汤，而且要求汤汁浓。俄罗斯人喜欢烈性白酒，如伏特加，对我国的二锅头等白酒也很喜欢。

（3）习俗和礼节：俄罗斯人豪爽开朗，组织纪律性强，习惯统一行动。他们认为给客人面包和盐是最殷勤的表示。俄罗斯朋友之间相互行拥抱亲面颊礼。

（4）禁忌：与俄罗斯人交往不能说他们小气，初次结识忌问对方私事，不能与他们背后议论第三者，对女性忌问年龄等。与俄罗斯人交往时，送鲜花要送单数。忌讳送钱给别人，因为在俄罗斯送钱意味着施舍与侮辱。

2. 英国

（1）宗教信仰：绝大部分英国人信奉基督教，只有北爱尔兰地区的一部分居民信奉天主教。

（2）饮食习惯：英国人饮食没有特别的禁忌，只是口味喜清淡，不爱辣味。英国人喜爱喝红茶，常饮葡萄酒和加冰威士忌、苏打水，一般不饮烈酒。

（3）习俗和礼节：英国人特别欣赏自己的绅士风度，很注意服饰打扮。年长的英国人喜欢别人称呼他们的世袭头衔或荣誉头衔，至少要用先生、夫人、阁下称呼。安排时间讲究准确，而且照章办事。邀请英国人吃饭，必须提前通知，不可匆匆邀请。“女士优先”在英国比在其他国家都明显，在接待英国妇女时必须充分尊重她们。

（4）禁忌：与英国人交谈，不要谈论政治、宗教和有关王室的小道消息。英国人除对数字“13”忌讳外，还忌讳“3”，特别忌讳用打火机点第三支烟。忌当着英国人的面耳语，不能拍打英国人的肩背。英国人还忌讳用人像作商标。

3. 法国

（1）宗教信仰：大多数法国人信奉天主教，少数信奉基督教和伊斯兰教。

（2）饮食习惯：法国人饮食的口味喜欢鲜浓，肉类菜只做到三四分熟，至多七八分熟。喜欢生吃牡蛎，还爱吃蜗牛、青蛙腿，鹅肝是法国的名贵菜，家常菜是牛排、土豆。不喜欢吃无鳞的鱼。

（3）习俗和礼节：法国人热情浪漫，乐于助人。谈问题不转弯抹角。约会讲准时，不准时被认为无礼貌。公共场所讲究礼仪和形象。喜欢有文化价值和艺术水准的礼品，如香槟酒、白兰地、糖果、香水等，但不赠送或接受有明显广告标记的礼品。

（4）禁忌：法国人忌讳黄色的花，认为黄花象征不忠诚；忌讳黑桃图案，视之为不吉利；忌讳仙鹤图案，认为它是蠢汉和淫妇的象征；忌讳绿色，因为纳粹的军服是绿色的；忌讳送香水给关系一般的女人，法国人认为送香水给女人是求爱的表示。

4. 德国

(1) 宗教信仰：德国人中信奉基督教的约占一半，另外一半的绝大多数信奉天主教。

(2) 饮食习惯：德国人早餐简单，午餐是正餐，晚餐一般是关掉电灯，在烛光下吃冷餐。爱吃水果和甜点。饮料喜欢啤酒，也爱喝葡萄酒。此外，德国人一起吃饭，除非事先声明，否则要实行AA制。

(3) 习俗和礼节：德国人好清洁，纪律性强，注重礼节的形式，约会讲准时。宴会上，一般男士要坐在妇女和职位高的人的左侧。女士离开和返回饭桌时，男士要站起以示礼貌。德国人不喜欢别人直呼其名，而要称头衔。德国慕尼黑啤酒节举世闻名，该节从9月最后一周到10月第一周持续半个月，热闹非凡，所喝掉的啤酒可以汇聚成河。

(4) 禁忌：德国人对颜色禁忌较多，茶色、黑色、红色、深蓝色都忌讳。忌吃核桃，到德国人家里拜访，忌向女主人送红玫瑰花，因为在德国红玫瑰只能送给情人。

5. 意大利

(1) 宗教信仰：意大利人绝大多数信奉天主教，首都罗马城内的梵蒂冈是世界罗马天主教的中心。

(2) 饮食习惯：意大利人喜欢米饭和面食，尤其是面食的种类繁多，不仅当主食，而且可以当菜肴。喜欢味浓、原汁原味的菜肴。由于意大利三面临海，意大利人喜欢吃海鲜，还爱吃生的牡蛎和蜗牛。葡萄酒是意大利人离不开的饮料。

(3) 习俗和礼节：意大利人接人待物颇多艺术情调。见面礼是握手或用手示意。与意大利人的谈话内容可以是家庭、工作、新闻和足球，但不要与他们谈论政治和美国的橄榄球。

(4) 禁忌：意大利人忌菊花，因为菊花是他们扫墓时用的花。

6. 美国

(1) 宗教信仰：在美国，大约有30%的人信奉基督教，20%左右的人信奉天主教，其他人信奉东正教、犹太教或佛教等多种宗教。

(2) 饮食习惯：美国人的饮食习惯有几个较明显的特点：忌油腻，喜清淡；喜欢咸中带甜的食品；讨厌奇形怪状的食品，如鳝鱼、鸡爪、海参、猪蹄之类；不喜欢脂肪含量高的肥肉和动物内脏。喜欢咖啡、冰水、冰啤酒、可口可乐等饮料。

(3) 习俗和礼节：美国人乐于交际，不拘于正统礼节，一般说声“Hi”或“Hello”就算打招呼了。如果别人向他们行礼，也会相应作答。美国人的服饰比较随便，除了正式场合外，爱穿什么，就穿什么。美国人很注重隐私，忌讳被问及私事。

(4) 禁忌：美国人忌讳与穿睡衣的人见面，认为是严重失礼。不提倡人际间交往送厚礼，否则要被误认为有别的企图。

7. 加拿大

(1) 宗教信仰：加拿大人大部分信奉天主教、基督教。

(2) 饮食习惯：加拿大人喜食甜酸的、清淡的、不辣的食品，烹调中不用调料。爱吃炸烤的牛排、羊排、鸡排。注意营养，爱喝原味清汤，不吃肥肉和动物内脏。

（3）习俗和礼节：与加拿大人交往要注意必需的礼节和礼貌用语，同时不要过分谦虚，否则会被认为虚伪和无能。

（4）禁忌：加拿大人忌讳别人送白色的百合花，因为那是在葬礼上使用的花。颜色上不喜欢黑色和紫色。宴席上习惯用双数安排座位。

8. 日本

（1）宗教信仰：大多数日本人信奉神道教和佛教，佛教是从中国传过去的。少数日本人信奉天主教和基督教。

（2）饮食习惯：日本人的日常饮食主要有三种：一是传统的日本料理，又称“和食”，包括生鱼片、寿司和日本面条等；二是中国传过去的“中华料理”，即中餐，他们偏爱广东菜、北京菜、淮扬菜；三是欧洲传过去的“西洋料理”，即西餐。日本人喜欢喝酒，日本清酒、英国威士忌、法国白兰地、中国的茅台酒都爱喝。

（3）习俗和礼节：日本人外出大多穿西服，传统的和服只在节庆和隆重的社交场合穿。日本人与人见面习惯行鞠躬礼，初次见面鞠躬九十度，但不一定握手。日本人以酒待客时，由主人或侍者斟酒，让客人自己斟酒是失礼的。日本人的茶道已不是一般意义上的饮茶，而是作为款待尊贵宾客的最高礼仪。日本人喜爱仙鹤和龟，把它们当作长寿的象征。

（4）禁忌：日本人忌绿色、荷花图案，认为不祥。忌讳数字“4”和“9”，因为“4”发音和“死”相同，“9”发音与“苦”相同。日本人忌讳三人合影，认为中间人被夹着是不幸的预兆。日本人对饰有狐狸和獾图案的物品反感。

9. 马来西亚

（1）宗教信仰：大多数马来西亚人信奉伊斯兰教，伊斯兰教是该国国教。信奉其他宗教的人很少。

（2）饮食习惯：受伊斯兰教的影响，马来西亚人喜欢吃牛肉、羊肉，饮食口味清淡。马来西亚人爱食椰子和椰子油，烹调用椰子油，并用咖喱粉作调料。由于盛产水果，马来西亚人习惯于每餐都吃水果。

（3）习俗和礼节：马来西亚人友好好客，注重礼貌，尊老爱幼。礼节规范类似其他信奉伊斯兰教的国家。

（4）禁忌：马来西亚人忌讳吃猪肉、狗肉，忌讳使用猪皮制品，忌用漆筷，忌讳谈及猪狗的话题。他们认为左手不干净，所以不用左手传递东西。在公共场合，不论男女，衣着不得露出胳膊和大腿。忌讳黄色，不穿黄色衣服。忌讳的数字是“0”、“4”、“13”。马来西亚是禁酒的。

10. 新加坡

（1）宗教信仰：华裔新加坡人信奉佛教，印度裔新加坡人信奉印度教，马来西亚血统和巴基斯坦血统的新加坡人多数信奉伊斯兰教，也有一些信奉天主教和基督教。

（2）饮食习惯：主食是米饭、包子，不吃馒头。喜爱吃桃子、荔枝、梨等水果。偏爱中国广东菜。

（3）习俗和礼节：新加坡人特别讲究礼节，为发展旅游，该国经常举办“礼貌运动”。华裔新加坡人通常的见面礼是轻轻鞠躬和握手，印度血统新加坡人仍保持着印度的礼节和习俗，马来西亚血统、巴基斯坦血统的新加坡人则按伊斯兰教礼节待人接物。

（4）禁忌：新加坡人忌讳紫色、黑色、白色、黄色。与新加坡人交谈，忌谈宗教与政治问题。不能向他们说“恭喜发财”，他们素将“发财”理解为“不义之财”，说“恭喜发财”被认为是对别人的侮辱。

模块六

公关活动组织与宴请管理

【模块导读】

公关专题活动（Public Relation Activities）又名“公关专门事件”，是社会组织围绕某一明确的目标而开展的活动，是一项操作性、应用性和技术性很强的工作，是为提升主体形象，利用特定的时机，举办有特定主题的公关活动。办公室是承担单位对外交流的纽带，是承担此项活动的主要职能部门。同时，在对外交流的各项活动中，办公室一项经常性的工作就是宴请管理。本模块针对办公室秘书如何做好公关社交活动的组织和宴请活动的管理进行详细的分析，并提供相关训练指导。

项目一

公关活动策划与组织

【学习目标】

任务分布	任务名称	知识目标	能力目标	学时
岗位任务 1	如何进行有效的公关策划	1. 熟悉企业公关的概念与构成要素 2. 了解公关活动策划的内容 3. 掌握公关活动策划的价值与原则	1. 能够做好公关活动策划前的准备工作 2. 能够制定公关活动策划方案	2
岗位任务 2	如何与媒体打交道	了解工作中主要接触的媒体类型	掌握与媒体打交道的主要流程和具体方法	2
岗位任务 3	典型公关活动的组织实施	了解企业公关活动的主要类型	能够组织常见的公关活动	2

【案例导入】

王老吉“夏枯草”危机事件公关管理

2008 年“5·12”汶川大地震不久，红罐王老吉（即如今的加多宝）慷慨解囊，为灾区捐款 1 亿元。如此高调献爱，加之行之有效的网络营销，赢得了国人的感动和敬意，甚至有网友提议，王老吉上架一罐买一罐，王老吉的品牌美誉度和影响力以及销售额随之快速增大。可就在一年后的 2009 年 5 月 11 日，同样有一位网友在他的博文提到，他的胃溃疡的罪魁祸首可能是王老吉凉茶配方中的夏枯草，后来王老吉也被卫生部指认，其饮料中所含的中药成分夏枯草不在允许使用范围之内。就在乳业三聚氰胺、蒙牛 OMP 事件后，王老吉也被曝添加“违规”成分，可以想象这对于王老吉来说，面临着致命的考验，如果处理不好，就会像三鹿公司一样面临破产。但就在“夏枯草”事件出现 3 天后，事情就出现了逆转。王老吉是如何进行这次危机公关的呢？

在事件出现后，王老吉没有立刻进行澄清，但公关活动没有停止。在 5 月 12 日，广东省食品行业协会召开记者招待会，申明王老吉不存在添加物违规问题，同时拿出了国家卫生部 2005 年《关于普通食品添加夏枯草有关问题的请示》的批复。这一备案，在 4

年后的今天被翻出来，彻底扭转了“添加门”中的舆论趋势。在5月14日，卫生部也发布声明，认可夏枯草的安全性，并表示王老吉凉茶是依据《中华人民共和国食品卫生法》和《禁止食品加药卫生管理办法》的有关规定，依法备案和销售的产品。在网络上，在5月12日搜狐圈子、新浪论坛、天涯、西陆、铁血等论坛上，就出现了一批力挺王老吉的“铁杆”和对王老吉有倾向性的帖子。一份请示，一个声明，让王老吉渡过了这次产品危机。

思考：

1. 为什么王老吉在被曝“违规”添加“夏枯草”后没有立刻进行澄清？

2. 由自己来召开和由广东省食品行业协会召开记者会，在效果上有什么不同？

汉王借助神舟七号制造公关新闻

2008年9月，中国及世界都在关注这次神舟七号的飞行，因为这次飞行检查中国的载人航天能否顺利出舱，而出舱的实验，不仅检验神舟七号飞船、航天服、天地通信等多方面的稳定性和科学性，而且是为将来登月作技术准备。汉王成功地利用了这次航天飞行，迅速提升了企业品牌的知名度和美誉度，使汉王电纸书成为广大读者心目中质量过硬的产品。

为了神舟七号飞行这样一个“上天”机会，自2008年8月起，汉王科技与中国宇航学会进行接触，通过支持中国宇航学会开展了“点亮宇宙　寄语神七——我与神七同行”祝福签名活动，并将这些作品存入汉王电纸书中“上天”。中国宇航学会也通过多次评选，选中了汉王出的电纸书作为这次飞行的搭载电子产品。9月28日，神舟七号飞行绕地球45圈之后成功在内蒙古着陆，三名宇航员也健康出舱。在全国欢庆鼓舞的时候，汉王科技在9月29日就发出了“汉王电纸书搭乘‘神舟七号’‘掌上图书馆’实现人类首次太空阅读”的新闻稿。同时在2008年10月8日，在第二个“中国航天日”来临之际，中国宇航学会与汉王科技在中华航天博物馆共同召开了“我与神七同行——汉王电纸书圆满完成存储任务表彰会”。会上展出了与“神七”共同飞向太空的汉王电纸书，并且制作了“承载全球祝福，汉王电纸书搭载神七共游太空”广告刊于平面媒体和网络。这证明汉王电纸书能够经受真空、无重力、温差极大和强宇宙射线辐射等复杂环境下的考验，汉王电纸书凭借其具有的航天品质，受到了多方的好评。

思考：

1. 如果“汉王电纸书搭乘‘神舟七号’‘掌上图书馆’实现人类首次太空阅读”新闻稿在10月8日发出，效果会有什么不一样？

2. 公关新闻多是人为性的，从这个案例中如何看出其主观设计特点？

3. 公关新闻活动策划要讲究适度，案例中是如何做到这一点的？

任务一

如何进行有效的公关策划

【任务描述】

公司近期要组织一项公关活动，领导让秘书充分调研，制定一份公关策划方案。如何才能做出一份科学、合理、操作性强的公关活动策划方案呢？

一、公关活动策划的基本内涵

（一）如何理解公关活动策划

公关活动策划属于策划的一种特殊类型，它是公关活动中最高的层次。为了更好地掌握公关活动策划的概念，先了解一下策划的概念。《中国公共关系大辞典》中对策划的解释为“人们为了达成某种特定目标，借助一定的科学方法和艺术为决策计划而构思、设计、制作、策划方案的过程”。通过这个概念可以看出，策划是对未来事情所作的当前决策，是一种过程，是一种科学设计。

作为策划的特殊形式，公关活动策划是策划原理在公关活动中的运用。它指的是为达成组织目标，公关人员在充分进行环境分析和调查的基础上，根据自身形象的现状和目标要求，对总体公关战略及具体公关活动所进行的谋略、计划和设计的过程。我们可以通过以下几方面来理解这个概念：

第一，公关活动策划是为组织目标服务的。每一个企业都有其自身的目标，从企业管理到企业员工的个人行为，都是围绕实现企业目标来展开的。公关活动策划作为企业组织行为的一部分，也应当为组织的目标服务。

第二，公关活动策划是建立在公关调查基础上的，既非凭空产生，也不宜囊括所有的公关活动，所以在公关活动策划前要对公关进行情报搜集与研究工作。

第三，公关活动策划可以分为三个层次，即总体公关战略策划、专门公关活动策划、具体公关活动操作策划。

第四，公关活动策划包含谋略、计划和设计三方面的工作。谋略是根据形势发展而制定的行为方针和竞争方式。计划，则多指“概念规划”，即对项目中具有方向性、战略性对象的重大问题进行研究 ，并从经济、社会、环境等角度提出项目策划的综合目标体系和发展思路。设计则是以策划目标为基础，将社会、经济、技术、艺术、心理等因素综合起来，使其能纳入策划项目的完善轨道。

（二）公关活动策划的核心要素

1. 策划者

策划者即社会组织中的专业公关人员。这是公关活动策划的关键要素。策划者除了要求具有基本的素质和能力外，还要有独特的策划兴趣、创新意识、预测能力和丰富的实践经验。

2. 策划目标

策划目标是指策划主体预期要实现的一种良好的未来状态。

3. 策划对象

策划对象是指与组织相关的目标公众。

4. 策划内容

策划内容包含对组织的总体宏观规划设计、专题活动策划和具体公关活动。

5. 策划方案

策划方案是策划者在充分调查、了解策划对象的现状和需求的基础上，为了实现策划目标而精心设计、制定的公关实施细则和设计方案。

（三）公关活动策划的特征

1. 超前性

公关活动策划的超前性主要体现在公关活动策划行为相对于活动的实施具有超前性，公关活动策划的具体实施相对于竞争者来说应有超前性。因此，公关策划人员应根据已有的经验和条件，对未来做出科学的预测，并设计出一套较为可行、具有超前性的谋略方案。

2. 创造性

公关活动策划的创造性主要体现在策划的来源要超脱日常生活，策划内容应包含出人意料的、非常规的做法和举措。为此，公关活动策划人员应创造性地整合各类资源，根据社会需要进行设计。

3. 谋略性

公关活动策划是一项脑力劳动，强调思维谋略，也是一项智慧活动。一个成功的策划要求从宏观到微观都精心谋划、布局。为此要求公关活动策划人员站在战略的角度，根据自身条件谋划组织的发展战略，使组织的发展战略避免盲目性。

4. 整体性

公关活动策划不仅仅追求一些分散的、独立的收获，还要追求公关活动的整体效益，使组织的发展获得最大化的收益。另外，公关活动策划的所有活动都是一个整体，在策划时应注意每个环节的策划，做到环环相扣。

（四）公关活动策划的主要内容

1. 组织形象调查

组织形象调查是在策划之前，对组织形象的现状进行分析诊断，为选择公关活动目标和方法提供依据。组织形象指的是公众对一个社会组织的全部看法和总体评价，是社会组织的表现与特征在公众心目中的反映，它主要由组织的总体特征与风格、组织的形象定位、知名度与名誉度等要素构成。评价一个组织主要从下面四个维度来进行：

（1）高知名度—高美誉度。组织处于这个形象地位，属于最佳的公关状态，但同时也要注意，知名度越高，美誉度的压力越大，一旦美誉度有微小失误，造成的负面影响将很大。

（2）低知名度—高美誉度。这是较为稳定的一种公关状态，这个状态说明组织的形象有推广的基础，但由于知名度低，其高美誉社会价值得不到体现。

（3）低知名度—低美誉度。这表明组织的公关处于不良状态，没有名气，公众评价也不好。虽然低知名度可以减少负面评价的扩大范围，但这种不良状态影响组织的发展，因此，处于这种状态的组织应努力先提高美誉度，再提高知名度。

（4）高知名度—低美誉度。这说明组织处于恶劣状态，不仅评价差，而且知道的人很多。这种情况下，组织应降低负面的知名度，再努力挽救信誉度。

组织形象调查的内容主要有：

（1）公众要求的调查。即调查社会公众要求组织做什么，如何做。

（2）组织形象要求的调查。组织形象包括外感形象和内在精神两个方面，前者指产品质量、服务特色、商品包装、广告和组织标志，后者指组织的价值观念、经营风格等。

（3）组织知名度与美誉度调查。主要是对组织自身的知名度与美誉度、产品的知名度与美誉度、管理的知名度与美誉度进行调查。

（4）组织期望形象的调查。主要是对组织争取实现的一种未来形象的调查。

组织形象调查应从多角度、多侧面、多层次进行。

2. 确定总体目标

作为一个组织，公关活动策划的总体目标主要是提升企业形象和提高品牌知名度。提升企业形象是每个组织管理者的追求，它的价值难以用金钱来衡量，特别是薄利时代，企业形象影响着组织在市场的地位和市场的主动权。一般的消费者不愿购买品牌不熟悉的产品，因此公关活动策划的总体目标主要是提升企业形象和品牌的知名度。

3. 设计活动主题

公关活动主题是对公关活动内容的高度概括，它对整个公关活动起着指导作用。主题设计是否恰当精彩，对公众的形象影响也不同。公关活动主题的表现形式可以是多种多样的，可以是一个口号，也可以是一句话或一个表白。

设计一个好的主题要考虑三方面的因素：（1）公关活动目标；（2）信息特征，即主题包含的信息要独特新颖、有鲜明的个性，能体现活动的特色；（3）公众心理，即公关活动的主题要适应公众的基本需要，要形象，词句能打动人心，具有较强的感召力。

4. 分析目标群体

分析目标群体就是确定公关活动希望让哪些人来看，确定他们属于哪个群体，这些群体的修养与素质如何。确定目标群体主要从两方面来考察：

（1）产品特性。这是确定公关活动目标群体的关键，策划者要深入了解使用这类产品的消费者的性别、年龄、职业、爱好、消费心理、生活方式等多方面的信息，在了解目标群体信息的基础上，进行有的放矢的公关策划工作。

（2）时代特征。时代不同，一个群体的消费水平、消费习惯、生活方式也不同。群体的社会生活具有鲜明的时代特点。分析目标群体时，应注意他们的时代特征。比如当代年轻人，追求娱乐化，那么在进行公关活动策划时，应让娱乐性占有一定的分量，这样才能吸引年轻群体。

5. 选择活动内容与方式

当明确了公关活动的目标群体后，就应确定公关活动的内容与方式，这是整个策划工作的重要环节。主要完成两项工作：（1）完成公关活动方案的设计工作；（2）编制公关预算。确定的公关活动内容与方式要有创新性，富有个性。

（五）企业公关活动类型

企业常见的公关活动主要有：

1. 社会赞助

社会赞助是一项社会福利性活动，组织通过资金或物资赞助某项社会公益活动，以提高其社会形象。社会赞助的基本类型有赞助体育活动、赞助文化活动、赞助教育事业、赞助福利事业。

2. 新闻发布会

新闻发布会又称记者招待会，是组织为公布重要新闻或解释重要方针政策而邀请新闻记者参加的一种公关专题活动。它是组织与新闻媒体建立正规交流的常用形式。新闻发布会具有正规隆重、沟通活跃、传播迅速等特点。

3. 庆典活动

庆典活动是指组织利用重要节日或自身的重要事件，以庆祝的方式开展的一种公关活动。组织举办庆典活动可以起到吸引公众的注意力、显示组织的强大实力、增加公众对组织的信任感以及增强组织内部凝聚力的作用。企业的活动主要有开业庆典、周年庆典、庆功典礼和节日庆典等。

4. 展览会

展览会是企业公关活动经常采用的形式，它是通过实物的展示和示范表演来展示社会组织的成果和风貌的一种宣传活动。展览会因为可以采用多种媒体，所以可以起到宣传效率高、效果好的作用，能给公众留下较深刻的印象。展览会应注意直观性和趣味性。

5. 联谊活动

联谊活动是组织以实现一定的合作目标，增进了解、加深感情，促进信息沟通而进行的一种公关活动。联谊活动的主要形式有小型座谈会、舞会、经验交流会、茶话会等。

6. 宴请活动

宴请活动是组织为了庆祝一些值得纪念的日子、表彰庆功、答谢合作者而举办的公关活动。宴请活动的主要形式有正式宴会、冷餐会、酒会、茶会等。

7. 参观活动

参观活动是为了更好地与目标公众相互沟通，通过向公众开放，组织公众参观本组织的工作现场和设施，从而增强公众对组织的兴趣和好感，并获得公众的理解与支持而举行的一种公关活动。参观活动是一项复杂的工作，要求提前做好项目安排。

8. 文艺演出招待会

文艺演出招待会是一项经常性的公关活动，是由组织邀请客方观看文艺演出的一项公关活动。文艺演出招待会主要用于沟通感情。

9. 危机公关活动

危机管理是由组织内外的某种非常性因素所引发的公关非常事态或失常事态发生时，组织通过科学决策，运用合理的手段，减少危机给组织与公众带来的影响，以重塑组织良好形象的一种公关活动。危机公关重点在于预防。

二、开展有效公关策划的基本流程

（一）收集公关信息

收集公关信息是做好策划工作的前期，是一项基础性工作，没有大量信息作基础的策划只是空中楼阁，难以取得公关活动效果的最大化。公关活动策划收集的信息主要是与组织经营和形象信誉有关的信息。具体来说，主要有：

（1）公众对组织形象的评价信息。这既包括公众对组织形象的印象与评价，也包括公众对组织所采取的实际行为。这两者其实紧密相连，公众对组织形象的印象与评价往往决定了他们所采取的行为方式。

（2）组织自身状况的信息。包括自我期望形象、实际社会形象两种。收集实际社会形象时既要收集组织的外观形象信息，也要收集组织的整体形象信息和组织个别部门的形象信息。

（3）组织危机的预警信息。主要是指组织员工的应变心理与能力，以及整个预警系统的可行性与实效性。

由于公关信息十分庞大，在收集信息时，建议采用信息技术手段来进行。

（二）确定公关策划目标，分析公众权利要求

1. 策划公关活动目标

公关活动目标是指组织通过策划和实施公关传播活动，所追求和渴望达到的一种状态或目的，包括公关活动全过程的总目标和指导实施方案中的各个分目标。公关活动目标从时间来分，可以分为长期目标、中期目标、短期目标和具体目标；从目标实现顺序来分，可以分为传播信息目标、联络感情目标、改变态度目标；从目标性质来分，可以分为适应性目标、控制性目标。

公关活动目标是指导公关活动实务的关键，是公关全部活动的核心。我们可以依据

下面几点来确定公关活动目标：（1）社会组织自身形象调查；（2）公众需要及对组织的期望；（3）组织总体目标与发展战略；（4）组织资源及可提供的条件。

在确定公关活动目标时，要注意目标之间的相互协调，目标陈述要清楚明确，内容要具体。

2.分析目标公众的权利要求

当我们确定了组织的目标群体之后，接下来要完成的是区分与分析公众群体的权利要求。

一个大的企业，一般有下面 10 个公众群体。群体不同，他们的权利要求也不同，为此企业的公关活动也不相同。

（1）政府机关。这是社会的管理部门。企业组织应熟悉政府的政策与法规，帮助企业解决就业等问题，由此赢得政府的支持。

（2）员工。员工是企业组织机构各岗位上的工作人员。组织需要建立激励机制，加强员工培训，增加员工的归宿感与认同感，从而增强企业的凝聚力。

（3）股东。这是企业的所有者。在经营过程中，经营者要维护股东利益，定期向股东汇报经营情况，加强与股东沟通，争取股东的支持。

（4）消费者。这是与企业利益密切相关的外部公众。组织应为消费者提供合格的商品和满意的服务，做到诚信经营，加强与消费者联系，努力塑造良好的企业形象。

（5）竞争者。这是与企业分割市场份额的组织。对此，组织应与竞争者进行差别化经营，形成自己的特色，摆脱与竞争者进行价格战，同时也要维护同行业的利益。

（6）协作者。这里包括供应商、分销商和金融机构。组织对他们要信守承诺，加强沟通。

（7）社区组织。这是企业所在地的区域性单位。企业组织应同社会组织保持友好往来，维护社区的共同利益，积极参加社区活动，承担社区的责任与义务，以赢得社区的赞誉与支持。

（8）市政单位。这是指城市能源供应与市政设施管理的单位。企业组织要遵守这些公众的管理规定，按时缴费，积极配合他们的检查与维护工作，有选择性地赞助市政建设。

（9）社会团体。这多指一些民间机构及社会非营利性机构。企业可以根据自己的经营范围，有选择性地同社会团体建立协作关系、互助关系，这样可以丰富企业资源，树立良好的公众形象。

（10）媒体。这是指传播新闻与信息的传媒机构。媒体是企业向社会传递信息的窗口与桥梁，企业应同新闻媒体保持长期的联系，加强与新闻记者的关系，有选择性地赞助新闻事业，积极营造新闻热点，吸引新闻媒体，扩大企业组织的社会影响力。

（三）公关创意与形成方案

1.策划创意

创意是公关活动策划的核心，进行公关活动策划创意主要采用头脑风暴法，具体操作方法如下：

（1）确定议题。进行公关活动策划创意前要让参与人员明确这次头脑风暴会要解决什么问题。

（2）会前准备。主要准备各种资料让参与头脑风暴会的人员了解议题的背景以及外界的动态，同时准备会议环境与物质准备。

（3）确定人选。一般选8～12人为宜。

（4）明确分工。指定1名主持人，1～2名秘书。

（5）规定纪律。规定人人积极参与，不做旁观者，不私下议论，相互平等，不作褒贬。

（6）掌握时间。时间以30～45分钟为宜。

创意过程一般分为五个阶段：收集资料，加工信息，分享创意，执行创意，评估。

2.形成方案

当有了创意后，就要根据创意形成可操作的公关活动方案。方案的格式如下：

（1）封面。封面主要包括标题、密级、策划部门、日期。封面要求大方、典雅、规范。

（2）序言。主要写策划书的内容摘要、策划书的创新之处以及预期效果，序言要求简明扼要，一般在500字左右。

（3）目录。目录要求让人一看就能了解策划书的全貌。

（4）宗旨。主要告诉阅读人策划活动的目的所在、意义所在。

（5）内容。这是策划书的主要部分，主要包括公关活动的目标、目标公众、主题、方式、媒介、时间、空间及其设计。

（6）预算。策划应有周密的预算，最好使用表格的形式将总目与分目全部列出，以方便核算。

（7）进度表。利用列表的形式列出公关活动的起讫时间，并对各时间段的具体工作加以标识。

（8）职务分配表。要把所有任务落实到人，有执行人、监督人。

（9）物品。按活动阶段列出所需物品清单。

（10）相关材料。主要是提供给决策者参考的材料。这部分可以不附。

（四）策划方案的申报、论证与审定

公关活动策划方案写好后，必须经过本组织领导的审批，有时还需要向相关部门进行申报，使公关活动具有合法性。一般来说，小型的公关活动只要向机构负责人或主管职能部门申报就可以，大型的公关活动在组织审批完后要向政府相关部门申报。

为了减少公关活动的失误，在接到策划书后，应有相关部门组织对方案的论证。论证一般由有关领导、专家、实际工作者参加，他们就方案的必要性、可实施性、实施的条件成熟度以及实施过程中可能遇到的困难以及补救的可能性进行分析讨论。一个成功的方案有时要经过反复论证后才能进入实施阶段。

方案经过论证之后，要由领导正式批准，这样就可以实施了。

（五）策划方案的评价

公关活动策划方案的评价是做好下一次策划工作的基础。当公关活动策划方案实施后，组织者要对公关活动的效果进行评估，通过评估分析出策划的得失。评估可以通过接收信息、关注信息、改变观点的公众数量来分析。

任务二

如何与媒体打交道

【任务描述】

单位最近要举行一次新闻发布会，准备在相关媒体上做一些宣传。作为秘书，你应该从哪些方面考虑以做好这次与媒体的交往工作?

媒体是向公众传播信息最快捷的方式，也是公关活动中常借助的手段。因此负责的公关人员应学会与媒体打交道。

一、联系媒体

要与媒体建立良好的关系，首先要学会联系媒体。那么如何做好联系媒体的工作呢?

（一）与媒体保持良好的人际关系

在公关活动中，与媒体保持良好的个人关系和工作关系十分重要。一般来说，组织应当有固定人员负责处理与新闻媒体的关系。与媒体打交道，不仅要与之搞好关系，而且要与之保持经常性往来。

（二）尊重新闻媒体的职业特点和权利

组织要尊重新闻媒体的职业特点，尊重新闻媒体对客观事实进行报道的权利。有时新闻媒体报道的事件可能与组织在立场和认识上有偏差，组织不可粗暴指责。对于新闻媒体可能出现的失实报道，要有起码的宽容态度，不可得理不饶人。

（三）以诚相待、一视同仁

联系媒体时，应主动与媒体建立相互尊重和信任的关系，以诚实赢得媒体的支持与理解。不要用庸俗手段或贿赂方式与媒体交往。同时，组织对不同级别、不同层次的媒体应一视同仁，不厚此薄彼。

（四）不强人所难，也不变相交换

组织联系媒体时，不可有太过功利的想法，向媒体提出不切实的要求，更不可强迫记者按组织的意愿来写新闻稿，也不要通过广告投放来换取新闻媒体的报道。因为这种利益制约的关系，一方面会使组织的形象受损，另一方面不利于媒体对组织的全面了解。

二、配合媒体

（一）主动提供媒体所需的信息

组织公关人员应尽可能多、快、准确地为新闻媒介提供有价值的、及时的新闻信息。组织应与媒体建立起良好的沟通渠道，并进行良好的合作。

（二）按新闻特点提供信息

组织在回答媒体提出的问题时，应根据新闻的特点来提供信息或表达观点。这里说的新闻特点，表现在以下几方面：（1）谈问题时，应从公众利益出发而非仅仅谈本组织的利益；（2）回答提问要求简洁，越是棘手的问题，越要求简洁；（3）将重要的信息在一开始就陈述清楚；（4）提供真实的事实，有时虽然提供真实的事实很痛苦，但比被人揭露隐瞒的事实带来的损失要少；（5）提供有新闻价值的信息。

（三）重视为媒体提供企业新闻

在组织需要媒体宣传其正确形象时，媒体也需要企业的新闻来吸引读者。因此，组织与媒体打交道不仅仅是投放广告，还要提供媒体所需要的新闻，并且这种软性宣传比广告效果还好。

三、新闻制造

新闻制造是指组织为提高自身的知名度与美誉度，通过有计划的策划，将某个事件新闻化的一种公关活动。新闻制造对于提高组织的知名度与美誉度非常重要，它一方面可以使组织处于主动地位，为媒体提供正面的材料，另一方面可以起到广告所起不到的作用。

（一）了解媒体的受众人群

受众人群不同，对新闻关注点也不同，要制造新闻除了要了解各类媒体的特点、性质、内容、版面分布、发行周期等情况外，还要了解每种媒体的受众人群。组织应根据自身的消费群体所关注的媒体来策划新闻，这样才能做到新闻的针对性。

（二）选择好新闻载体

新闻制造最重要的是提供什么“卖点”给新闻媒体，以吸引媒体与公众的关注。一般来说，可以借助组织庆典与纪念日、公益活动、重要活动、名人、新产品或新服务面世来制造新闻。

（三）规划新闻制造

新闻制造要求进行整体性策划，因为策划人员对新闻制造要进行规划。规划的内容主要为传播的目标、采用的传播策略、媒体及版面的选择、新闻的表现形式、新闻标题和新闻表现主体等。

（四）新闻监控

新闻监控是指对新闻制造运用过程的检查与反馈，了解新闻取得的效果，为下一步的新闻制造提供依据。

任务三

典型公关活动的组织实施

【任务描述】

高考录取工作已经结束，公司了解到郊县有少数考生家庭经济比较困难，公司董事长准备对生活困难的考生举行一次赞助公益活动。秘书小张应该从哪些方面去做好这次活动的实施方案？

一、社会赞助活动的组织

1. 研究与确定赞助项目

无论是进行哪一种社会赞助，事前都要进行调查研究，了解赞助对象的基本情况，确定社会赞助的方向和政策，分析赞助的成本以及可能获得的效果等。

2. 制定赞助计划

在调研的基础上，根据单位的总体赞助方向，制定赞助计划。赞助计划内容包括赞助目标、赞助主题、赞助对象、赞助形式、经费预算、传播方式、实施时机与措施等。

3. 审核赞助计划

对赞助活动进行可行性论证，主要审核：赞助项目是否符合本单位的经营策略与公关目标；接受赞助者的口碑，赞助的具体方式，赞助款项，赞助时机，赞助可能产生的社会作用；社会舆论与社会公众对此类赞助的评价，赞助之后对本单位会有多大的积极作用等。

4. 实施赞助活动

安排公关人员实施赞助活动，实施时应充分运用各种有效的公关技巧，扩大单位的社会影响。具体实施过程一般为：（1）签订赞助合同或协议；（2）邀请人员，布置场地；（3）举行赞助仪式。

赞助仪式大致有如下环节：（1）宣布赞助会正式开始。（2）奏国歌。（3）赞助单位正式实施赞助。赞助单位的代表首先出场，口头上宣布其赞助的具体方式或具体数额。随后，受赞助单位的代表上场。双方热情握手。接下来，由赞助单位的代表正式将标有一定金额的巨型支票或实物清单双手捧交给受赞助单位的代表。必要时，礼仪小姐应为双方提供帮助。（4）赞助单位代表发言。（5）受赞助单位代表发言。（6）来宾代表发言。

5. 总结赞助活动

赞助完成后要对赞助活动进行综合分析和系统总结。

组织赞助活动时，应注意下列几方面：

第一，要审慎行事，不要以救世主的心态行事。

第二，要信守承诺。

第三，要量力而行。

第四，要尽可能扩大影响。

二、庆典活动的组织

1. 策划庆典活动

庆典活动策划要求主题明确，题目新颖、别致，不落俗套。如深圳某酒店10周年庆典的主题为“情满××，舒适家园”。

2. 确定来宾并发放请柬

为扩大单位影响，庆典活动的来宾要有广泛的代表性，一般由政府官员、地方知名人士、业界实力人物、新闻记者、社区公众代表、客户代表等组成。当来宾确定之后就可以发放请柬，发放请柬应提前7～8天时间，在庆典活动前一天再打电话确认。

3. 设计庆典活动场地

庆典活动场地设计要体现庆典的吉祥、和美以及欢乐之意，因此可以在庆典活动场地挂上标语、彩灯、彩旗、热气球、红灯笼、鲜花、霓虹灯等来增加庆典活动的隆重与喜庆气氛。庆典活动场地的设计应提前一天完成。

4. 制定庆典活动程序

一般的庆典活动程序为：（1）主持人宣布开典；（2）介绍来宾；（3）单位领导讲话；（4）重要来宾讲话；（5）剪彩；（6）座谈与宴会。

5. 做好庆典活动前的准备工作

庆典活动前，活动组织人要完成以下几项工作：（1）落实发言人和剪彩人；（2）编写好宣传材料和新闻通讯材料；（3）完成接待前的各项准备工作；（4）安排好座谈会和宴会。

6. 举行庆典活动

庆典活动往往参加人多，场面热烈，要求组织者之间相互协调，注意控制场面。此外，在举行庆典活动时，要善于制造新闻，造成轰动效应。

7. 总结庆典活动

庆典活动完成之后，应做好庆典活动的总结工作，分析整个活动的得失。

三、联谊活动的组织

1. 确定主题

确定主题是组织联谊活动的前提。联谊活动的主题要根据联谊活动的目的来确定，主题词要求明确、简洁、有新意。如某企业团委的联谊活动确定主题为“携手青春，共享友谊”。

2. 征询联谊对象

举办联谊活动要征询联谊对象的意愿，询问他们是否参加以及他们对联谊活动有什么要求。

3. 策划联谊活动

联谊活动策划主要是联谊方式的策划，联谊方式要根据联谊的内容和目标来选择。联谊活动策划书主要包括活动目的、活动主题、活动时间、活动内容、活动人员职责分配、活动经费预算等。

4. 实施联谊活动

联谊活动前要做好场地的安排和活动现场的录音、录像、摄影工作，客人到来时要做好接待工作。

四、参观活动的组织

组织对外开放参观活动，可以加强与目标公众的相互沟通，增强公众对单位的兴趣和好感。参观活动的组织过程如下：

1. 确定主题

任何一次参观活动，要有鲜明的主题。一般情况下，主题应为展示单位的总体形象、优质的工作环境、先进的工艺流程和职工认真负责的工作状态。

2. 选定参观项目

让公众参观的项目，要选择既让参观人感兴趣，又能展示单位特点和优势的项目。常见的有：成果展览室，环境设施，典型车间，员工娱乐、福利、卫生设施，员工教育与培训设施，新产品体验室等。参观项目要注意做好保密工作。

3. 选择开放的时机

组织开放的时机最好选择在一些特殊的日子，如单位的周年或重大节日。

4. 确定邀请对象

根据参观目标的不同，选择的参观对象也不同。一般来说，参观对象主要有两类：一类是家属与一般市民，一类是政府官员、记者、行业主管部门人员和专家。

5. 策划宣传工作

参观前，准备好宣传资料，可以是参观说明书、录像等，同时做好对外宣传工作。

6. 实施参观活动

参观活动一般包括下列程序：（1）介绍单位的基本情况；（2）介绍参观的路线及注意事项；（3）陪同参观，并作解释；（4）参观招待。

五、新闻发布会的组织

1. 筹备发布会

新闻发布会的筹备工作主要包括：（1）根据发布会主题准备好各种材料（发言稿、宣传资料、新闻稿和答记者备忘录）；（2）确定主持人和发言人；（3）确定邀请记者范围；（4）选择交通便利、设备齐全的场地。

2. 选择发布时机

一般来说，新闻发布会要避开周末和重要政治事件和社会事件，要避开其他重要部门召开记者会的时间。从具体时间来看，新闻发布会应安排在下午。

3. 举行新闻发布会

举行新闻发布会一般包括下列程序：（1）迎宾、签到；（2）分发资料；（3）主持人宣布发布会开始，介绍发言人、来宾和新闻机构；（4）发言人发布新闻，介绍情况；（5）记者提问，发言人回答；（6）主持人宣布结束。

4. 安排其他活动

新闻发布会结束后可以安排参观、茶话会或自助餐等活动，以便记者可以采访。

六、危机公关的处理

组织危机管理重点在预防，但不可能百分之百地杜绝危机，当危机一旦发生时，应如何处理呢？

1. 采取紧急措施，防止事态发展

当组织遭受公关危机时，公关人员应保持冷静的思维，并根据危机处理预案防止事态进一步发展。

2. 坦诚相告，表明诚意

组织一旦发生公关危机，很容易引起公众的关注，尤其是知名度高的组织，更是会成为关注的焦点。公众很希望得到危机发生的真相。这时，组织采取什么态度很重要。正确的态度是坦诚告知事实真相，表明诚意。很多事例证明，隐瞒事实只会让危机不断扩大。

3. 了解情况，收集信息

组织要遏制危机的进一步蔓延，在危机发生时应立即了解危机造成的损失和发生危机的原因，为处理危机决策提供依据。

4. **针对对象，确定处理对策**

在对危机调查的基础上，根据不同的对象采用不同的对策。处理对策可以分为：组织内部对策、受害者对策、上级主管部门对策、业务往来对策、其他公众对策。

5. **总结危机处理过程**

危机处理完后，要做好善后工作，对危机处理过程进行总结与评估，对导致危机的机制进行整改。

【技能训练】

训练·编制公关活动方案

一、训练目标

通过本训练，学生能够掌握公关活动组织的基本要求和一般程序，能够编制一份具有可操作性、富有创新特点的活动方案。

二、训练方案与要求

（一）背景资料

虽然全成公司刚成立不久，但经过全体员工的努力，全成公司生产的炉灶已出口到欧美市场，公司在 2007 年所创造的利润超过 2 000 万元，他们想在 2008 年再接再厉，更上一层楼。想不到一场金融危机，使全成公司遭受了灭顶之灾。大量商品积压，经费周转困难。好在全成公司形成了良好的企业文化，在公司拖欠员工工资的情况下，全体公司员工能理解公司的难处，没有追讨工资。公司老总非常感谢员工的支持，在很多公司大量裁员的时候，公司没有裁减一名员工，而是安排员工进行培训并赶快调整公司经营战略，由原来专做海外市场转向国内市场。经过全体员工的共同拼搏，公司渡过了艰难时刻，到 2008 年，虽然利润没有达到 2007 年业绩，但总算维持了公司的正常运转。到 2009 年下半年，随着海外市场的复苏，加上内需增加，在 2009 年 12 月公司利润达到 4 000 万元。公司领导层认为，之所以能取得这么好的成绩，离不开公司全体员工的不懈努力，也离不开员工家属的理解与支持。因此，公司领导层决定举行一次答谢联谊活动，来表达公司对员工及家属的感激之情。

12 月 26 日下午，全体公司员工及家属全部来到海涛假日酒店三楼会议室。一走进会场，舞台背景上悬挂着“感恩的心，新年答谢联谊活动”，周围装点着彩灯与彩球，屏幕上播放着公司制作的优秀员工的宣传片。17 点整，两位主持人古强和李娟走进会场，宣布联谊会开始，然后介绍了出席联谊活动的嘉宾。接下来公司关总代表公司致了答谢词。之后，各种联谊活动就开始了，活动形式丰富，也很有创意，比如爱火传递，12 个爱心天使，手捧蜡烛，唱着优美的歌，点燃每一桌上的蜡烛，原先黑乎乎的会场慢慢摇曳在烛光中。联谊活动中有很多参与性项目，既有适合大人玩的项目，也有适合儿童与老年人的项目。19点，联谊活动结束，之后公司安排了宴会。在席间大家都感觉到这次联谊活动温馨、快乐、祥和。

（二）训练要求

1. 假定你是联谊活动筹备处的秘书，请你为答谢联谊活动拟定一份方案。

2. 要求学生在电脑上完成上述文案，排版后发邮件到教师指定的邮箱，并交打印稿一份。文档要求格式规范，内容正确，条理清晰，表达精确，编辑打印精美。

（三）训练步骤

1. 指导学生认真阅读案例及训练要求。

2. 分析案例的主要内容以及本次训练目的。

3. 指导学生了解联谊活动的组织过程及策划要点。

4. 布置训练任务。

（四）训练提示

此案例设置的主要目的是让学生策划一次公关活动。通过训练，学生能够认识到公关活动策划的目的是提高组织的形象和增强组织内部凝聚力，形式要求创新。

1. 联谊活动的策划方案，一般要包括活动目的、活动主题、活动时间、活动内容、活动进程表、活动材料准备、人员安排等。

2. 策划联谊活动时，要求根据联谊活动的基调进行整体设计。设计的项目要求具有适应性、想象性和趣味性。

【拓展资源】

格力公司公关活动策划方案

一、项目背景

1. 实施项目单位的情况

成立于1991年的珠海格力电器股份有限公司（简称格力公司）是目前全球最大的集研发、生产、销售、服务于一体的专业化空调企业，2009年销售收入达426.37亿元，连续9年上榜美国《财富》杂志“中国上市公司100强”。

格力公司旗下的格力空调，是中国空调业唯一的世界名牌产品，业务遍及全球100多个国家和地区。1995年至今，格力空调连续15年产销量位居中国空调业第一；2005年至今，格力空调连续5年产销量位居世界第一。

作为一家专注于空调产品的大型电器制造商，格力公司致力于为全球消费者提供技术领先、品质卓越的空调产品。格力公司在全球拥有珠海、重庆、合肥、巴西、巴基斯坦、越南6大生产基地，4万多名员工，至今已开发出包括家用空调、商用空调在内的20大类、400个系列、7 000多个品种规格的产品，能充分满足不同消费群体的各种需求；拥有技术专利3 000多项，自主研发的GMV数码多联一拖多机组、超低温数码多联中央空调、新型高效离心式大型中央空调、G10变频空调、超高效定速压缩机等一系列国际领先产品填补了行业空白，成为从“中国制造”走向“中国创造”的典范，在国际舞台上赢得了广泛的知名度和影响力。

2. 现状、机遇和挑战

2009 年 5 月，网上有人发表自家格力空调发生了爆炸的文章，当事人声称，找到格力负责人，却被要求签署一份关于爆炸事件非因空调质量而引起的“和平协议”之后才可以获得格力公司提供的外机一台。

格力空调爆炸一事，于今年 1 月发生在河北献县。直到 7 月初，此事率先被网站和论坛披露。不过，并未留下当事人的联系方式等相关信息。随后发生的一件事情却令事件真相走向了完全相反的方向，甚至还出现了现代版的“此地无银三百两”。

格力空调爆炸案件在网络上出现不久，就突然出现了一条消息，主要是披露这一事件的真相，指出“爆炸的空调为格力的山寨空调”，并在帖子中附上了格力山寨产品与正规产品的商标对比图，两者确实存在差异。

不过，后来有报道称，当地公安机关在详细调查后发现，原来并非是空调本身的质量问题，而是当地比较流行的一种威力很大的叫做“铁炮”的爆竹引起了空调外机的爆炸，所以格力公司不应为此事担负任何责任。这篇关于格力空调爆炸案真相揭幕的帖子和消息，应该是有人专门针对此事的一种网络公关，意在将事件发展朝有利于格力公司的方向转变，将责任推到山寨产品上。此后，一些有心者发现了此事的前后矛盾之处，即并非质量原因爆炸，但却为何声称是山寨产品的原因。随后又有一些转移话题和推卸责任的言论。

自格力空调爆炸事件的消息在网络上出现之后，一家自称为格力公司指定公关的广东公司，便在网络上先后展开了注意力分散式和转嫁责任等手段的危机公关。随后的山寨空调消息以及指责对手攻击，均为该公关公司的幕后运作。

这次事件虽然对格力公司有一定影响，但一直以来优质的品牌和服务也在时间帮助下吹散了人们的疑虑。但相对的，格力公司的公关在这次事件中也是失败的，对待事件未能调查清楚就轻易采取措施，使得适得其反。民众在对称作山寨产品之后又有其他原因的在乎程度，明显要大于因意外爆炸的空调。这种行为可能会使得格力空调失去客户的信赖和支持，也会使得格力的品牌损失诚信的形象。

爆炸事件中不乏竞争对手恶意诽谤，散布谣言。可以说，这也是身为一个占有市场份额很大的企业必须经历的事情。空调市场竞争的激烈程度，也可以根据网上不断地有人抨击格力空调窥见一斑。可以说，每年夏季即将到来之时，空调行业中都会爆发一次大规模的战争。如何在如此之多的对手中脱颖而出，让自己的品牌使顾客优先考虑，是非常大的挑战。但同时，随着 2009 年夏季温度的飙升以及冬季温度的骤降，可以预见的是这两年的空调市场是相当大的。对有良好品牌形象，并且掌握核心技术的格力公司来说，机遇与挑战是并存的。

二、公关活动

1. 活动性质

中国家电业研讨格力家电宣传推广会

2. 目标受众

（1）各大媒体以及相关产业媒体；

（2）部分销售商管理层人员；

（3）部分大企业高层管理层人员；

（4）格力公司高层管理层人员。

3. 活动目的

（1）以优势品牌为基础，进一步提升格力公司在同行业中的影响力；

（2）以一系列的会晤和丰富的互动主题活动，增进格力公司与国内各企业、客户之间的沟通；

（3）以活动本身作为信息发布平台，实现目标的品牌传播；

（4）通过媒体和活动的渲染，树立格力公司在国内同行业的优质形象，并以格力公司的理念及贡献为主要诉求点，实现企业文化传播最大化。

4. 传播活动要素

（1）格力公司不仅是电器产业中的巨人，而且在推动中国各项建设方面作出了不懈的努力；

（2）格力公司作为行业的先驱，时刻关注中国人民的生活质量，并以不断创新为己任，努力推动中国的发展；

（3）格力公司始终兼顾经济繁荣、环境质量与社会价值等各方面因素，并始终为中国的现代化建设提供最出色和专业的产品。

5. 活动方案

（1）见证希望。

（2）活动背景。

1989 年 10 月开始启动的希望工程是中国青少年发展基金会发起并组织实施的一项社会公益事业。希望工程旨在通过动员海内外力量，资助中国农村贫困地区的失学儿童继续小学毕业，改善贫困地区的办学条件，协助政府普及九年义务教育，积极推动中国社会向现代化迈进。希望工程现已成为 20 世纪中国最具影响力的公益事业。

格力公司曾多次捐助公益事业：

1998 年，长江流域发生特大抗洪救灾、洪涝灾害，格力公司捐款 10 万元用于抗洪救灾。

2005 年 12 月，格力公司向珠海市困难职工帮扶中心捐款 33 万元整，用于资助珠海市困难职工。

2006 年 7 月，受台风“碧利斯”影响，广东省遭受严重灾害。格力公司捐助人民币 600 万元用于支持重建工作。刚出差回来的董明珠总裁个人捐款 3 万元。

2006 年 7 月，重庆市出现了 50 年一遇的特大旱灾，格力公司重庆分公司及其员工和格力重庆销售公司共捐款 35 万元帮助重庆市民抗灾复产。

2007 年 1 月，格力公司向市红十字会捐款 100 万元，指定用于珠海市斗门区斗门镇贫困乡村小濠冲村东升商业广场建设，以帮助这一珠海贫困乡村的发展。

2008 年春节，中国南方地区遭受严重的冰雪灾害天气，2 月，格力公司先后捐款 20

万元和 100 万元用于救灾与灾后重建工作。

2008 年 5 月 15 日，格力公司组织万人献爱心的募捐活动，现场募集善款近 132 万元，以支援灾区抗灾和灾后重建工作。

2008 年 5 月，格力公司为“5・12”四川汶川地震灾区人民累计捐赠 1 600 万元。加上格力公司总部、格力房产及格力港通物流所捐金额，格力系企业累计捐赠 2 500 万元用于抗震救灾及灾后重建工作。

2009 年 3 月 30 日，格力公司向珠海市斗门区捐助 100 万元现金和 200 万元的空调物资，用于该地区农村卫生站建设。

2009 年秋至 2010 年春，云南、贵州、广西、四川、重庆西南五省区发生了历史上罕见的特大旱灾。2010 年 3 月 31 日，格力公司迅速组织万人捐款仪式，公司向灾区捐款 600 万元，连同现场募得爱心款近 80 万元，通过珠海市慈善总会支援灾区。

2010 年 4 月 14 日凌晨，青海省玉树县发生 7.1 级地震，人民群众的生命财产遭受严重损失。4 月 20 日，格力公司及时向青海玉树地震灾区捐款 1 000 万元，用于抗震救灾和灾后重建工作。

（3）江西。

希望工程开展 12 年，江西省通过各种途径共募集希望工程捐款 2.3 亿元，救助贫困学生 13.7 万人，兴建希望小学 703 所，修缮农村贫困学校 250 余所，捐建希望书库、三辰影库 700 个。江西省的希望工程被誉为“江西模式”、“放心工程”，江西青基会曾四次获得“全国希望工程建设奖”。

（4）最美的农村。

婺源是江西一个有悠久历史的古县，位于江西省上饶市境内，地处德兴与景德镇、安徽、浙江交界处，这里民风纯朴，文风鼎盛，名胜众多，古建遍布。由于这里风光旖旎，环境幽雅，空气清新，明清古建筑古色古香且保存完好，整个县城一排田园风光景色，因此婺源被誉为“中国最美的乡村”。

6. 活动综述

（1）活动主题：点亮希望，温暖心房。

（2）活动构成：

1）专业研讨会。邀请与会来宾，共同探讨符合中国国情的建设发展方案。

2）参观希望小学。邀请与会来宾，访问江西省两所用格力公司专款筹建的希望小学，并现场为学校捐献格力电器设备，同时以格力公司的名义向贫困失学儿童捐款。

3）婺源自驾游。会后，邀请与会来宾亲自驾驶越野车，畅游婺源，共同驾车体验中国最美的乡村。

7. 每日计划

9:00—10:00　　××××××××

10:00—12:00　　××××××××

8. 活动计划

（1）活动 5 天；

（2）订制机票；

（3）农家院饮食；

（4）捐款，参观；

（5）自驾游览。

9. 活动目的

（1）江西是希望工程的模范省区，也有格力公司自主筹建的小学，借此机会，与所有行业来宾共同见证格力公司对中国的贡献，更加坚定客户对格力公司为中国服务的信心。

（2）使所有来宾享受前所未有的乐趣，并留下永久的记忆。

（3）借由媒体，对格力公司进行宣传，在民众心目中留下更好的印象。

三、经费预算

服务人员，住宿，餐饮，租借车辆，机票费用	预计 50 万元
修建希望小学	预计 100 万元
资助希望小学	预计 100 万元（每年）
现场捐款	预计 200 万元
捐献物资	预计 50 万元
合计	500 万元（本次）

四、预期目标

（1）与相关企业友好相处，互相联手。

（2）通过媒体宣传，取得良好的企业品牌形象。

（3）与销售商沟通，弥补管理、关系上的不足。

项目二

宴请活动组织

【学习目标】

任务分布	任务名称	知识目标	能力目标	学时
岗位任务 1	宴请入座安排	1. 了解商务宴请与私人宴请的区别 2. 熟悉商务宴请的形式与特点	能够安排好宴请的座位	2
岗位任务 2	如何宴请与赴宴	1. 熟悉宴请的原则与组织宴请活动过程 2. 了解点菜的要求	能够以适宜的方式赴宴并掌握相关礼仪	2

【案例导入】

宴请座位安排有学问

一天，公司老板要宴请3个合作公司的共15个重要客户，其中重点宴请一位重要级客户王经理，他虽然职务是采购部经理，但却给公司带来了40%的利润。公司老板让秘书小李去酒店预订一间容纳两桌的包房。小李接到老板的通知后，马上来到公司指定的接待酒店，安排好了菜单与酒水后，为了方便客户较快地找到席位，她根据一般惯例，将宴请对象名单按职位进行了排位，制作了座签放在桌席上。到了开宴时，公司老板发现，自己的位置安排在了离门最近那一桌的主人位上，而主桌的主人位安排了另一家公司的老板，重要客户王经理却安排在主桌的副主人位。好在公司老板一进来就发现了问题，他巧妙地让客户在包房的沙发上先喝茶休息，然后要陪同的办公室主任立即调整位置。

思考：

1. 如果你是秘书小李，你会将自己的老板安排在哪个位置？王经理应安排在哪个位置比较好？
2. 如果是吃西餐，老板最好是坐哪个位置？请你用图画出来。

赴宴有讲究

顾小姐今年大学刚毕业，应聘一家单位做办公室文员工作，该单位通过技能测试后，决定让她试用1个月。试用期的第二周，一家合作公司的老总要宴请该单位的老板，老板考虑到以后的工作需要，就让顾小姐一同出席宴请。宴席结束后，老板直接告诉人事经理，解除与顾小姐的聘用合同。顾小姐办理手续时，人事经理转告了老板对她的看法：吃饭时，表现得急不可耐，时不时用筷子挑菜，吃饭时声音太响，又不会掩饰，实在有损公司形象。

思考：

1. 中国是礼仪之邦，宴请和赴宴都要讲究礼仪，出席中餐宴会，要注意哪些礼仪？
2. 顾小姐的表现有哪些失礼之处？

任务一

宴请入座安排

【任务描述】

为答谢广大客户对公司的长期友好合作，公司近期将设宴招待来自全国各地的客户代表，共计60人。要求秘书小张将桌次、座位安排提前一周交给公司行政副总，以便妥善安排这次宴请活动。

一、宴请相关知识

（一）宴请的分类

根据宴请的性质，宴请可以分为商务宴请与私人宴请。

1. 商务宴请

商务宴请主要是指各类企业和营利性组织为了一定的商务目的而举行的宴请活动。商务宴请带有浓重的商务色彩，相比私人宴请来说，商务宴请更郑重、更隆重。首先，宴请前要尽量了解对方的喜好，在酒店选择和菜品上要迎合对方的偏好，通过满足对方来营造一种商务洽谈的气氛；其次，商务宴请要注意上菜的顺序与节奏，商务宴请往往边吃边谈，上菜节奏要适当，不可太急。

2. 私人宴请

私人宴请以个体与个体之间的情感交流为主题，其目的在于表示友好、联络感情、沟通信息等，如庆贺、答谢、送行、接风洗尘等。私人宴请的特点是宴请的主题与商务无关，而是私人情感的交流，主办者和被宴请者都是以私人身份出现。私人宴请的主要形式有：婚宴、寿宴、纪念宴、迎送宴和节日宴。

（二）商务宴请的形式与特点

1. 宴会的形式与特点

宴会常指以用餐为形式的社会聚会，可以分为正式宴会与非正式宴会。正式宴会往往是为宴请某一专门人员而精心安排的宴会，宴请时往往选择较高档的酒店，讲究排场，对于出席人数、穿着打扮、桌次席位、菜肴数目与品种都要求严格。非正式宴会多用于日常交往，形式简便，重在人际交往，不讲究规模与档次。

宴会的种类繁多，例如：按是否有座位分，可以分为站式宴会与坐式宴会；按服务方式分，可以分为中餐宴会与西餐宴会；按宴请的礼仪分，可以分为欢迎宴会与答谢宴会；按规格分，可以分为国宴、正式宴会与非正式宴会。

下面重点介绍中餐宴会与西餐宴会：

（1）中餐宴会，是指宴请时的菜式与饮品以中式为主，使用中国餐具，采用中国服务程序。它的特点为：1）菜式以传统菜肴为主，同时兼顾地方风味，酒水质量要求高；2）餐具以陶瓷、筷子为主，餐桌为圆桌；3）宴席品种为冷菜、热菜、点心、水果等四大类；4）适应面广，既适用于高规格宴请，也可以用于一般民间聚会。

（2）西餐宴会，是指宴请时的菜式与饮品以西式为主，使用西式餐具，并按西式服务程序和礼仪服务。它的特点为：1）菜式以欧洲菜为主，饮品为西洋酒水；2）环境布置体现西洋风格，餐具使用刀叉；3）西餐采用分食制，就餐者各点各的菜，上菜后，吃完第一道，才吃第二道；4）品种包括开胃品、汤、主菜、甜食等；5）西餐宴席形式多样，服务方式也不尽相同。

2. 招待会的形式与特点

招待会是一种简便、灵活的宴请形式，主要包括商务冷餐会、商务鸡尾酒会、商务自助餐、商务茶会。

（1）商务冷餐会，又称冷餐酒会，是一种客人既可以自由取食又可以在轻松的气氛中与较多友人交谈的站式便宴形式。它类似于自助餐，但比自助餐正式。它的特点是：以冷菜为主，热菜为辅，形式随意，不讲究座次。有主题，重视环境，这是它与自助餐不同的地方。这种宴会多用于欢迎宴请。

（2）商务鸡尾酒会，是西方国家比较传统的一个社交节目，它的形式较为活泼，品格高雅，来去自由，重气氛轻食品。由于它的这些特点，目前越来越流行，在很多场合如开幕式、交接典礼、庆祝会、纪念会等都采用。被邀请参加商务鸡尾酒会的客人一般都要认真修饰一番，如男士要穿西服或小晚礼服，女士要化妆，要穿得正式等。另外，参加商务鸡尾酒会的客人行为举止要优雅，做到彬彬有礼。

（3）商务自助餐。自助餐严格意义上不是一种宴请，多为重要活动中的一个环节，如附属在参观、庆典、会议后的一种接待客人的项目，不是一种独立的正式宴请形式。它的特点是：没有固定的席位，同时接待多人，各取所需，自寻方位，不太重视气氛。

（4）商务茶会是指为了联络、结交朋友而进行的具有对外联络和招待性质的社交性集会。它的特点是：1）借茶引言，通过饮茶品点达到叙情的目的；2）随意就座，茶会多是安排在会议厅或客厅，一般不排席位，为了便于交流，主宾多安排在主人旁边；3）重视茶叶与茶具的选用，招待贵宾时，要求用上好的茶叶，并配备相宜的茶具。

二、宴席入座安排的主要形式

（一）桌次的安排

1. 中餐桌次的安排

中餐的桌次安排要先确定主桌，一般要求是“面门为上，以远为大，居中为尊，以右为尊”。其他桌次以主桌为基准，近为主、远次之，右为主、左次之。

中餐餐桌大多是圆桌，多为8～10人一桌。餐桌的排列方式没有严格的要求，可以根据需要和餐厅的大小以及整体美观来排列。下面是各种桌次排列图：

（1）二、三、六台的桌次安排顺序如图6—1所示。

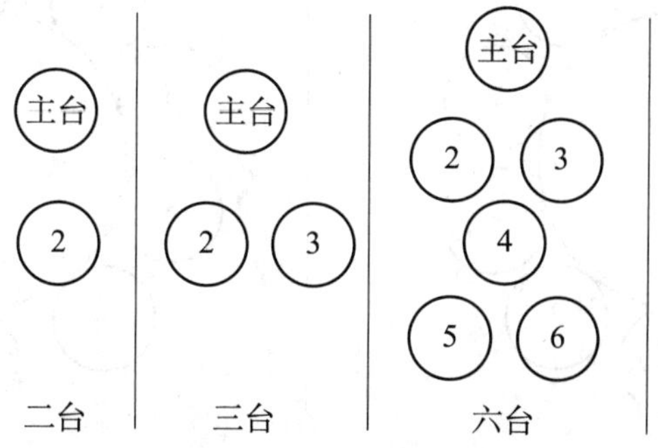

图6—1　二、三、六台的桌次安排顺序

（2）七、八台的桌次安排顺序如图 6—2 所示。

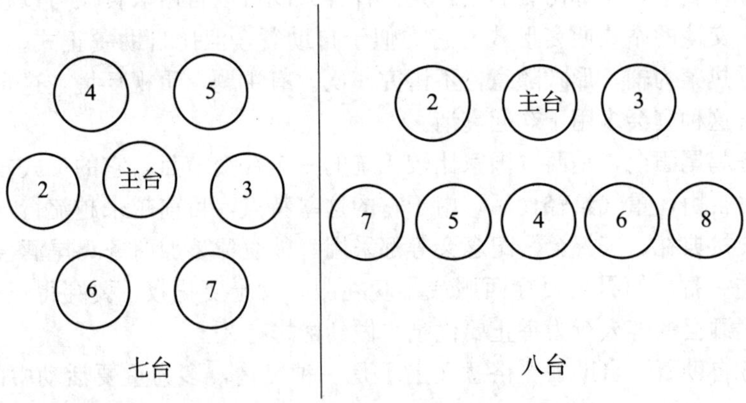

图 6—2　七、八台的桌次安排顺序

2. 西餐桌次的安排

西餐餐桌多采用长方形餐桌，人数多时会采用 T 形。但尽量不用 U 形桌，这种桌多用于谈判，较严肃，不太适合用餐。

西餐的桌次与中餐相同，也是根据与主桌的远近而定，桌次多时，应摆上桌次牌。

（二）座位的安排

1. 中餐座位的安排

中餐座位安排的基本原则是："右高左低，中座为尊，面门为上，观景为佳，临台为上，以远为上"。具体来说，主人都应面对正门而坐，并在主桌坐。如果有多桌，每一桌都要有主桌主人代表。主宾在主人的右侧就座，如果主人和主宾的夫人都出席，则主人的夫人坐副主人位，主宾的夫人坐主人夫人的右侧。

一般中餐座位安排如图 6—3 所示。

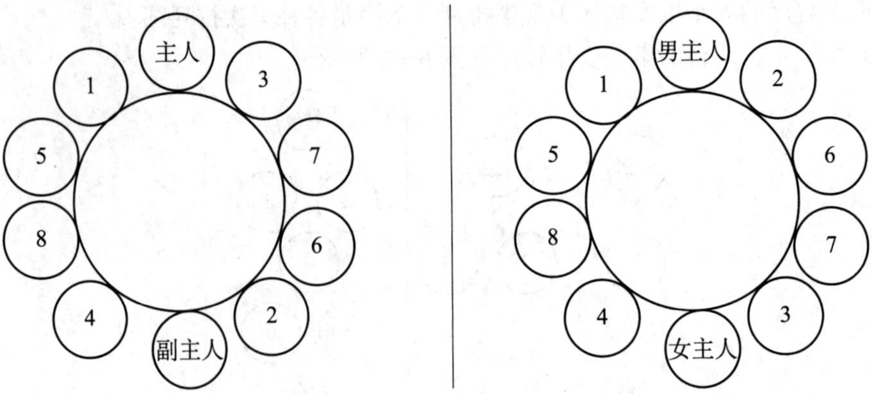

图 6—3　一般中餐座位安排

2. 西餐座位的安排

西餐座位安排的总原则是男女穿插安排、以女主人为准，主宾在女主人的右上方，主宾夫人在男主人的右上方。

常见的西餐座位安排方式如图 6—4 所示。

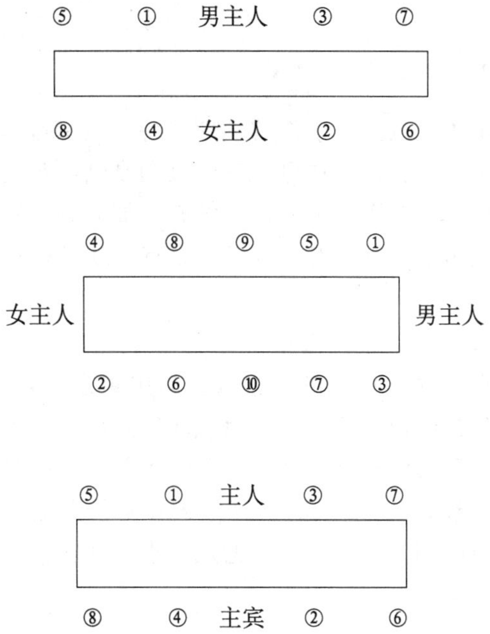

图 6—4　西餐的座位安排方式

任务二

如何宴请与赴宴

【任务描述】

公司副总、人力资源总监、秘书小张共三人，要前往上海浦东陆家嘴一家外资公司举行的 IT 新技术发展高层论坛，晚上一同赴宴。副总询问秘书小张：我们赴宴应该要注意些什么？

一、宴请安排

（一）迎客

作为宴请活动的主人，宴会开始前，其应穿戴整洁，注意自己的仪表，迎接客人前，应该站在门前笑迎客人。如果多位迎客，则职位低的、晚辈在前，职位高的、长辈在后。对每一位客人，要依次打招呼，招呼对方时，可以用姓氏加职务的方式。打招呼要注意不要叫错人，也不要用如大人、老爷等过时的称呼，更不要用绰号。等客人大部分到齐后，再回到宴会场所中来。迎接客人要一视同仁，不要只因招呼一两位重要客人，而忽视其他客人。

（二）引导入席

主人迎接后，可以由主人或主人单位的其他接待人员带客人入席。引导客人时，应让客人走在自己的右侧上手位置，向休息厅或直接向宴会厅走去。休息厅内服务人员帮助客人脱下外套、接过帽子，客人坐下后送上饮料。如果是主宾到来，应由主人陪主宾进入宴会厅主桌，接待人员引导其他客人入席后，宴会就可开始。

（三）相互介绍

如果宴请的客人中有主宾不认识的，主人应向主宾进行介绍。主人向主宾介绍时，要站起来，用正确的手势指向被介绍人，介绍顺序应是先介绍地位低的，再介绍地位高的，如“这位是××公司王总经理助理李女士”，介绍到王总经理时，可以说“这位就是刚提到的××公司王总经理”。如果同桌其他人在身份上差不多，可以从主宾的左边按顺序介绍。介绍内容要简明扼要，有时可增加一点其他信息，如特长等。被介绍人这时可以提交名片给主宾。

（四）致词、祝酒

正式宴会一般都有致词和祝酒。但时间不尽相同。一般是在开宴之前讲话、祝酒、客人致答词。在致词时，全场人员要停止一切活动，聆听讲话，并响应致词人的祝酒，在同桌中间互相碰杯，这时宴会正式开始。

（五）餐中服务

餐中服务一般由酒店的服务人员提供。服务人员前来服务时，主人应看着服务人员用正确的手势指向主宾，并告诉服务人员“这边先来”。如果有女主宾，应让服务人员从女主宾开始，然后再是男主宾。

（六）斟酒

1. 斟酒量

斟酒时，当场打开酒瓶，同桌的酒杯要一致。斟酒量要根据不同的酒类倒酒。白酒、红葡萄酒为八分满，白葡萄酒为六分满，白兰地为横放大肚杯不流出杯口为宜，香槟酒先倒 1/3，等泡沫消失后再倒七分满。啤酒应顺杯倒八成酒、二成泡沫。鸡尾酒为三分满，黄酒为八分满。

2. 斟酒顺序

服务人员斟酒多是应从主宾开始，再主人位，然后按顺时针方向依次为客人斟酒。

主人斟酒时，如果在座的有年长者、职务高的，要先向他们斟酒。如果没有这种情况可以从主宾开始按顺时针方向依次斟酒。一般来说，除了服务人员和主人外，其他客人最好不要自行给别人斟酒。

3.斟酒方法

斟酒时，不要让客人同一个杯喝红酒与白酒。倒酒时，要避免洒到客人身上和客人的桌面，不要让酒瓶碰到酒杯。另外，倒酒时要面面俱到，一视同仁，不能只为别人倒酒，而自己不倒或少倒。

（七）调节气氛

1.当介绍完客人后，参加宴会的人可以自由交谈

作为主人，不宜单独和某人进行忘我长谈，应关注处于宴会边缘、接不上话的沉默的人，要去为他解围，找些他感兴趣的话题。只要与他进行愉快的谈话，其他客人迟早会参与进来。这时，主人可借机自然找其他客人交谈。

2.敬酒

等热菜上桌后，宴会就可以开始了。这时主人要先向客人敬酒（如果宴会有多桌，则主人先祝酒后再向主宾敬酒），敬酒时，主人先敬主宾，说些感谢光临的话，然后热情地喝完第一杯酒。等主宾回敬酒后，主人可向其他客人敬酒，客人也可相互之间敬酒。俗话说“宴会离开酒，气氛将会死”，主人要借助酒调节宴会的气氛，避免宴会沉闷。

3.为了避免喝闷酒，主人要善于找话题

主人找话题时要找安全话题，不要打听别人的隐私，一般可找些当前媒体关注的事件，或者引入别人的话题。也可以直接问对方的兴趣，然后就这个话题进行交谈。

（八）送别

客人离别时，主人应像迎接客人一样站在门口与客人依依握别，当很多客人一起离开时，主人可挥手道别，然后把客人送到门口。送别客人时可以寒暄几句，说些表示抱歉之类的话。如果用完膳休息时，客人提出要走，作为主人如果时间不是太早，不宜强留客人。

二、如何赴宴

（一）应邀

接到邀约后，应当做出积极的反应，给邀请人明确的是否应邀的答复。如果邀请人采用信函的形式邀请，应邀方也要采用书面的形式进行答复。一般情况下，应邀方应尽可能参加，如果不能参加，应在接到邀请时，就给邀请人答复无法参加，并说明理由。给出的理由要充分。

（二）体面赴宴

参加宴会时，要注意整理自己的仪容仪表。在正式宴会中，男士可以穿西装前往，女士则尽可能了解主人的衣着品位或者上司的可能穿着，不能太过随意。男士要对头发进行整理，女士还要注意化妆。在饰物选择上，不宜戴墨镜赴宴。

（三）掌握赴宴时间

赴宴不得迟到，迟到是非常失礼的。但也不可去得过早，去早了主人未准备好，难免尴尬，也不得体。

（四）抵达

抵达后，主人主动迎来握手时，客人应积极响应，并向主人致意。

（五）入座

入座要讲究顺序，应礼让尊长，注意方位，从左入座，背对座椅，轻稳落座。穿裙子的女士入座时，整理好后片裙摆，以免走光。入座后，要保持良好的坐姿，也不要用手撑在桌面上，显出无精打采的样子。同时，也不要将个人用品放在桌面，或在桌前化妆。

（六）餐中

“坐有坐相、吃有吃相”，这是对餐中礼仪的要求。餐中礼仪比较多，但至少应做到：（1）就餐中要约束自己的上下肢体，上肢的动作不能太大，以免影响别人就餐，下肢不可任意伸直，以免踩到别人；（2）用餐时要保持温雅、安静，不可表现出急不可耐；（3）口内有食物时要避免说话；（4）夹菜时要使用公筷，不要用自己的餐具伸入公共餐盘；（5）吃进口里的食物不能吐出来，如果太热可以喝口饮料或水；（6）不可以用筷子与口一起撕食物；（7）夹菜时，要先看准，忌翻转食物；（8）剔牙要用牙签，并用另一只手遮掩，不要用手直接伸入嘴里掏；（9）若要用其他人桌前的调味品，可以让其他客人传递一下，以免伸手时衣袖粘上菜；（10）吃到异味食物或异物时应先吐在纸巾上，然后放在餐碟中；（11）避免在桌上打喷嚏，万一控制不住，应用纸巾捂住朝侧向打，并说声对不起；（12）控制自己的进食速度，应与主人同进度；（13）吃完后，要把餐具摆整齐。

（七）交谈

在宴会中要倾听他人谈话，并积极参与其中，配合主人调节宴会气氛。

（八）退席

1. 中途退席

席间不可以不辞而别，如果有急事需要马上离开，要先告知主人，并向同桌表示歉意，如果不是太急的情况，则等大家吃完后离开。中途离开时要提早说明离席原因，离开时不要影响他人，可以请同桌待久点，并说明自己的确有事要离开，以免扫大家的兴致。离席时要向同性别主人告辞，切忌嘴说走，而又不动。

2. 餐毕退席

餐毕退席，要注意先后顺序，应让长尊先退席。自己起身时要轻稳。离开桌时，要从左边走出，并把椅子移回原位。

（九）话别

当主人来送别时，应向主人表示感谢并道别。

【技能训练】

训练·宴会活动组织情景训练

一、训练目标

通过本训练，学生能够掌握宴会活动组织的方法与要求，掌握宴会前的准备工作和宴会中的各种礼仪。

二、训练方案与要求

（一）背景资料

美华公司在2013年得益于国家促进内需的政策和客户的大力支持，企业收益得到大幅提升。公司为了加强与客户的联系，表达对客户的谢意，在2014年6月召开了大客户联谊会，会后安排了晚宴。根据联谊会筹备组的安排，由秘书小敬安排宴会活动。现在小敬从联谊会筹备组拿来了参加宴会的客户名单表（见表6—1）。

表6—1　客户名单表

姓名	职务	性别	年龄	单位
何思远	总经理	男	50	湖南庆达公司
胡振强	采购部经理	男	35	湖南庆达公司
胡钟秀	总经理助理	女	27	湖南庆达公司
王强辉	总经理	男	48	浙江双元公司
司徒如	副总经理	男	35	浙江双元公司
张一民	采购部经理	男	35	浙江双元公司
巴三金	总经理	男	47	四川友联公司
楚天明	副总经理	男	39	四川友联公司
胡娟云	采购部经理	女	32	四川友联公司
权少东	总经理	男	45	广东富晶公司
麦　穗	采购部经理	女	30	广东富晶公司
冼彩玲	总经理助理	女	25	广东富晶公司

另外，小敬从总经理那里了解到公司2名副经理与销售部5名员工及行政部部长共

9 个人参加宴会。小敬根据上司的指导和公司宴会惯例，向凤凰酒楼订了一个 2 桌的包房，并向酒店服务员确认了菜单，最后制作了宴会座次排列图交给了行政部部长。行政部部长觉得这安排很好。

（二）训练要求

1. 熟悉宴会活动组织工作过程。

2. 熟悉订餐要求。

3. 熟悉座次排列的要领。

4. 熟悉赴宴的礼仪。

（三）训练步骤

1. 分小组，每组 4 人，制定宴会活动组织的计划。

2. 情景模拟：根据计划，先组织 22 个人模拟参加宴会，然后模拟向酒店订桌。

3. 确立每个人的座位，并将员工引到座位前。

（四）训练提示

1. 宴会活动组织计划的重点是活动前的工作安排。

2. 宴会活动组织程序：掌握出席宴会人数及预算经费，了解宾客情况，向酒店订桌及制定菜单，排定位次。

3. 座位排列并进行角色扮演训练。

4. 引导入席情景模拟。

（五）训练作业

1. 每个小组提供活动计划一份，包含座位排列图。

2. 提供一份入席礼仪的视频。

【拓展资源】

宴请与中华传统

一、中国古代宴请座次礼仪

中国自古素来重“礼”，尤其是“食礼”。古有“民以食为天”，说明“食”在古人中的地位很高，与此对应的“食礼”也很有讲究。可以说，中国最早的礼和最普泛、最重要的礼，就是食礼。“夫礼之初，始诸饮食”。餐饮前以食来敬神，是中国古代的一项重要传统，到现在还有地区依然流行这种传统，每天早晨，先用新做出的饭敬神，然后家人才吃饭。还有“食不语，寝不言”（《论语·乡党》）的习俗，其意思就是要求人们在吃食物的时候不能交谈，这也是中国古代的传统饮食礼节。

中国古代的宴会礼节很繁缛，而其中最讲究的又是排宴席上的座次，古人称之为“安席”。两汉以前，“席南向北向，以西方为上”，即以面朝东坐为上。《史记·项羽本纪》中鸿门宴会的座次就是这样安排的：“项王、项伯东乡坐。亚父南乡坐。亚父者，范增也。沛公北乡坐，张良西乡侍。”这里项王、项伯地位最高，因此说明当时以坐西方面向东为上位。不过这是指的“室”内设宴的座礼。而在宫室等主要建筑物前部坐北朝南的“堂”上，则是以南向为最尊，次为西向，再次为东向。隋唐以后，开始了由坐床向垂足高坐起居方式的转变，座次也因之有了新的改变，但座位还是以南向为尊。

在座次上，在中国古代大部分时间为以右为尊，但有时也以左为尊，《老子》中也有“君子居则贵左”、“吉事尚左”的说法。尊左还是尊右，不同时代不尽相同。大致的规律是：春秋以前以左为尊，战国、秦汉时期以右为尊，汉以后至宋这一时期以左为大，元朝右为上，明朝以后又尚左。（参见黎琳：《古汉语中的左右尊卑》）例如，在《红楼梦》中就体现有“以左为尊”的礼仪。《红楼梦》第三回《贾雨村夤缘复旧职　林黛玉抛父进京都》中写贾母召集贾府众姐妹为林黛玉设宴的情节：“贾珠之妻李氏捧杯，熙凤安箸，王夫人进羹。贾母正面榻上独坐，两旁四张空椅，熙凤忙拉黛玉在左边第一张椅子上坐下，黛玉十分推让。贾母笑道：‘你舅母和嫂子们是不在这里吃饭的。你是客，原该这么坐。’黛玉方告了坐，就坐了。”

目前的不取方位，而取远正门者为主桌、以右为尊的礼仪主要是在清中叶后形成的，原因是当时大量使用圆桌，正如袁枚在他所写的诗《园几》中所说：“让处不知谁首席，坐时只觉可添宾”。

二、传统八仙桌的摆放

在清中叶以前，隋唐以后，中国宴会使用的桌子主要是“八仙桌”。那么八仙桌的座位是如何来摆放的呢？

正式的宴请，八仙桌应放在厅堂的中间，并且桌的缝隙应竖对着神龛。如果桌数较多，可以排成“吕”、“品”或“田”字形。有时厅堂排不下，可以摆在室外场地上，这种席称为“田席”。如果桌的缝隙横对着神龛，说明四方为大，不分主次。就一桌来说，如果桌的缝隙对着神龛，这时背靠神龛的一边就是上席。左边为上席，右边为二席。靠首席者为三席，三席对面为四席，三席的下手为五席，五席对面为六席；上席的对面是下席，其中，首席的对面为七席，二席的对面为八席（又称末席）。

使用八仙桌时，要避免坐成“乌龟席”，即在一桌上出现“一对一，二对二”的场面。

宴请与国际惯例

各国宴会因为习俗不同，形成了不同的礼仪与要求，随着国际交流的不断增多，宴会也形成了一些国际惯例。

（1）守时。守时是现代国际交往中共同遵守的道德规范，无论是宴请还是赴宴都要求守时，万一因故不能按时赴约，应向主人和其他来客道歉。

（2）服饰要求。有些宴请对参加宴会的人有服饰上的要求。国际惯例是在邀请函的左下角注明“正式的”（formal）、“非正式的”（informal）、“小礼服”（black tie）和“随意”（casual）等字样。这时赴宴人应按要求穿，免得出现尴尬。

（3）入座。按照国际惯例，入席与退席都是“左入左出”。

（4）位次。举行正式宴会时，座次排列按国际惯例：桌次的高低依距离主桌位置的远近而右高左低，桌次多时应摆上桌次牌。同一桌上席位的高低也是依距离主人座位的远近而定。

（5）女士优先。进入餐厅时，男士应先开门，请女士进入，入座、餐点端来时，都应让女士优先。

（6）正式宴请的环节。正式的宴会应按下列几个程序进行：迎接、小憩、开宴、致词、宴会、休息，最后是告辞。礼貌的主人应在迎接客人到来的宴会厅门口等待客人的到来，并为客人准备好存放衣帽的架子和地方，客人来后，要有服务人员为客人脱掉外套和帽子，把它们放到衣架上，主人则与来宾一一行礼（比如握手等）。

（7）国宴要求挂两国国旗，本国的国旗在左边，被宴请方的国旗在右边。

（8）在宴会上不论是吃东西还是喝酒水，都不要发出刺耳的声响，以免影响他人的食欲。

（9）注意不要选择对方有重要活动或禁忌的日子和时间。对信仰基督教的人士不要选在13号，更不要选择恰逢星期五的13号。确定时间最好事先能征询客人的意见，千万不要按传统习惯，认为自己确定了宴请的时间后再通知客人才显得真诚礼貌，对习惯国际惯例的人士来说，这是失礼的。

（10）侍应顺序应从男主人右侧的女主宾或男主宾开始，接着是男主人，由此自右向左按顺时针方向进行。

民俗民风与宴请禁忌

一、安排菜单的禁忌

（1）美国人不吃羊肉和大蒜，俄罗斯人不吃海参、海蜇、墨鱼、木耳，英国人不吃狗肉和动物的头、爪，法国人不吃无鳞鱼，德国人不吃核桃，等等。在中东信奉伊斯兰教的国家，多数的阿拉伯人不喜欢吃海参、螃蟹等食物，也不食无鳞鱼。在巴基斯坦，禁止吃猪肉，他们喜欢吃牛肉、羊肉和鸡、鸭肉。

（2）对方来自西方国家的人，不要点动物内脏和鸡爪、田鸡腿、蛇、蝎子等对方觉得奇怪和可怕的食物。

（3）穆斯林不吃猪肉。佛教徒不吃荤腥食品，它不仅指的是肉食，而且包括葱、蒜、韭菜、芥末等气味刺鼻的食物。一些信奉观音的佛教徒在饮食中尤其禁吃牛肉，招待港澳台及海外华人同胞时尤其要注意。

（4）宴请外宾时，尽量少点生硬需啃食的菜肴，老外在用餐中不太会将咬到嘴中的食物再吐出来。

二、用筷的禁忌

（1）避免将筷子长短不齐地放在桌子上。这种做法是大不吉利的，通常我们管它叫“三长两短”，其意思是代表“死亡”。

（2）握筷避免用大拇指和中指、无名指、小指捏住筷子，而食指伸出。很多地方认为这种做法是骂人。

（3）忌将筷子的一端含在嘴里，用嘴来回去嘬，并不时地发出咝咝的声响。这种行为被视为一种素质低下的做法。

（4）忌用筷子敲打碗盘，这种行为被看作是乞丐要饭。

（5）忌手里拿着筷子，旁若无人地在桌子上的菜盘里寻找。此种行为是缺乏修养的表现，令人反感。

（6）忌用筷子扒食物，这属于缺乏教养的做法。

（7）忌用筷子往自己的盘子里夹菜时，将菜汤流落到其他菜里或桌子上，这种做法被视为严重失礼。

（8）忌将筷子颠倒使用，这种做法表示饥不择食，是让人看不起的。

（9）忌用一只筷子去插盘子里的菜品，这被认为是对同桌用餐人员的一种羞辱。

（10）忌将筷子插在饭中，这被视为给逝者上香，属不敬行为。

三、餐中的禁忌

（1）与藏族人饮茶不能随便用他人的碗。喝茶时，也不能随便喝干，而是喝一半或一大半，斟满后再喝，最后结束喝茶时也要留下少许，表示茶永远喝不完，财富充足。在藏族，客人一到，喝茶要喝三碗。

（2）苗族人不喜欢吃羊肉，忌讳吃狗肉，禁止杀狗、打狗。在苗族吃糍粑，不能拍了灰再吃。

（3）与维吾尔族人吃抓饭时不要满盘子乱抓或者将抓过的肉食再放入盘内；吃剩的残骨不要乱扔，应放在自己面前的餐布上；用餐时外出不可从餐布上跨过或者从客人面前走。

（4）我国很多地区整鱼上桌，吃完一面以后绝对不能说“翻过来”。尤其是座席上有司机、船员的时候更不能说，他们认为这是不吉利的话，正确的说法是“转过来”。

（5）我国很多地区视用残碗为讨饭，所以桌上不能摆放边缘有破损的碗。

（6）我国很多农村地区忌讳餐具与人数不合，因为只有在祭祀时才会多出一套餐具。

（7）日本人用餐的禁忌有：忌用一双筷子依次给别人夹菜，忌将筷子插在米饭中，忌用半途筷、游动筷、碎筷、窥筷、刺筷、签筷、泪筷及吮筷。

（8）法国人用餐的禁忌有：忌讳吃狗肉，不吃肥肉、宠物、肝脏之外的动物内脏、无鳞鱼和带刺的鱼，忌吃核桃或当作礼物送人。

（9）英国人用餐的禁忌有：主要不吃狗肉，不吃过咸、过辣或带粘汁的菜肴；吃饭时忌讳刀叉碰响杯盘；忌讳将盐碰洒。

（10）德国人忌吃核桃。

（11）穆斯林一般认为左手是脏的，忌用左手给人传递物品，特别是食物。

（12）在穆斯林家里做客，主人有时用右手抓一些肉、米饭分给大家，这时不要拒绝，不能表现出为难的样子，不愿意接受。

模块七

信息收集与整理分析

【模块导读】

办公室工作的主要职责之一就是为领导决策提供内部性很强、参考色彩很浓的信息。这些信息中，有情况、有分析、有建议，能开拓思路、启迪思维，因而也最有价值，对领导进行科学决策最有用处。秘书和秘书部门要获得真实、可靠、有价值的信息，都离不开调查研究；而在收集到大量有价值的信息后，就必须加以整理分析，合理筛选，只有这样才能形成对领导决策有力的依据。离开了调查研究，信息就失去了来源，数量和质量都难以得到保证；忽略了科学的整理分析，信息的价值就得不到有效的挖掘。

本模块重点介绍工作信息收集、信息整理分析的基本方法和程序。

项目一

工作信息收集

【学习目标】

任务分布	任务名称	知识目标	能力目标	学时
岗位任务 1	信息调研的程序	1. 了解信息的定义与基本价值 2. 熟悉信息收集的基本内容和基本要求	能够做好企业信息调研的前期准备工作	2
岗位任务 2	信息调研的实施	掌握企业信息收集的基本方法与程序	1. 能够根据现实情况，选择合适的调研方法 2. 能够完成常见的专项调研报告	2

【案例导入】

“失败的新可口可乐”市场调研案例

曾经在朋友处听到这样一个美国式的幽默，假若你在酒吧向侍者要杯可乐，不用猜，十次他会有九次给你端出可口可乐，还有一次呢？对不起，可口可乐卖完了。可口可乐的魅力由此可见一斑。在美国人眼里，可口可乐就是传统美国精神的象征。但就是这样一个大品牌，20 世纪 80 年代中期却出现了一次几乎致命的失误。

百事可乐以口味取胜：20 世纪 70 年代中期以前，可口可乐一直是美国饮料市场的霸主，市场占有率一度达到 80%。然而，70 年代中后期，它的老对手百事可乐迅速崛起，1975 年，可口可乐的市场份额仅比百事可乐多 7%；9 年后，这个差距更缩小到 3%，差距微乎其微。

百事可乐的营销策略：一是针对饮料市场的最大消费群体——年轻人，以“百事新一代”为主题推出一系列青春、时尚、激情的广告，让百事可乐成为“年轻人的可乐”；二是进行口味对比，请毫不知情的消费者分别品尝没有贴任何标志的可口可乐与百事可乐，同时百事可乐公司将这一对比实况进行现场直播，结果是，有 8 成的消费者回答百事可乐的口感优于可口可乐，此举马上使百事可乐的销量激增。

对手的步步紧逼使可口可乐公司感到了极大的威胁，它试图尽快摆脱这种尴尬的境地。1982 年，为找出可口可乐衰退的真正原因，可口可乐公司决定在全国 10 个主要城市进行一次深入的消费者调查。

可口可乐公司设计了一些问题："你认为可口可乐的口味如何?""你想试一试新饮料吗?""可口可乐的口味变得更柔和一些，您是否满意?"通过对这些问题的调查，可口可乐公司希望了解消费者对可口可乐口味的评价并征询对新可乐口味的意见。调查结果显示，大多数消费者愿意尝试新口味可乐。

可口可乐公司的决策层以此为依据，决定结束可口可乐传统配方的历史使命，同时开发新口味的可乐。没过多久，比老可乐口感更柔和、口味更甜的新可口可乐样品便出现在世人面前。

为确保万无一失，在新可口可乐正式推向市场之前，可口可乐公司又花费数百万美元在 13 个城市中进行了口味测试，邀请了近 20 万人品尝无标签的新/老可口可乐。结果让决策者们更加放心，6 成的消费者回答说新可口可乐的味道比老可口可乐的要好，认为新可口可乐的味道胜过百事可乐的也超过半数。至此，推出新可乐似乎是顺理成章的事了。

可口可乐公司不惜血本协助瓶装商改造了生产线，而且，为配合新可乐上市，可口可乐公司还进行了大量的广告宣传。1985 年 4 月，可口可乐公司在纽约举办了一次盛大的新闻发布会，邀请 200 多家新闻媒体参加，依靠传媒的巨大影响力，新可乐一举成名。

看起来一切顺利，刚上市一段时间，有一半以上的美国人品尝了新可乐。但让可口可乐公司的决策者们始料未及的是，噩梦正向他们逼近——很快，越来越多的老可口可乐的忠实消费者开始抵制新可乐。对于这些消费者来说，传统配方的可口可乐意味着一种传统的美国精神，放弃传统配方就等于背叛美国精神，"只有老可口可乐才是真正的可乐"。有的顾客甚至扬言将再也不买可口可乐。每天，可口可乐公司都会收到来自愤怒的消费者的成袋信件和上千个批评电话。尽管可口可乐公司竭尽全力平息消费者的不满，但他们的愤怒情绪犹如火山爆发般难以控制。

迫于巨大的压力，决策者们不得不做出让步，在保留新可乐生产线的同时，再次启用有近 100 年历史的传统配方，生产让美国人视为骄傲的"老可口可乐"。仅仅 3 个月的时间，可口可乐公司的新可乐计划就以失败告终。尽管公司前期花费了 2 年时间、数百万美元进行市场调研，但可口可乐公司忽略了最重要的一点——对于可口可乐的消费者而言，口味并不是最主要的购买动机。

思考：

从此案例中，你可以得到什么启示?

任务一

信息调研的程序

【任务描述】

公司业务部上半年业绩显示：随着产品原料成本的上涨以及同行竞争的加剧，要完成2015年的公司业绩预定指标，会遇到较大困难。为确保公司管理与业务发展的稳步提升，完成年度计划，公司总经理办公会议决定，全体业务骨干人员、技术研发人员近期认真做一次行业发展状况调研，行政事务部是主要执行部门，要做好前期准备、方案设计工作。作为秘书，你认为应该从哪些方面去做好这项工作?

一、信息调研认知

现代社会是信息化社会，在这样的信息环境中，对信息的更多掌握可以让企业在激烈的市场竞争中占据更用利的位置。由此，企业信息工作越来越突显其重要性。

从概念上来说，企业信息工作是指对企业生产经营活动所需资料数据的收集、处理、传递、贮存等管理工作。做好企业信息工作，可以服务决策，也可以推动工作更快、更好地向前发展。

（一）信息收集的主要内容

信息收集是做好信息工作的前提。信息收集得是否完善、高效、准确，直接影响到信息工作的成效。要做好企业信息收集工作，首先必须了解企业信息收集的内容对象。

1. 市场信息

与产品或行业市场相关的信息，如产品价格、产品规格性能、行业市场需求情况等。

2. 客户信息

企业相关客户的背景信息，包括客户信用状况、客户需求特点等。

3. 行业信息

行业最新发展情况信息，包括最新产品的研发信息、行业前沿技术开发信息等。

4. 金融及法律政策信息

与企业发展相关的金融借贷、相关法律政策信息。

5.企业日常运营信息

企业运营过程中所需的日常管理信息，包括产品生产信息、库存信息、人力资源信息等。

（二）信息的主要来源

1.通过网络或其他媒体渠道获得信息

社会电子信息网络的普及及多种媒体信息传播的便利，使得企业获知信息的渠道大大拓宽。互联网无疑在众多信息获取手段中以速度快、信息量大、付费少的特点而受到青睐。近年来，伴随着物联网、云计算、移动互联网等新技术的迅猛发展，数据正以前所未有的速度不断增长和积累，大数据时代已经到来，这引起了产业界、学术界、科技界和政府机构的广泛关注。

2.通过调研获得信息

调研是企业获知信息的一种重要方法。专项调研的目的在于从零散的市场信息中收集、整理和提炼出有价值的信息和数据，并通过系统的论证全面阐述市场特性，为准确制定企业决策提供依据。

3.通过内部及外部关系获得信息

通过企业间的业务往来、人员往来及纵向管理从属关系获得信息。

（1）企业可以充分利用自己内部积累起来的各方面资料获知信息。这些资料包括：财务会计资料，特别是资金动用信息、未付账款信息和应收账款信息；企业统计资料，如生产数据、销售数据、营业额数据、广告数据、存货数据、成本信息和财务信息等；企业成本资料，如企业的成本预算情况、成本决算情况和成本核算结果；短期经营信息，如每月经营核算结果、每月上缴企业员工社会保险费用等。

（2）可从政府统计资料中获知相关信息。例如：国家统计局发布的国民经济运行情况数据，如统计年鉴、人口和收入统计等；政府发布的行业统计资料，如商业企业名录；政府发布的税赋报告、物价水平统计等；地方政府发布的统计报告，如各省政府统计报告。这种统计报告大体有这么几类：人口与就业情况报告；制成品物价水平与价格指数统计；消费水平报告，如对居民收入和水平的抽样调查，说明平均居民户的收入来源和水平、开支水平与开支结构等。

（3）从行业统计资料中获知信息。各行业协会会定期出版一些刊物，从这些刊物上获取信息是企业对行业了解的一个有效途径。

二、信息调研的基本流程

（一）确定调研目标

调研的目的在于帮助企业准确地做出经营决策，在市场调研之前，须先针对企业所面临的市场现状和亟待解决的问题，如产品销量、产品寿命、广告效果等，确定市场调研的目标和范围。

（二）确定所需的信息资料

市场信息浩如烟海，企业进行市场调研必须根据已确定的目标和范围收集与之密切相关的资料，而没有必要面面俱到。纵使资料堆积如山，如果没有确定的目标，也只会事倍功半。

（三）确定资料收集方式

企业在进行市场调研时，收集资料必不可少。而收集资料的方法极其多样，企业必须根据所需资料的性质选择合适的方法，如实验法、观察法、调查法等。

（四）收集现成资料

为了有效地利用企业内外现有的资料和信息，首先应该利用室内调研方法，集中收集与既定目标有关的信息，这包括对企业内部经营资料、各级政府统计数据、行业调查报告和学术研究成果的收集和整理。

（五）设计调查方案

一个完善的市场调查方案一般包括以下几方面内容。

1. 调查目的要求

根据市场调查目标，在调查方案中列出本次市场调查的具体目的要求。

2. 调查对象

市场调查对象一般为调查专项内容设计的当事人或单位。如对婴儿食品的调查，其调查对象一般应以孩子的母亲为主；如对于化妆品，调查对象主要选择女性。

3. 调查内容

调查内容是收集资料的依据，是为实现调查目标服务的，可根据市场调查的目的确定具体的调查内容。如调查消费者行为时，可按消费者购买、使用、使用后评价三个方面列出调查的具体内容项目。

4. 调查表

调查表是市场调查的基本工具，调查表的设计质量直接影响市场调查的质量。设计调查表要注意以下几点：

（1）调查表的设计要与调查主题密切相关，重点突出，避免可有可无的问题。

（2）调查表中的问题要容易让被调查者接受，避免出现被调查者不愿回答或令被调查者难堪的问题。

（3）调查表中的问题次序要条理清楚，顺理成章，符合逻辑顺序，一般可遵循的顺序有：容易回答的问题放在前面，较难回答的问题放在中间，敏感性问题放在最后；封闭式问题在前，开放式问题在后。

（4）调查表的内容要简明，尽量使用简单、直接、无偏见的词汇，保证被调查者能在较短的时间内完成调查表。

5.调查范围与样本的抽取

调查地区范围应与专项调查内容相一致。当在某一城市做市场调查时，调查范围应为整个城市；但由于调查样本数量有限，调查范围不可能遍及城市的每一个地方。

调查样本要从调查对象中抽取。样本的抽取数量可根据市场调查的准确程度的要求确定，市场调查结果准确度要求愈高，抽取样本数量应愈多，但调查费用也愈高，一般可根据市场调查结果的用途情况确定适宜的样本数量。

6.资料的收集和整理方法

市场调查中，常用的资料收集方法有调查法、观察法和实验法。一般来说，前一种方法适宜于描述性研究，后两种方法适宜于探测性研究。资料的整理方法一般可采用统计学中的方法，利用 Excel 工作表格，可以很方便地对调查表进行统计处理，获得大量的统计数据。

（六）组织实地调查

实地调查需要调研人员的直接参与，调研人员的素质影响调查结果的正确性，因而首先必须对调研人员进行适当的技术和理论训练，其次应该加强对调查活动的规划和监控，针对调查中出现的问题及时调整和补救。

任务二　信息调研的实施

【任务描述】

公司调研方案已经完成，马上进入调研阶段。公司上层要求行政事务部抓好调研的方法指导和调研督查。秘书小张是该项工作的主要负责人。

市场调研的方法有很多，并且仍在不断更新完善中，主要分为定量研究方法和定性研究方法两种。传统的方法有深度访谈、焦点小组座谈会、二手资料收集、问卷调查、实地观察法等。而随着计算机和网络技术的高速发展，网络调研以其操作简便和成本低的特点也成为调查研究的重要方法，得到越来越多广泛的应用。上述每种方法具有不同的特点，适用于调研的不同阶段，对所需资源的要求也不同。什么情况下采用什么方法，是采用定量研究还是定性研究，将对研究结果产生重大甚至决定性的影响。市场调研人员只有理解各种方法的关键特性和适用环境，才能合理运用这些方法，达到调研的目的。

一、深度访谈

深度访谈可以采用正式或者非正式的方式。它主要应用于市场调研的开始阶段，目的是初步了解市场行为和模式，从而确定下一步的调研主题。顾名思义，访谈要做到深入和丰富地理解访谈对象，这需要访谈人努力营造相互信任的气氛，掌握提问的技巧，注意倾听。

二、焦点座谈会

经验表明，座谈会人数控制在8～12人为最佳，并且要求具有一定的特征共性，比如都是大学生。调研人员在座谈会前要适当备课，包括参会人员的档案分析、深度访谈等。

主持人是座谈会成功的关键因素，需要对现场有良好的驾驭能力。主持人可提前设计合适的问题，以引导消费者对焦点问题的关注，还可以融入游戏的方式，如请消费者小组一起来虚拟设计一个新品牌等。座谈会的主要成果是对消费者的谈话内容进行客观、全面的收集与整理。

三、二手资料收集

二手资料收集是对已发表的信息的搜集和提炼。它的优点是经济、快捷，互联网的普及使得这一优点更加突出。二手资料的主要缺陷是针对性不强，即这些资料是根据他人的调查需求而制定的，也许并不适合本公司的特殊情况，尽管可以加工提炼，但是数据的准确性和针对性还是大打折扣。因此，调研人员可以把二手资料收集作为调研的开端，用来帮助做进一步分析，以明确今后的调研主题和方向。

以上三种方法都是定性研究方法，适用于调研前期。

四、问卷调查

问卷调查法是一种定量研究方法，它主要用来验证根据定性研究形成的假设意见。

设计合理的问卷是关键成功因素之一。调研人员在运用此方法前要做充分准备，借助深度访谈和焦点小组等方法，分析结果和提出消费行为的假设意见。编制问卷要结合假设意见，设计问题要以验证假设意见为主要目的。

问卷调查的另一个关键因素是样本容量。样本容量一般理解是越大越好，但是这就意味着成本的增加。其实，合理的样本容量足以起到准确、有效的作用，还能够大幅降低成本。当然，如果出于费用考虑而导致样本容量明显不足，那就不能采用这种方法。时间成本的限制可以考虑将该任务外包。有效的调查问卷能够取得一手的市场数据资料，是企业决策的重要参考资料。

五、实地观察

实地观察是在周详严密的架构之下，由调查人员直接向被访问者搜集、掌握第一手资料的相互来往过程。第一手资料又称为初级资料，是指首次搜集到的资料，由调查人员利用眼睛以直接观察具体事项的方式搜集资料。例如，调查人员到被访问者的厨房去观察食用油品牌及包装情况等。

六、网络调研

网络调研得益于网络技术的高速发展。如前所述，网络调研具有操作简便和成本低的特点，很容易获得更大的样本容量。它实际上不是对传统调研方法的革新，而只是把它放在网络上完成。但是，作为特例，刷卡消费、网上购物、电子商务等一系列革新带动产生了庞大的电子消费数据库。通过分析日积月累的消费记录，厂商发现，宝贵且真实的市场数据资料唾手可得。电子消费数据库是真正意义上对传统市场调研方法的革新。如前所述，网络调研要求企业对客户消费信息实现电子化，并且需要长时间的积累，只有这样才能构造有指导意义的数据库。

【技能训练】

训练·调查问卷的编制

一、训练目标

通过本训练，学生能够掌握调查问卷编制的基本方法及原则。

二、训练方案与要求

（一）背景资料

中华旅行社是一家全国性的旅行服务公司，已经有 10 多年的历史。公司的宗旨是发展越野旅行服务，包括爬山、溯溪、徒步旅行、野营等。公司有专业训练的指导人员以及各种旅游设施。其分公司遍布全国各省市。

越野旅行活动与一般的观光旅游活动完全不同，它是锻炼参加者意志的独特活动。这项活动由专业人员带领，适合由 10～15 人组成的小组，主要的旅行活动有野营、爬山、游泳、徒步行走等。预计这项活动的参加者能为企事业单位带来以下好处：发展内在和外在的业务联系和领导才能，培养员工之间合作的关系和解决冲突的能力，加强体力和精神上的磨炼，使参加的员工有一次难忘的经历。

越野旅行服务的市场包括两个方面：一是一些专业运动人员，他们把越野旅行作为职业训练的一个过程；二是待开发的各类事业单位的员工。目前越野旅行公司对事业单位这个市场尚不熟悉，因此有必要进行初步的行销研究，以了解这个市场的区隔及市场大小、性质、需求等。

从广义上讲，目前越野旅行活动的竞争对手是观光旅游活动（到名胜地点或休闲地点游览）。但现在还没有任何一家公司向企业提供越野旅行服务。目前，企业为其员工举办的户外旅游活动已越来越普遍。中华旅行社希望通过此次调查，能发掘越野旅行服务市场的潜在需求，把公司的旅行项目办得更符合企业机构的特定需求。

基于上述分析，中华旅行社决定开发此市场。决策的制定将以市场调研所获得的资料为基础。

（二）训练要求

1. 阅读以上案例，然后根据调研需要设计包含 20 个左右问题的问卷一份。

2. 要求学生在电脑上完成问卷编制，排版后发邮件到教师指定的邮箱，并交打印稿一份。

（三）训练步骤

1. 指导学生认真阅读背景资料及训练要求。

2. 分析背景资料的主要内容以及本次训练目的。

3. 讲解问卷编制的要点。

4. 布置训练任务。

（四）训练提示

问卷编制目标设定：

1. 总体目标：判断企业对越野旅行活动的需求程度和性质。

2. 具体目标之一：研究这种需求如何随企业的类型（行业、地理位置、规模等）而变化。

（1）有些事业机构常举办一些创新的活动，以提高企业员工的生产力和满意度。这类企业对越野旅行活动是否会更容易接受。

（2）大机构比小机构是否更容易接受越野旅行活动。

（3）越野旅行活动参加的可能性是否与企业对这些活动所预见的危险性程度有关。

3. 具体目标之二：辨别事业机构选择哪类职员参加这样的越野旅行活动。问卷调查对象设定：

（1）中高级管理人员、绩效佳的职员。

（2）不同部门的职员。

（3）企业是否会让参加者家人同行。

（4）企业是否可能让企业外的人参加（购买者、供应商、银行等）。

4. 具体目标之三：调查企业从这样一种越野旅行活动中寻求何种效用，且这种效用是否会随企业类型的不同而改变。

5. 具体目标之四：了解企业单位希望越野旅行服务提供何种服务，且服务项目取决于旅行的时间和所寻求的效用。

6. 具体目标之五：收集对越野旅行服务的一般看法。

【拓展资源】

调研三忌

调研是一门科学，调研的过程就是一个求真求实的过程，是去伪存真、去粗取精、由表及里、由此及彼的过程。党政机关调研的目的是摸清情况、研究问题，为领导决策提供参考。调研的结果如何，事关决策的正确与否，事关事业的成败，因此调查研究容不得半点马虎和虚假。

党政机关调研应注意“三忌”。

一忌“先入为主”

据说宋朝大文豪王安石当考官时，在审阅一考生的卷子时发现有这么一句“明月当头叫，黄犬卧花心”，觉得很不妥。这朗朗明月，怎么能开口叫呢？小小花心，如何容得下黄犬？他于是挥笔改为了“明月当空照，黄犬卧花荫”。结果这个考生名落孙山。一年后，王安石到了南方的潮州，发现当地果然有一种小鸟叫“明月”，有一种小昆虫叫“黄犬”，当时后悔不迭：“错了，错了，是我错了！”

王安石错改考生卷子的原因就在于先入为主。一代名师，只注意事物的普遍性，而忽视了其特殊性，竟因主观臆断，改写失实，让“十年寒窗苦”的考生落榜，留下千古笑谈。

这件事对调研工作者来说，应引以为戒。先入为主式的调研，是脑子里带着框框去思考和判断问题，用已有的经验作为论据，推出结论；或者调研之前脑子里已有了观点，然后到实践中找论据；或者从经典著作、红头文件等已有定义或论断出发，按照他人意图对号入座，根据需要去裁剪事实。凡此种种，得出结论，必然削足适履、以偏概全、一叶障目，只知其一、不知其二，只知其表、不知其里，只知一般、不知特殊，以致铸成大错。

调研是主观见之于客观的实践活动。调研如源头活水，一切正确的观点、科学的结论都产生于调研之后。“没有调查就没有发言权。”要想防止先入为主，调研人员就要树立实践第一、调研为先的观点，深入实际了解情况，研究问题，有所认识、有所发现，从而认清事物的本来面目，得出符合实际的正确结论；就要坚持科学的态度、实事求是的精神，观察问题、研究思考问题，一是一、二是二，不带框框找论据，不凭主观得结论；就要坚持辩证的思维、全面的方法，观察和了解情况、思考问题，既注意事物的普遍性又注意事物的特殊性，防止一叶障目、以偏概全，把个别的、特殊的问题作为普遍的、一般的问题来认识和对待。

二忌“随大流”

王安石在《游褒禅山记》中写道：褒禅山前洞“其下平旷，有泉侧出”，故“记游者甚众”；而后洞“有穴窈然”，“入之愈深，其进愈难”，“则至者少”。而那些游者岂不知“其进愈难，而其见愈奇”，“世之奇伟、瑰怪，非常之观，常在于险远”。事物的真谛往往在于常人难以发现的地方。所以王安石慨叹：“悔其随之”，“不得极夫游之乐”。

王安石所言“悔其随之”启示我们，调研切忌“随大流”，人云亦云。现实生活中，有些调研人员在调研过程中，听风就是雨，满足于走马观花、蜻蜓点水式地转一转，所接触的只是肤浅、零碎、表面、片面的东西，没有自己的观点，更没有独到的见解，结果常常是“月亮走，我也走”，人云亦云，人错我亦错。有这样一则笑话：某君一日闲逛街头，忽见一长队绵延，赶紧站到队后排队，唯恐错过购买紧缺必需品的机会。等到队伍拐过墙角，才发现大家原来是排队上厕所，不禁哑然失笑。这是在现实生活中“随大流”闹出的笑话。2006 年以来，猪肉价格大幅度上涨，有专家放言：“猪肉价格已到顶点，不会继续上涨，高价猪肉也不会持续很长时间。”随后国家农业部和地方各级政府官员、专家也跟风说“肉价不会再涨了”。而实际结果是，猪肉价格连续飙升，引起物价连锁上涨，导致各级政府工作十分被动，为发展生猪生产，又是召开发展生猪生产紧急电视电话会议，又是出台鼓励生猪生产的政策文件。直到 2007 年下半年，生猪生产才得到基本恢复，猪肉价格才基本趋于稳定。

价值决定了调研成果的高低，而价值往往蕴藏在事物的深处，在常人难以发现的地方。“世之奇伟、瑰怪，非常之观，常在于险远，而人之所罕至焉，故非有志者不能至也。”同理，调研要获得有价值的成果，就要深入，只有入之愈深，才能所见愈奇。“涉浅水者见鱼虾，入深水者见蛟龙。”调研人员必须深入观察，实地了解一线情况，找准问题的症结和矛盾的焦点，溯本求源，才能真正掌握全面、翔实的第一手材料，把握事物的全貌，深入探究事物的本质，挖掘他人未发现的问题。调研不仅要“身入”，更要“心入”，“身入”是深入实际了解情况的过程，而“心入”则是深入分析、综合思考的过程，是准确把握问题实质的关键环节。调研人员只有做到身到心到、身心合一，才能从纷繁复杂的现象中抓住事物本质，把那些有价值的东西挖掘提炼出来，正所谓“千淘万漉虽辛苦，吹尽狂沙始到金”。

三忌“想当然”

苏轼在《石钟山记》中谈到石钟山名字的来历时，列举了前人的考证。南北朝《水经注》作者郦道元认为，石钟山因“水石相搏，声如洪钟”而得名。唐朝诗人王勃到石钟山察访，双手用石敲击，其声宏大清越，则以为石钟山因击石如钟声而得名。苏轼为求证这些说法的正确性，月夜泛舟石钟山绝壁之下，听到从水上传来阵阵洪亮声音，“如钟鼓不绝”，结果发现山下有石穴，深浅莫测，两山之间入港口处有大石挡住水流，其石中间是空的，有很多洞穴，水流冲击山下石穴和水中石洞，发出钟鼓之鸣，从而弄清了石钟山之名的真正由来。

苏轼等人考证石钟山名字的由来，得出的结论各不相同。郦道元和王勃是凭借简单的了解得出的结论，相当大的成分是建立在主观臆断基础上的。而苏轼的结论是亲临其境实地考察得出的，是建立在深入观察了解和科学研究思考基础上的。两者考证的基础不同，自然得出的结论不同。

苏轼为石钟山之名正源告诉我们，调研不能“想当然”。在调研过程中，有些调研人员虽然到了现场，但只是走马观花、浅尝辄止，蜻蜓点水式地点到即止，不深入调研；或者搞形式主义，摆花架子，以偏概全，把现象当本质；或者盲人摸象，抓住一点不及其余，从而得出不符合实际的结论。世界上的事物纷繁复杂。调研人员只有以科学求实的精神、踏踏实实的态度，深入调研、思考，由此及彼、由表及里地分析研究问题，才能抓住事物的本质，发现事物的真谛，得出符合实际的结论，为领导决策提供科学、正确的依据。

调查问卷设计的一般要求

问卷设计是一项十分细致的工作，一份好的问卷应做到：内容简明扼要，信息包含要全；问卷问题安排合理，合乎逻辑，通俗易懂；便于对资料进行分析处理。

一、调查问卷总体结构

一份问卷通常由三部分组成：前言、主体内容和结束语。

问卷前言主要是对调查目的、意义及填表要求等的说明，包括问卷标题、调查说明及填表要求。前言部分文字须简明易懂，能够激发被调查者的兴趣。

问卷主体内容是市场调查所要收集的主要信息，它由一个个问题及相应的选择项目组成。通过对主体部分问题的设计和被调查者的答复，市场调查者可以对被调查者的个人基本情况和对某一特定事物的态度、意见倾向以及行为有较充分的了解。

问卷结束语主要表示对被调查者合作的感谢，记录下调查人员姓名、调查时间、调查地点等。结束语要简短明了，有的问卷也可以省略。

二、问卷设计必须注意事项

调查问卷中提问要合理、问题排列要科学，这样可以提高问卷回收率和信息的质量。

首先，问卷中文字要表达准确，不应使填卷人有模糊认识，如调查商品消费情况，使用“您通常喜欢选购什么样的鞋?”就是用词不准确，因为对于“通常”、“什么样”的含义不同的人有不同的理解，回答各异，不能取得准确的信息。若改为具体的问题：“您外出旅游时，会选购什么牌子的旅游鞋?”这样表达就很准确，不会产生歧义。

其次，问卷要避免使用引导性的语句。如设计问卷时，“××牌子的旅游鞋质优价廉，您是否准备选购?”这样的问题将容易使填表人由引导得出肯定性的结论或对问题反感，简单得出结论，这样不能反映消费者对商品的真实态度和真正的购买意愿，所以产生的结论也缺乏客观性，结果可信度低。

再次，问卷问句设计要有艺术性，避免对填卷人产生刺激而不能很好地合作。

最后，问卷不要提不易回答的问题。这里可能有两种情况。一种是涉及填卷人的心理、习惯和个人生活隐私而不愿回答的问题，即使将其列入问卷也不易得到真实的结果。遇有这类问题，如果实在回避不了，可列出档次区间或用间接的方法提问。如调查个人收入，如果直接询问，不易得到准确的结果，而划分出不同的档次区间供其选择，效果就比较好。另一种是时间久、回忆不起来或回忆不准确的问题。

此外，还有一个要注意的问题是：问卷总的措辞要注意，也即将已定类型和内容转化为标准提问的依据以及被调查者能够理解并根据其回答的问题。措辞不当往往会使被调查者误解题意或拒绝回答，引起计量误差，从而直接影响数据质量，事后弥补非常困难，而且成本太高。

三、问卷问题设计典型案例分析

典型案例1：

客户对某产品的价格和服务质量感兴趣，询问消费者：“您对它的价格和服务质量满意还是不满意?”

分析：该问题实际上包括价格和服务质量两个方面的问题，结果是“对价格不满意”、“对服务质量不满意”或“对价格和服务质量不满意”的被调查者可能回答“不满意”，该结果显然得不到客户想了解的信息。因而，该问题应分为两个问题询问：

“您对它的价格满意还是不满意?”

“您对它的服务质量满意还是不满意?”

这样，客户可以分别得到某产品的价格和服务质量方面的信息。

典型案例2：

某公司想把某电视节目制作成VCD盘，并调查其潜在市场，所设计的问卷中标题和说明部分均表明调查是关于该电视节目的。问卷首先要求被调查者列举最喜欢的三个电视节目（开放题），结果该节目名列榜首，98%的被调查者声称最喜欢该节目。

分析：显然问题结果是有偏差的，原因是标题和说明部分给出了该节目的名称，使得被调查者先对该节目产生或加深了印象，从而诱导被调查者在回答自己喜爱的节目时，有意无意地给出了这一节目名称，导致结果再现偏差。

典型案例3：

问题：A. 您至今未买电脑的原因是什么?

（a）买不起　（b）没有用　（c）不懂　（d）软件少

B. 您至今未购买电脑的主要原因是什么?

（a）价格高　（b）用途较少　（c）性能不了解　（d）其他

分析：显然B组问句更有艺术性，能使被调查者愉快地合作。而A组问句较易引起填卷人反感、不愿合作或导致调查结果不准确。

项目二

信息整理分析

【学习目标】

任务分布	任务名称	知识目标	能力目标	学时
岗位任务1	信息的统计与整理	了解信息统计与整理的基本原则	能够进行信息的统计与整理工作	2
岗位任务2	调研的分析与归纳	了解调研分析归纳的基本方法	能够进行调研的正确分析与归纳	2
岗位任务3	秘书的决策参谋	熟悉秘书的决策参谋方法	能够为领导进行科学决策提供优质、高效的服务	2

【案例导入】

皇冠大酒店顾客满意度评估分析

皇冠大酒店通过对800名顾客进行抽样调查（问卷调查），获得如下汇总数据（见表7—1），你可以通过这些数据得出什么结论？

表7—1　　皇冠大酒店顾客满意度抽样调查结果

项目	很满意	较满意	一般	不满意	很不满意
1. 进店接待	170	180	250	150	50
2. 手续办理	178	188	260	138	36
3. 大堂布置	180	230	260	90	40
4. 大堂设施	180	230	260	90	40
5. 大堂卫生	180	190	248	142	42
6. 客房布置	188	192	256	144	40
7. 客房设施	150	160	240	150	100
8. 客房卫生	148	162	250	140	100
9. 客房服务	180	195	258	97	70
10. 客房用品	148	160	252	148	92
11. 水电供应	200	260	278	50	12
12. 通信	200	250	288	40	22
13. 电视	200	250	288	40	22
14. 服务态度	150	160	250	140	100
15. 投诉处理	140	170	250	130	110
16. 餐厅布置	156	200	300	84	60
17. 餐厅设施	156	200	300	84	60
18. 餐厅卫生	160	200	300	130	110
19. 餐厅服务	150	180	240	130	100
20. 饭菜品种	150	160	250	140	100
21. 饭菜卫生	140	170	250	130	110
22. 饭菜分量	150	180	250	120	100
23. 饭菜档次	150	160	250	130	110
24. 饭菜价格	150	160	250	130	110
25. 饭菜色香味	140	150	230	160	120
26. 碗筷餐巾	150	180	250	120	100
27. 等候时间	200	250	288	40	22
28. 酒水饮料	200	260	270	48	22
29. 酒店外观	200	250	288	40	22
30. 酒店装修	210	260	298	20	10
31. 酒店绿化	210	260	298	20	12
32. 娱乐设施	140	160	220	160	120
33. 酒店交通	210	250	300	30	10

续前表

项目	很满意	较满意	一般	不满意	很不满意
34. 宣传用品	130	160	200	198	112
35. 酒店安全	200	250	288	40	12

其他调查资料：

（1）顾客来住店之前，知道本酒店的有320人，不知道的有680人。

（2）顾客来本店的次数分布：1次的300人，2次的200人，3次的120人，4次的100人，4次以上的80人。

（3）本店近三年营业收入增长率分别为8.6%、9.8%和7.2%。

（4）本店近三年投入的广告费用增长率分别为5.3%、4.2%和2.8%。

（5）据本店员工满意度调查，有关项目的满意度为：用人机制75.8%，物质激励80.1%，精神激励71.3%，人际关系70.2%，劳资关系73.2%，技术培训70.2%，发展期望68.8%，企业管理70.5%，愉快感70.1%，信任感70.2%，员工安心率68.3%。

思考：

通过以上数据分析，你对皇冠大酒店服务与管理等方面有怎样的总体印象？

任务一

信息的统计与整理

【任务描述】

前期调研数据、材料已经交到公司行政事务部，公司领导要求秘书协同业务部负责人对相关数据、材料进行整理。

信息是人们按照预先的目的，通过从各种不同的渠道、不同的角度观察记录来反映客观事物状态和特征的某种概念或经过加工后的数据。信息的统计与整理就是根据预定的研究目的及任务，对研究确定具体的调查项目、调查对象和调查范围及所采用的调查方法，有计划、有组织地进行原始资料的调查搜集、审核整理、汇总处理，然后应用统计分析技术对汇总数据进行开发利用，加工成统计信息，包括数据表、简要的分析、研究报告等，然后提供给有关方面和社会公众使用或进一步开发利用。

一、信息统计与整理的基本原则

调查信息资料统计与整理的基本原则是：真、准、整、统、简、新。

（一）真

"真"是指调查信息资料必须真实，不能弄虚作假，主观杜撰。对收集到的调查数据资料要根据实践经验和常识进行辨别，看其是否真实、可靠地反映了调查对象的客观情况。一旦发现有疑问，就要再次根据事实进行核实，排除其中的虚假成分，保证调查数据资料的真实性。如果整理出来的调查数据资料不真实，那么，比没有调查数据资料还更危险。因为没有调查数据资料，最多做不出结论，而资料不真实，就会做出错误的结论，这比做不出结论更有害。因此，"真"是整理资料时应遵循的首要标准。

（二）准

"准"是指调查信息资料必须准确，不能模棱两可，含混不清，更不能自相矛盾。如果某位被调查者在年龄栏内填写的是 30 岁，而在工作年限栏内填写的是 21 年，这显然是不合乎逻辑的，对类似的调查数据资料都应认真审核处理。同时，对搜集来的各种统计图表应重新计算复核，对引用的历史资料更要注意审查文献的可靠性程度。

（三）整

"整"是指调查信息资料必须完整，不能残缺不全，更不能以偏概全。检查调查数据资料是否按照调查提纲或统计表格的要求收集齐全或填报清楚，应该查询的问题和事项是否都已经查询无漏。如果调查数据资料残缺不全，就会降低甚至失去研究的价值。

（四）统

"统"是指调查信息资料必须统一，主要指调查指标解释、计量单位、计算公式的统一。检查各项调查资料是否按规定要求收集的，能否说明问题，对所研究的问题能否起到应有的作用。在较大规模的调查中，对于需要相互比较的材料更要审查其所涉及的事实是不是具有可比性。如果调查数据资料没有统一标准，就无法进行比较研究。

（五）简

"简"是指调查信息资料必须简明，不能庞杂无序。经过整理所得的调查信息资料，要尽可能简单、明确，并使之系统化、条理化，以集中的方式反映调查对象总的情况。如果整理后的调查信息资料仍然臃肿、庞杂，使人难以形成完整的概念，那么，就会给以后的研究工作增加许多困难。

（六）新

"新"是指调查信息资料应尽可能地新颖。在调查信息整理资料时，要尽可能地从新的角度来审视调查数据资料、组合调查数据资料，尽量避免按照陈旧的思路考虑问题，更不能简单重复别人的老路。只有从调查数据资料的新组合中发现新情况、新问题，才能为创造性研究打下良好的基础。

需要强调的是，在整理信息资料时首先要做到真实、准确、完整、统一、简明，而后才是新颖。

二、统计调查方法

目前，我国采用的统计调查方法主要有以下几种：

（1）按搜集调查资料的组织方式，可分为统计报表制度和专门调查。前者是以原始记录为基础，按一定的表格形式和时间程序，自下而上、系统地向各级领导部门提供基本统计资料；后者是对某些现象专门组织的登记和调查，包括普查、典型调查、重点调查、抽样调查。

（2）按被调查对象包括的范围，可分为全面调查和非全面调查。前者是对所有被研究的单位都进行调查，包括普查和全面报表制度；后者是对被调查对象的部分单位进行调查，包括典型调查、重点调查、抽样调查。

（3）按调查时间的连续性，可分为经常性调查和一次性调查。前者是对研究对象的发展变化进行连续不断的登记，后者是对研究对象在一定时点上的状况进行登记。

（4）按取得调查资料的具体方式，可分为报告法、直接调查法、询问法、自填法、通信法五种方法。报告法，是由被调查单位定期或不定期地向有关单位报送调查统计资料；直接调查法，是由调查人员到现场对被调查对象进行实地调查；询问法，是由调查人员对被调查对象进行采访、询问或通过调查会、座谈会的方式口问手写，取得调查资料；自填法，是由调查人员事先设计调查问卷或调查表，交给被调查对象自己填写，取得调查资料；通信法，是通过邮寄的方式，将事先设计的调查问卷或调查表交给被调查对象填写并寄送回来，从而取得调查资料。

任务二

调研的分析与归纳

【任务描述】

公司行政事务部总监通知秘书小张，下午与业务部主要负责人一起开会，准备根据前期调研整理获得的结果性数据、材料，撰写一份调研报告。小张如何分析与归纳这些材料，应该怎样写调研报告?

当调研统计分析研究和现场直接调查完成后，市场调研人员拥有大量的一手资料，便进入对这些信息的分析与归纳阶段。对这些资料首先要编辑，选取一切有关的、重要的资料，剔除没有参考价值的资料；然后对这些资料进行编组或分类，使之成为某种可供备用的形式；最后把有关资料用适当的表格形式展示出来，以便说明问题或从中发现某种典型的模式。

一、常见的调研数据分析方法

（一）联合分析

联合分析（又叫结合分析）是进行市场研究时常用的一种方法。20 世纪 70 年代初，联合分析方法在市场营销研究中产生，主要用于了解消费者的购买偏好。联合分析中，产品被认为是由一些属性（特征）构成的，这些属性的每个组合构成联合分析的对象。联合分析法主要由三步骤构成：

（1）确定产品的属性。

（2）数据收集，通过调查收集数据，进行数据分析。

（3）数据分析。

通过联合分析，可以了解到以下内容：

首先，对消费者而言，构成产品的每个属性的重要性如何；

其次，通过计算特征水平的效用，得出消费者最偏好的产品的属性组合是什么；

最后，通过联合分析可对每种产品的属性组合进行市场占有率模拟。

（二）对应分析

对应分析（Correspondence Analysis）也称关联分析、R-Q 型因子分析，是近年来新发展起来的一种多元相依变量统计分析技术，通过分析由定性变量构成的交互汇总表来揭示变量间的联系，可以揭示同一变量的各个类别之间的差异，以及不同变量各个类别之间的对应关系。对应分析主要应用在市场细分、产品定位、地质研究以及计算机工程等领域中。

（三）多维尺度分析

多维尺度分析通常用于分析商品的相似性，通过分析消费者对商品相似性的评分，产生这些商品相关性的图形，通过图形可直观地找出相似性产品（存在竞争可能性的产品）。

二、撰写调查报告

经过对调查材料的综合分析整理，便可根据调查目的写出一份调查报告，得出调查结论。值得注意的是，调查人员不应当把调查报告看作市场调查的结束，而应继续注意市场情况变化，以检验调查结果的准确程度，并发现市场新的趋势，为改进以后的调查打好基础。

任务三

秘书的决策参谋

【任务描述】

最近公司召开了年度工作总结会，收集了大量来自员工的工作建议。领导要求秘书小张进行筛选、整理，并为领导决策提出参考意见。

调查研究工作是成事之基、谋事之道，更是各级秘书发挥参谋助手作用的重要手段。各级秘书要把深入开展调查研究作为工作的要务来抓，在大量较高水平的调研成果基础上，更好地为领导进行科学决策提供优质、高效的服务。

一、创新调研思路，增强参谋服务意识

思路决定出路。秘书部门要把辅助决策工作的思路放在如何使调查研究与领导决策紧密结合上，坚持用创新的理念、开放的思维、前瞻的视野、预见的眼光，紧紧围绕领导工作思路，将工作中领导关注的重大问题及热点难点问题作为主攻方向，努力拓宽调查研究与领导决策相结合的途径，增强研究的针对性、实效性。

（一）树立大局意识

秘书部门在发挥参谋助手作用中，要增强主动性、预见性，紧跟形势发展变化，及时准确领悟领导工作意图，始终保持鲜活的思想、前瞻的思维、创新的思路，参在点子上，谋在关键处。

（二）强化效率意识

秘书部门作为领导的“参谋部”，必须主动适应形势的需要和工作的新要求，进一步强化效率意识，对领导的中心工作，要见微知著，兵马未动，调研先行，及早了解情况，提出对策建议，力求把工作做在前头，当好事前诸葛亮。要按照“走一步，看两步，想三步”的要求，做到知之在先，思之在先，谋之在先，研究新问题，把握发展趋势，看准发展动态，提出新思路、新见解，真正成为领导的智囊团。

（三）增强精品意识

当决策参谋，很重要的一个形式就是以文辅政。秘书要怀着高度负责的工作态度，力求形成的每一个调研成果都是精品力作。在调查研究中，真正迈出步子，沉下身子，

深入基层，深入到生产和工作第一线，做到“打破沙锅问到底”，掌握丰富而真实的第一手材料。要在全面了解“下情”的基础上，准确地理解领导意图，加强综合分析，反复思考推敲，形成言之有物、言之有据，有深度、有分量的调研成果，为领导进行科学决策提供确凿的依据。

二、突出调研重点，把握参谋服务核心

参谋工作要围绕为领导决策服务这一核心，坚持突出重点、重点突破的办法，将调查研究的触角伸向各个部门，最大限度地发挥调查研究在工作协调中的基础性作用。秘书首先要根据领导的中心任务和工作重点，提出若干项重点调研课题，并组织、协调有关力量开展调研，提出科学决策的建议或预案，为领导出好主意、出大主意。其次是紧跟社会关注热点，开展对策性调研。在调查研究中不仅要关注近期的现实问题，还要注意对某些重大问题的发展趋势进行预测性研究，注意选取和捕捉那些尚未引起人们注意，但发展下去可能成为热点、难点的重大问题，进行超前思考，主动研究，提出相应的对策思路。最后是紧抓实际工作亮点，开展经验性调研。调查研究工作要善于捕捉新的“调研点”和“醒目点”。

三、强化调研质量，提升参谋服务水平

秘书要发挥决策参谋作用，提高服务水平，关键在于创新工作方法，提升秘书的业务本领。

（一）改进调研方式方法

秘书部门要发挥牵头作用，积极加强与各部门的调研协作，有效整合各方面的调研力量，形成多层次、广渠道、开放性的调研工作格局。除了继续采用一些传统的调查研究方法外，还要积极探索一些适应新形势、新要求的方法，比如采用市场调查、电话采访、网络调查、暗访等方式方法，使调研工作的方式更灵活，充分发挥现代化办公手段的作用，提高调研工作的质效。

（二）切实抓好文稿起草

文稿起草是调研人员当好决策参谋的重要形式和渠道。一定意义上讲，领导工作报告、领导讲话是一种决策行为。因此，在深入调查研究的基础上，组织起草好重要文稿，把调研成果转化为决策依据，是每个调研人员义不容辞的责任。要把起草重要文稿作为做好参谋服务的关键环节，着力加强文稿起草前的调研、文稿起草中的讨论和文稿起草后的评议工作，进一步增强文稿的思想性和针对性，不断提高决策服务水平。

【技能训练】

训练·实践操作——调研设计

一、训练目标

通过本训练，学生能够按照调研工作的基本要求进行调研设计分析策划。

二、训练方案与要求

（一）背景资料

辽宁省99家支柱产业重点企业调查报告

2002年，是我国加入世界贸易组织（WTO）一周年。来自辽宁省企业调查队对全省99家大中型工业重点企业的跟踪监测调查显示，加入世界贸易组织第一年，辽宁省重点企业从总体上看亮点频现，分行业看各具特色，从发展看亟须提高企业竞争力。

一、总体看，重点企业亮点频现

1. 重点企业继续拉动全省工业经济稳步发展

近几年来，辽宁省老工业基地在改造和调整中，注意利用高新技术改造传统产业，以拓宽产业领域，使辽宁省石化、冶金、机械等行业重点企业保持较高水平的发展势头。截至2002年年末，辽宁省99家重点企业实现工业总产值1 621.2亿元，比上年增长5.5%，此次调查的99家重点企业虽然户数仅占全省规模以上企业的1.7%，但利税总额却占全省规模以上企业的51.3%，比上年增长了11.5%，成为拉动全省工业经济尤其是效益经济稳步发展的主要力量。

2. 大型骨干企业支撑利润天空

2002年末，辽宁省99家重点企业实现产品销售收入2 250亿元，比上年增长了7.6%。其中，有7家龙头企业实现产品销售收入超百亿元，依次为鞍山钢铁集团公司、本溪钢铁（集团）有限责任公司、中国石油抚顺石化公司、中国石油辽河油田公司、大连石化分公司、大连西太平洋石油化工有限公司、金杯汽车股份有限公司，有3家超50亿元，超5亿元的企业有56家。99家重点企业盈亏相抵后的利润总额为77.7亿元，占全省规模以上工业利润总额的50%，比上年增长18.9%。其中，利润排在前5名的企业依次是中国石油辽河油田公司、鞍山钢铁集团公司、本溪钢铁（集团）有限责任公司、沈阳化工集团公司、大连西太平洋石油化工有限公司，这几家企业的利润总额占被调查的99家重点企业的90.8%（占全省工业的45.4%）。

3. 出口快速增长成为拉动辽宁省经济增长的强劲动力

受国家鼓励出口政策、国际环境好于预期、国内价格水平等因素的影响，99家重点企业实现了出口销售总额的快速增长，成为拉动辽宁省经济增长的一个强劲动力。至2002年年底，辽宁省99家重点企业实现出口销售总额208.7亿元，比上年增长34.2%；出口销售率为9.3%，同比增长1.9个百分点，创近年来历史新高。出口增长最快的企业主要是机电和高科技企业。

4. 新产品销售收入增势迅猛，企业技术创新能力增强

截至2002年年末，辽宁省99家重点企业实现新产品销售收入360亿元，增幅高达

40%。新产品销售收入的迅猛增长，主要来自企业技术创新能力的增强。2002年，辽宁省99家重点企业共投入研究开发费用34.9亿元，比上年增长了50%。研究开发费用占营业收入的比重为1.5%，比上年提高了0.4个百分点。其中，研究开发费用投入超亿元的企业有12家。有近8成的企业建立了技术中心，其中，国家级技术中心26家，省级技术中心29家，其他级别认定的技术中心25家。从企业获取新产品的途径看，主要是自主开发以及与院校科研机构联合开发，其比重分别占80.1%和70%。

5. 减员增效，劳动生产率创新高

截至2002年年底，辽宁省99家重点企业从业人员比上年减少了5.8万人，减员幅度为7.6%，高于全省规模以上企业减员幅度3.5个百分点。其中，86家国有及国有控股企业减员6.3万人，减员幅度为8.4%。

减员后，企业的劳动生产率得到了极大提高。2002年，99家重点企业人均实现营业收入32.7万元，比上年增长了4.3万元，高于全省规模以上企业13.1万元，创近年来的最大值。

二、分行业看，重点企业各具特色

1. 机械重点企业主要经济指标全线飘红

2002年，调查的46家机械重点企业主要经济指标普遍好于上年。企业的资产总计为1 114.1亿元，比上年增长了11.8%。利税总额为34.3亿元，同比增长了34.6%，增幅高出99家重点企业23.1个百分点。企业本年对外投资和投资收益分别比上年增长31.1%和37.4%。企业净资产收益率比上年增长了1.5个百分点，增幅高出99家重点企业2.6个百分点。出口销售率为11.1%，比上年增长了1.7个百分点，增幅高出99家重点企业1.8个百分点。

在机械重点企业中，汽车制造业重点企业成为全省经济发展的新亮点。被调查的9家汽车企业其年末资产（515亿元）比上年净增83.2亿元，增长了19%；企业的资本保值增值率达125.5%；净资产收益率同比增长3.4个百分点；出口销售总额（31.1亿元）比上年净增加12.2亿元，增幅高达64.8%；本年对外投资同比增长16.5%；研究开发费用同比增长49.3%；企业实现利润由上年的亏损2.6亿元变为盈利4 348万元。

2. 冶金重点企业规模壮大，发展能力增强

2002年，13家冶金重点企业的资产总计（1 503亿元）比上年增长了7.5%；户均资产（115.6亿元）比上年净增了3.5亿元，在调查的重点企业中户均资产规模最大，增量最高。企业在资产规模壮大的同时，发展能力也逐渐增强，企业资本保值增值率高达134.1%。

2002年，冶金重点企业主营业务收入、新产品销售收入和实现利润分别比上年增长了18.5%、140.6%和57.7%，企业的本年对外投资增幅高达36.4%。与此同时，企业强化内部管理，使企业的存货和应收账款分别比上年下降了6.9%和10%，由此加快了企业流动资产的周转速度，提高了企业资金使用率。

3. 电子重点企业健康、蓬勃发展，前景广阔

2002年，电子重点企业成为辽宁省继汽车生产企业外的又一经济发展亮点。该行业

由于发展政策和国内外市场环境较好，因此成为加入世界贸易组织后受益比较明显的部门，企业主要经济指标大幅上扬。调查的10家电子企业出口销售总额为58亿元，比上年增长了69.4%，增幅高出99家重点企业35.3个百分点；企业出口销售率高达53.1%，比上年增长了12.7个百分点；企业的新产品销售收入、主营业务收入和利润总额分别比上年增长了142.6%、29%和22.4%；企业研究开发费用占营业收入的比率为9.6%，比上年增长了6.6个百分点，增幅高出99家重点企业8.1个百分点。

4. 石化重点企业仍是出口主力，但企业效益有所下滑

加入世界贸易组织的冲击效应在石化重点企业中已开始显现。虽然2002年石化重点企业的出口销售总额几乎占到被调查的99家重点企业的一半，但因受世界经济不景气、国际油价大幅度波动、市场供大于求等因素影响，企业效益有所下滑。

2002年，被调查的30家石化重点企业的出口销售总额达73.8亿元，比上年增长了15.1%，净增9.7亿元，占辽宁省99家重点企业的47.4%。但企业实现利润（42亿元）却比上年下降了3.4%；企业主营业务收入和新产品销售收入均比上年下降了2.3%和35.2%；企业存货比上年增加了17.4亿元，增幅达18.1%，高出辽宁省99家重点企业10.9个百分点。

三、从发展看，重点企业亟须提高竞争力

1. 企业整体盈利水平低

从辽宁省99家重点企业的盈利情况看，利润主要集中在几家盈利大户，整体盈利水平还有待提高。

受国内外价格波动和原材料价格上涨等因素影响，部分企业生产成本上升，导致利润空间缩小，甚至亏损。2002年，辽宁省99家重点企业中有43家发生亏损（新增4家），亏损面为43.4%（较上年上升4个百分点），高出全省规模以上工业11个百分点。

从行业看，亏损主要集中在石化生产企业。30家石化生产企业中有17家亏损（新增3家，亏损面达56.7%），亏损14.3亿元，占调查的99家重点企业亏损总额的65.9%。

2. 企业管理成本过高

2002年，辽宁省99家重点企业共发生营业、管理、财务三项费用（254.6亿元），比上年增长了14.5%，新增32.3亿元，远大于主营业务收入7.6%的增长幅度。其中，石化和冶金业的重点企业三项费用分别比上年增长10.5%和38.2%。99家重点企业共发生利息净支出51.4亿元，新增4.5亿元，比上年增长了9.6%。

3. 总资产使用率低，获利、偿债能力差

2002年，辽宁省99家重点企业的总资产使用率为54.1%，同上年基本一致。其中，石化重点企业比上年下降了5个百分点，冶金和机械重点企业仅为42.3%和41.1%。

从企业偿还短期债务的能力看还比较弱。2002年，99家重点企业的流动比率和速动比率仅为91.7%和61.1%，分别比上年下降了3个和2.3个百分点，同国际上公认的200%和100%的标准相比差距很大，与国内较好的比率水平（150%和90%左右）相比也存在较大差距。

4. 企业技术改造步伐渐缓

调查显示，有38.4%的企业认为设备及技术落后是影响企业生产经营的主要因素。

2002 年，辽宁省 99 家重点企业的固定资产投资完成额为 1 662.3 亿元，比上年下降了 15%。其中，尤以石化重点企业下降幅度最大（下降了 44.9%。其中，基本建设下降了 55.8%，更新改造下降了 34.8%）。

此次调查中，我们对 2003 年重点企业的生产经营状况作了预测问卷调查，结果显示，有 67.6%的企业认为生产经营状况要好于去年，有 26.3%的企业认为与去年持平，只有 6%的企业认为不如去年。据此并结合上述我们判断，2003 年，辽宁省重点行业及重点企业将继续保持稳定增长态势，其中，尤以冶金重点企业更为看好。

（二）训练要求

1. 根据上述背景资料，分析调研报告的结构、素材筛选整理以及内容组织等特点。
2. 此则调研报告所揭示的调研课题是什么？采用什么调研方法？结论如何？
3. 根据此则调研报告整理一个摘要，要求说明摘编过程中遵循的原则。

（三）训练步骤

1. 教师对背景资料进行分析。
2. 小组讨论，对重点数据进行整理分析。
3. 整合成员意见，提出结论。

（四）训练提示

关键是要学会对数据的有效整理分析，调研报告形式有很多，主要参考教材及教师课堂上提供的样板，鼓励学生主动收集最新的、与社会经济发展相关的调研报告。

【拓展资源】

社会调研范例一　社会问题调研

秘书专业 2014—2015 学年对历届毕业生调查研究计划

本次调查研究由秘书专业统一组织，教研室主任负总责。具体安排如下：

一、调查研究实践目的

（1）对秘书专业 2008—2012 年的 5 届毕业生做问卷式追踪调查，为秘书专业教学工作提供反馈信息。

（2）认识社会，学习与人的工作交往，学会处理交际事务。初步尝试社会调查的方式。

二、调研步骤

（1）本实践学生负责发放和回收调查问卷、采访问询、搜集有关资料。

（2）活动自 2014 年 9 月至 12 月止。

（3）教研室提供有关文字资料，包括：

1）对各位毕业生的问候函；

2）对毕业生的问卷调查表；

3）学校给毕业生供职单位的函；

4）各届毕业生的部分联系方法；

5）介绍母校的材料。

（4）为每位学生指定调查对象，并要求在一周内与调查对象取得联系，发放问卷，问卷由毕业生填写。

（5）2014 年 9 月 15 日统一为学生作调查答疑。

（6）2014 年 12 月 8 日学生交回调查结果，包括：

1）回收毕业生问卷调查表；

2）毕业生供职单位的回函；

3）毕业生供职单位的介绍材料；

4）学生在问询调查中对调查对象的书面印象报告。

以上四项调查结果，自下而上，逐一排好。各班班长列表登记检查后上交教研室主任。

三、调查实践要求

（1）这是一次对以往 5 年的秘书专业毕业生的调查，其成果将对秘书专业的发展完善具有极其重要的意义，望学生视为己任。

（2）五届毕业生，是校友，也是学生的师长。学校的今天曾有他们的贡献，请敬重善待每一位调查对象。

（3）请拿出我们的顽强和执著，关注他们的每一分耕耘，写入报告。

（4）注意收集任何信息，重视只言片语，尽量带回调查对象的名片。

（5）书面报告的标题统一为《对××届秘书专业毕业生（毕业生姓名）的调查报告汇报》，报告的结构分四部分：

1）调查对象的基本情况；

2）调查对象工作、生活和接受继续教育的情况；

3）调查对象的反应；

4）归纳和总结。

（6）本次实践将以调查结果、书面汇报和完成时间等评定成绩。成绩优秀者将给予奖励。

××大学秘书专业（教研室）对历届毕业生情况的追踪调查问卷

1. 届别（以毕业年号为准）：__________姓名：__________性别：__________

2. 现工作单位：________________________

3. 现任职务职称：______________________

4. 现单位是否是最初就业单位：（　　）

A. 是　　　　　　B. 否

5. 工作后是否又接受继续教育：（　　）

A. 是　　　　　　B. 否

6. 你所接受的继续教育的内容是：（　　）

A. 专升本　　　　B. 第二专业　　　　C. 考取职业证书　　D. 其他

7. 你接受继续教育的形式是：（ ）
A. 自学 B. 业余 C. 脱产 D. 辞职
8. 你现在是否有驾驶执照：（ ）
A. 是 B. 否
9. 你对自己目前的职业：（ ）
A. 满意 B. 一般 C. 不满意
10. 你认为自己做目前的工作：（ ）
A. 胜任 B. 一般 C. 比较吃力 D. 不行
11. 你认为在校时的专业学习对后来的工作：（ ）
A. 很重要 B. 有必要 C. 一般 D. 用处不大
12. 上学时的教学形式对你最有益的是：（ ）
A. 课堂讲授 B. 做练习 C. 实习实践 D. 用处不大
13. 如果有继续学习的机会，你选择：（ ）
A. 学 B. 不学 C. 可以考虑
14. 你选择继续学习是因为：（ ）
A. 希望不断提高 B. 晋升需要 C. 领导要求
15. 你选择继续学习的内容是：（ ）
A. 拿学位 B. 考证书 C. 实用技能 D. 其他
16. 你在单位的人际关系：（ ）
A. 好 B. 一般 C. 有自己的范围 D. 不好
17. 你认为对秘书最重要的职业要求是：（ ）
A. 容人 B. 廉洁 C. 忠诚 D. 其他
18. 对建立秘书的职业等级证书制，你的态度是：（ ）
A. 关心 B. 两可 C. 不在意 D. 已有其他证书
19. 外语、计算机技术、驾驶技术对秘书很重要：（ ）
A. 是 B. 对有的秘书如此 C. 不是
20. 对于秘书，“办文”、“办事”两项能力最重要：（ ）
A. 是 B. 前者更重要 C. 后者更重要 D. 其他
21. 你做的是否是秘书工作：（ ）
A. 是 B. 曾经做过 C. 一直未做
22. 使你离开秘书职业的原因是：（ ）
A. 领导决定 B. 谋职困难 C. 不利于个人发展 D. 其他
23. 你认为现在的单位领导对你的工作：（ ）
A. 满意 B. 一般 C. 不满意 D. 不知道
24. 你的生活：（ ）
A. 单身 B. 结婚

市场调研范例二　市场决策调研

某市家用汽车消费情况调查分析案例

随着居民生活水平的提高，私车消费人群的职业层次正在从中高层管理人员和私营企业主向中层管理人员和一般职员转移，汽车正从少数人拥有的奢侈品转变为能够被更多普通家庭所接受的交通工具。了解该市家用汽车消费者的构成、消费者购买时对汽车的关注因素、消费者对汽车市场的满意程度等对汽车产业的发展具有重要意义。

本次调研活动中共发放问卷400份，回收有效问卷368份，根据整理资料分析如下。

一、消费者构成分析

1. 有车用户家庭月收入分析（见表7—2）

表7—2　有车用户家庭月收入

家庭人均月收入	比重（%）	累计（%）
2 000元以下	28.26	28.26
2 000～3 000元	33.70	61.96
3 000～4 000元	10.87	72.83
4 000～5 000元	18.48	91.31
5 000元以上	8.69	100.00

目前该市有车用户家庭人均月收入在2 000～3 000元间的最多；有车用户家庭人均月收入为2 914.55元，与该市居民平均月收入相比，有车用户家庭普遍属于收入较高人群。61.96%的有车用户家庭人均月收入在3 000元以下，属于高收入人群中的中低收入档次。因此，目前该市用户的需求一般是每辆10万～15万元的经济车型。

2. 有车用户家庭结构分析（见表7—3）

表7—3　有车用户家庭结构

家庭结构	比重（%）	累计（%）
夫妻	36.96	36.96
与子女同住	34.78	71.74
与父母同住	8.70	80.44
单身	17.39	97.83
其他	2.17	100.00

丁克家庭（double income no kid），即夫妻二人无小孩的家庭，占有车家庭的比重大，为36.96%。其家庭收入较高，负担较轻、支付能力较强，文化层次高、观念前卫，因此丁克家庭成为有车族中最为重要的家庭结构模式。核心家庭，即夫妻二人加上小孩的家庭，比重为34.78%。核心家庭是当前社会中最普遍的家庭结构模式，因此比重较高不足为奇。联合家庭，即与父母同住的家庭，仅有8.70%。单身族占17.39%，这部分人个人收入高，且时尚前卫，在有车用户中占据一定的比重。另外，已婚用户比重达到了81.5%，而未婚用户仅为18.5%。

3. 有车用户职业分析

调查显示有29%的消费者在企业工作，20%的消费者是公务员，另外还有自由职业者、机关工作人员和教师等。目前企业单位的从业人员，包括私营业主、高级主管、白领阶层仍是最主要的汽车使用者。而自由职业者由于收入较高及其工作性质，在有车一族中也占据了较高比重。详见表7—4。

表7—4　消费者职业构成

用户职业分布	占比
企业员工	29%
管理层公务员	20%
自由职业者	18%
事业单位员工	12%
机关一般工作人员	9%
其他	8%
教师	3%
退休干部	1%

4. 有车用户年龄及驾龄分析

在我们所调查的消费者中，年龄大多在30～40岁或是30岁以下，所占比重分别为43%和28%，也有23%的年龄在40～50岁，仅有6%的消费者年龄在50岁以上。可见，现在有车一族年轻化的趋势越来越明显，这是因为大多数年轻人没有太多的家庭负担，正处于购买力和消费需求同样旺盛的时候，而越来越低的购车门槛，也给了他们足够的购车理由。

该市有车用户的驾龄平均为5.294年，而在本次接受调查的消费者中，有61.94%的用户驾龄在3年以上，由此可见，本次调查的有车用户驾龄普遍较长，因而对汽车也比较熟悉，对汽车相关信息掌握得也相对全面，这就使得我们对有车用户青睐的品牌的调查有了较高的可信度，而他们在汽车使用方面的经验也能够为今后该市家用汽车市场营销策略的制定提供一定的帮助。

二、消费者购买汽车时关注的因素分析

调查显示，消费者在购车时最关注的因素首先还是汽车的价格和性能，所占比例分别达到了19%和16%，因此，性价比越高的汽车越能受到消费者的青睐。其次在消费者对汽车的关注因素中排在前列的还有油耗、品牌和售后服务等几项，所占比重分别为14%、13%和13%，由此可见，汽车自身的品质与经销商所提供的售后服务保证是同等重要的。因此，在对消费者最终选购汽车起主导作用的因素中，油耗经济性好、性价比合理、售后服务好这三项占据了前三名，所占比重分别为22%、21%和15%。影响消费者购车的因素见表7—5。

表7—5　影响消费者购车的因素

关注因素	占比
油耗经济性好	22%
性价比合理	21%
售后服务好	15%

续前表

关注因素	占比
安全性有保障	13%
品牌知名度高	13%
维修成本低	8%
能体现身份地位	3%
外形时尚	4%
其他	1%

消费者在购车前获取信息的渠道主要有哪些呢？通过汽车报纸杂志获取信息的消费者占总数的27%，还有23%的消费者是通过电视、广播获取信息的，此外，上网查询和广告等也都是消费者获取信息的主要渠道。由此可见，在传媒业越来越发达的今天，任何媒介都能够加以利用，成为推动营销的帮手。消费者获取信息的渠道见表7—6。

表7—6　消费者获取信息的渠道

信息渠道	占比
汽车报纸杂志	27%
电视广播	23%
上网查询	18%
广告	12%
亲友介绍	9%
实地调查	9%
其他	2%

在品牌专卖店、大型汽车市场、综合销售点和其他销售点这几种汽车销售点中，目前消费者最为信赖的还是品牌专卖店，选择在品牌专卖店购买汽车的消费者比重竟高达74%，相信这与品牌专卖店舒适的购车环境、良好的信誉、有保障的售后服务都是分不开的。消费者最信赖的购车场所见表7—7。

表7—7　消费者最信赖的购车场所

消费者信赖场所分布	占比
品牌专卖店	74%
大型汽车市场	18%
综合销售点	7%
其他	1%

另外，从调查中获取信息，目前消费者在支付方式的选择上大多还是选择一次付清，也有33%的消费者选择分期付款，但选择向银行贷款买车的消费者仅为7%，这一方面反映出大部分消费者的购车计划是在对自身收入合理估算后的可行选择，另一方面说明了目前我国信贷业的不发达与不完善。消费者对不同支付方式的满意程度见表7—8。

表 7—8　消费者最满意的支付方式

支付方式	占比
一次付清	60%
分期付款	33%
银行贷款	7%

三、用户使用情况特点分析

本次调查中男性用户的汽车品牌排名前三位的分别是捷达、宝来、本田，所占比例分别为37%、14%和11%；女性用户的汽车品牌排名前三位的分别是宝来、本田、捷达，所占比例分别为44%、13%和13%。由此可见，该市家用汽车市场上消费者使用的品牌排名前三位的毫无疑问的是捷达、宝来和本田，所占比重分别为33%、20%和11%。而消费者所认为的该市家用汽车市场上数量最多的汽车品牌排名前四位的分别是捷达、宝来、本田和丰田，这与实际情况也较为相符。由此可见，目前最受有车一族青睐的无疑是经济车型。

本次调查从购车用途来看，仅有1%的消费者买车是为了家用方便，98%的消费者买车是为了上下班方便或作为商业用途。

对车主保险情况调查来看，有81%的人都会给爱车投保，以减少用车风险，但也有4%的消费者认为给爱车投保没有必要。

目前，油价的不断上涨，已成为有车族关心的问题，在他们用车的过程中也产生一定影响，有46%的消费者已经考虑更换小排量、低油耗的车，还有18%的消费者选择减少用车频率，但也有36%的消费者认为基本没有影响。可见，未来的几年内，低油耗的车型仍会成为消费者青睐的对象。此外，还有交通设施不足、塞车现象严重和停车难问题占据日常行车困扰的榜首，这表明我国交通设施建设仍需进一步提高。

四、用户满意度分析

目前该市家用汽车消费者使用最多的三种品牌分别是捷达、宝来、本田，这三种品牌的汽车到底具有哪些优势呢？通过比较发现：捷达车用户对该车最满意的地方在于车的性能和燃油经济性，所占比重分别是53%和30%，该车的动力性和品牌知名度也是比较令他们满意的因素；宝来车用户对该车最满意的地方在于车的舒适性、品牌知名度和燃油经济性，所占比重分别是34%、24%和24%，该车的动力性和整体性能也较出色；而本田车最令用户满意的地方除了舒适性、品牌知名度、整体性能外，还有车的外观，这几项所占比重分别是30%、20%、20%和20%。由此可以看出，消费者较为满意的车型除了经济、舒适外，还必须具有较高的品牌知名度。三种车的优势见表7—9。

表 7—9　三种汽车的优势

品牌	指标	占比
捷达	性能	53%
	燃油经济性	30%
	动力性	7%
	品牌知名度	7%
	外观	3%

续前表

品牌	指标	占比
宝来	舒适性	34%
	品牌知名度	24%
	燃油经济性	24%
	动力性	12%
	整体性能	6%
本田	舒适性	30%
	品牌知名度	20%
	外观	20%
	整体性能	20%
	动力性	10%

在上面的分析中，我们曾提到售后服务也是消费者选车时较为关注的因素之一，那么对消费者使用最多的几款车型来说，它们的售后服务情况如何呢？通过比较，捷达车用户中有13%的用户表示非常满意，44%的用户表示较为满意；宝来车用户中有6%的用户表示非常满意，50%的用户表示较为满意，还有44%的用户认为一般；本田车用户中有30%的用户表示非常满意，40%的用户表示较为满意。总体来说，这几种品牌汽车的售后服务都比较令用户满意。而在售后服务过程中，用户最为看中的服务指标就是技术等级，占到43%，接下来依次是收费标准、返修率和服务态度，分别占22%、20%和15%，这反映了大多数用户心目中质量和价格仍是衡量服务好坏的根本标准。

近几年来对汽车的投诉比例在逐年上升，其中汽车质量、安全隐患及维修保障等问题突出。在解决纠纷的过程中，有28%的消费者认为最令他们头痛的是缺乏硬性的检测标准，27%的消费者认为是找不到相关的投诉机构，22%的消费者认为检测程序太过复杂，还有15%的消费者认为检测费用过高，另外8%的消费者则认为还存在其他方面的问题。这表明我国政府职能机构还需要进一步改进工作，相关程序需要进一步简化，相关检测设施需要进一步完善，使其更好地为大众服务。在遇到问题需要解决时，消费者最希望得到哪些维护消费者权益的援助呢？46%的消费者希望能设立相关部门以方便检查质量问题，28%的消费者希望能够专设部门判定是非，18%的消费者则希望媒体能对问题车辆进行曝光，还有7%的消费者希望能有专业的律师提供法律咨询。这一方面反映了我国公民维权意识的提高，另一方面反映了相关职能部门的服务不到位。

五、建议

通过对本次调查结果的分析，就反映出的问题和现象特提出以下建议：

（1）在家用汽车消费群体中，女性消费者中还具有很大的市场潜力，汽车生产商可以在汽车的整体设计中加入一些符合女性需求的细节设计，使汽车设计更富人性化，也更能受到女性消费者的青睐。

（2）从目前家用汽车市场的实际情况来看，经济实用型汽车是最受欢迎的，但消费者在选购经济实用型汽车的同时，也会考虑到汽车的外观能否体现其身份、地位，因此生产商应加强对经济实用型汽车在外观、内饰上的提高，以争取更多的消费者。

（3）在购车地点的选择上，大部分消费者选择了品牌专卖店，因为那里的环境、服务等都比别处更胜一筹，但综合销售点实际上更有利于消费者进行实地考察，从而客观地对汽车品牌进行对比。但目前该市的几个综合销售点的经营状况都远不如品牌专卖店，综合经销商应考虑如何采取对策。

（4）目前通过银行贷款的方式买车的消费者还是少之又少，这与中国人的消费观念有关，但就目前中国的形势来看，通过贷款的方式买房、买车都是非常合适的选择，虽然我国仅在北京等少数大城市提供了不超过货物本身的14.3%的低息贷款，但经销商若能做足这方面的“文章”，也可促进家用汽车消费市场的长足发展。

（5）消费者在维权方面达成的共识就是希望国家能够设立专门的部门，制定出硬性的指标以判定汽车质量问题，维护汽车消费者的合法权益，有待国家相关政策的出台。

模块八

保密事务与安全管理

【模块导读】

对于新时期各级各类单位，涉及商业、管理、技术的秘密内容和范围非常广，办公室秘书的一项重要任务是如何完善单位的保密制度和技术防范，以使得单位的利益不致受到损害。而安全管理更是单位和组织机构的生命线。本模块重点介绍企业的泄密防范与查处、安全管理的主要方法和技巧。

项目一

企业保密事务

【学习目标】

任务分布	任务名称	知识目标	能力目标	学时
岗位任务 1	泄密的防范与查处	1. 了解企业秘密的构成、企业保密工作的意义、保密纪律 2. 掌握办公室保密工作范围 3. 掌握办公室泄密的主要渠道 4. 熟悉办公室泄密的原因和泄密的防范与查处	1. 能够确定企业的保密事项、期限和知密范围 2. 能够对办公室泄密进行妥善的防范与查处	2
岗位任务 2	保密工作事务的具体处理	熟悉办公室保密工作的具体事务处理方法	能够制定企业保密工作各项制度	2

【案例导入】

力拓案促中国企业加强保密工作

力拓案凸显中国的国家机密和商业机密的界线模糊不清。在这种背景下，又一个秘密大白于天下：许多中国公司未能保护好重大商业信息。两周前，全球矿业巨头力拓矿业集团驻中国的 4 名雇员因被控侵犯商业机密而正式被捕。欧文・恙（音）说，他所从事的产业仍因这起商业机密案件受到重创。

欧文在上海一家企业犯罪调查公司工作，该公司的客户不乏跨国公司和本国企业。他说，受力拓案的影响，他的国外客户正忙于调整收集信息。他说："但更有意思的是，中国公司——特别是国有企业——多年来首次对加强机密规范管理表现出极大兴趣。"

一些分析人士和律师表示，中国企业在保护与其核心能力有关的商业机密方面缺少经验。他们说，力拓矿业集团被控从事以金钱换信息的欺诈行为，这样的做法在中国商界很普遍，而不是什么特例，且通常不会受到法律惩处。据称，涉案的力拓矿业集团 4

名员工为获取生产和销售方面的重要数据向中国企业高管行贿。通过这种不正当手段，这家矿业巨头得以在旷日持久的铁矿石供应谈判中取得优势。

当前，中国正掀起一场显然是由政府发起的运动，目的是堵住漏洞，并将为谋取私利向跨国公司泄密的人员绳之以法。中国现代国际关系研究院经济安全问题研究员江涌说："就商业竞争而言，大多数中国国有及私人控股企业的保密工作做得都很差。这反映出企业管理普遍不合标准。"

江涌说，只有极少数经营具有重大战略性业务的企业，如能源部门，制定了严格的保密规定，旨在确保企业对业务信息流动情况握有控制权。然而，中国其他企业的保密工作仍处于"石器时代"的水平。

江涌说："当然，我们也有一些与这种状况形成鲜明反差的例子，中国规模最大的远程通信设备制造商华为技术有限公司便是一例。但令人遗憾的是，这些纪律严明的企业可谓凤毛麟角，他们能这样做更多地与企业高管的个人素质有关，而非出于对良好的企业管理制度的信仰。"

具有讽刺意味的是，据曾在某大型海运公司工作过的欧文说，与跨国企业相比，中国国有企业更乐于将各种文件标注上"机密"字样。他说："但他们并未设专门的办公室来管理这些文件。由此就有了这种商界怪现状：标有'机密'字样的文件通常在办公室里乱丢乱放，那里俨然就是商业间谍的天堂。"

许多中国企业并未在雇佣合同中明确写明保密规定。而那些写明保密规定的企业也未具体说明侵犯商业机密将导致何种后果。这种漏洞给了缺乏职业道德的员工可乘之机。在北京经营商业咨询公司的李素说："我们经手的有关中外企业谈判的泄密案不胜枚举，有的是不经意间泄密的，有的则是为了获得好处故意为之。李素说，有些好处的表现形式是为中国企业高管和官员的子女安排出国留学并为其支付费用。还有将报酬支付给指定的第三方公司，并以咨询费做幌子。"

很显然，中国相关部门已决定介入此问题。中国媒体上月报道说，负责信息安全的政府机构已从今年早些时候开始进行一场大规模行动，以确定目前存在的系统性漏洞，并增强国企高管的企业信息安全意识。江涌说，国家相关部门加大介入力度将有助于中国大型企业更有效地防止发生损害企业利益的泄密事件。他说："但这终归要取决于国企高管。他们中大多数人仍远未掌握最基本的现代企业管理技能，而在信息安全方面的经验就更无从谈起了。"

熟悉侵犯商业秘密案件的上海律师于杰对国家有关部门的介入表示欢迎，但他也对这种严厉举措的可持续性表示怀疑。于杰说："解决此问题最终还要靠司法系统，而不是国家行政机构。实际上，由于中国企业都爱面子，很少有案子会闹到法院。在这种背景下，力拓案或能成为一件好事，因为该案给了所有人一个教训，即漏洞百出的信息安全机制将造成严重损失。"

思考：

本案例反映出我国企业当前保密工作存在哪些问题？

富士康诉比亚迪窃取商业秘密案

2006 年 6 月，富士康集团（简称富士康）的两家子公司——深圳富泰宏精密工业有限公司与鸿富锦精密工业（深圳）有限公司，一纸诉状把比亚迪股份有限公司（简称比亚迪）告上深圳市中级法院，以侵犯商业秘密为由索赔 500 万元。深圳市中级法院在比亚迪办公地点查扣复制的该公司高管柳湘军和司少青（二人曾是富士康员工，后相继到比亚迪工作）的电脑硬盘内容。在查扣的电脑硬盘中大约存有八九千份文件，包括写有富士康文头的 WORD 文件，有的文件上有富士康公司的标志，下有富士康相关主管人的签字。

思考：

本案例对我们做好企业保密工作有什么启示?

任务一 泄密的防范与查处

【任务描述】

公司最近有几个项目要投标，前期做了详尽的调研数据分析，撰写了调研报告。公司领导要求把握市场信息，做好项目标书，特别强调注意自身技术保密。作为行政事务部秘书，如何根据工作特点，做好相关工作?

一、保密工作认知

保密工作作为社会发展的一个重要环节，已经越来越受到重视。在充满挑战和竞争的时代，随着科学技术的快速发展，企业或组织内部核心信息、技术的竞争成为企业竞争的重要筹码。以信息和技术为主构成的企业秘密，是各行各业重要的无形资产，包含极高的市场价值和潜在利润，维系着企业的竞争优势，其失密往往会使企业在商战中遭受巨大经济损失，丧失竞争优势，甚至直接关系到企业的生存。如何做好开放条件、信息化条件下的办公室保密工作，保证企事业单位安全生产经营与管理，维护自身经济与社会利益是当前保密工作的重大问题。

（一）秘密的构成

单位（包括机关、企事业单位，以企业为主）秘密包括商业秘密和工作秘密，同时也会产生少量的国家秘密，也需要企业保护。其中商业秘密在企业的竞争中占有重要的地位。我国现行的《民事诉讼法》把商业秘密定义为："技术秘密、商业情报及信息等，如生产工艺、配方、贸易联系、购销渠道等当事人不愿公开的工商秘密"。《中华人民共和国反不正当竞争法》对商业秘密的定义为："是指不为公众所知悉、能为权利人带来经济利益、具有实用性并经权利人采取保密措施的技术信息和经营信息"。这一法律定义概括了商业秘密的内涵和外延，规定了商业秘密包括技术信息和经营信息两类。

技术信息，是指权利人采取了保密措施不为公众所知晓（未取得工业产权保护）的，具有经济价值的技术知识（包括制造某种产品或者应用某项工艺以及产品设计、工艺流程、配方、质量控制和管理等方面的技术知识）。技术秘密持有人一般是出于独占的考虑而不申请专利（使其公开）。技术秘密通常包括制造技术、设计方法、生产方案、产品配方、研究手段、工艺流程、技术规范、操作技巧、测试方法等。技术秘密的载体，可以是文件、设计图纸等，也可以是实物性载体，如样品、动植物新品种等。

经营信息，是指权利人采取了保密措施不为公众所知晓的，具有经济价值的有关商业、管理等方面的方法、经验或其他信息。经营信息包括企业的发展规划和计划、营销方式、货源、财务会计报表、客户名单、谈判地盘、招投标中的标底及标书内容等信息。

（二）保密工作的价值

依法保护工作事务秘密，有效遏制和打击侵犯商业秘密的不正当竞争行为，是维护企业的合法权益、倡导诚信商业规范、建立公平竞争秩序、保障经济运行安全的重要措施。企业要不断适应形势和任务变化的需要，增强商业秘密保护意识，完善商业秘密管理机制，有效提高商业秘密保护水平。在管好国家秘密的基础上，要把本行业、本单位的商业秘密以及传统工艺秘诀管住管好，防止国有无形资产的流失，增强市场竞争力。

（三）办公室保密纪律

办公室人员由于工作的特殊性，要接触大量的文件、接触领导，掌握一些机密情况，因此对他们要有严格的纪律要求。办公室的保密纪律主要是：

不该说的话，绝对不说；

不该问的机密，绝对不问，不打听；

不该看的机密文件，绝对不看；

不该记录的机密，绝对不记录；

不在非保密本上记录机密；

不在私人通信中涉及机密；

不在公用电话、明码电报和普通邮信中办理机要事项；

不在公共场所谈论机密；

不在不利于保密的地方存放机密文件和机密资料；

不携带机密材料游览、参观、探亲访友和出入公共场所。

二、办公室保密工作的主要范围

（一）文件保密

文件保密包括秘密文件、资料、图表等的保密和传真的保密。这是办公室保密工作的重要内容。

（二）会议保密

召开内部重要会议，会前就要布置保密工作，进行必要的保密安排。会议期间和会后，对会议是否公开、何时公开，都应由企业高层决定。但在未正式公开之前，办公室人员不得泄漏相关会议信息。对会议上企业重要领导讲话和重要内容都不得随意扩散。会后，办公室人员应在会场、会议住宿宾馆等进行检查，看有无会议重要文件遗失。会议上发放的文件，需要清退的，应办好退还手续，规定让与会者带回的文件，也要求回去后交部门保管，私人不应留存。

（三）新闻报道和出版物的保密

我国报纸、刊物和其他出版物的数量很大，注意新闻报道和出版物的保密十分重要。在与新闻单位交往中，特别是在对企业进行宣传报道活动中，对有可能涉及本公司某些机密的，应对报道内容进行适当处理，或请示上司确定报道范围。

（四）科技和涉外保密

对发明创造或是特殊工艺技术，企业应有很强的保密观念。在与其他企业的交往活动中，特别是涉外接待中，要加强这方面的保密观念。遇到问题时，要主动、及时向主管领导请示，要防止各种以参观访问、学习进修、交流活动为名，窃取科技情报的事件发生。

（五）电子计算机及通信保密

现代化办公设备和办公技术已广泛应用于企业的生产经营管理活动中。在使用这些设备时，应注意掌握相关设备的保密技术，防止被监听、窃听，被盗取企业机密。

三、办公室泄密的主要渠道

从上述办公室所涉及的保密工作的范围来看，办公室出现泄密的渠道有以下几种。

（一）办公室人员泄密

办公室人员在工作中掌握和接触的企业秘密事项较多。这些秘密事项在一定时间内只限于一定范围的人员知晓。但是如果办公室人员缺少保密意识，特别是年轻人保密观念差，就很容易在私人交往活动中泄露秘密，比如在电话里和他人闲聊企业的人事关系、人事调动，在短信或是邮件中透露自己和上司的行踪等。也有一些办公室人员，喜欢在参加社交活动或是朋友聚会中，在公共场所大谈特谈企业秘密，以此卖弄和炫耀自己。这些行为不仅扩大了知密范围，更重要的是说者无心，听者有意，很容易被别有用心的人利用。

同时，办公室人员在会议组织和文件处理上的违规操作也十分容易导致泄密现象产生。比如没有合理制定文件密级、拟稿时没有在规定的地点进行、没有明确的发放范围、缺乏严格的收发文管理制度等，这些行为都容易造成泄密。在组织会议时，也必须考虑会议的保密因素：一是与会人选问题，二是通知方式和内容问题，三是与会文件保密问题，四是会址保密问题以及相应的安全保卫问题等。在会议进行过程中，对于有保密要求的，应做到到会人员不得随意变换，未经批准不得随意记录、录音、录像。任何一项操作违规，均可导致会议泄密。

离职或在职员工也会受不当利益驱使而导致泄密。离职员工可能带走商业秘密，提供给竞争对手或利用带走的商业秘密开展生产经营活动；也有少数在职涉密人员禁不住金钱诱惑，向他人提供所在企业的商业秘密；有的在职涉密人员在竞争对手的企业中担任兼职，将本企业的秘密泄露。近几年，国内一些大型企业也出现了不少类似的案例，如原深圳华为技术公司高管李某带走公司核心技术另立门户，给华为公司造成了巨大损失。

（二）办公设备泄密

高技术性能计算机及网络设备和多功能办公自动化设备等新产品的普遍使用，方便了工作，有效地提高了企业组织管理效率，但同时也带来了严重的泄密隐患。常见的办公设备泄密主要有：

1. 计算机泄密

计算机的泄密隐患很多，除了大家熟悉的系统漏洞、黑客攻击、病毒等，还有：

（1）电磁泄漏发射。屏幕上显示出的信息，在一定距离内用相应的设备可以直接接下来。

（2）磁介质残留信息复现。国外已掌握了从抹除的磁盘上读出信息的技术，即便磁盘已经改写了 12 次，仍可以将抹去的信息恢复。

（3）易于复制。计算机中存有的大量信息，很容易被复制、拷贝，速度快，不留痕迹。

2. 手机泄密

手机信号通过发射无线电波在空中传递，其信道是开放型的，易被截获。只要利用侦察监视技术就能发现目标、识别目标、监视跟踪目标，并且能给目标进行定位。某些牌号的手机还具有隐蔽通话功能，即可以在不震铃甚至不开机的情况下，由待机转为通话状态，从而将周围的声音发射出去，使手机变成了窃听器。

3.电话机泄密

电话机在工作过程中，会产生电磁泄漏发射。长途有线通信的电磁场更强，是依靠微波和卫星接转的，信号在空中传递，通话内容随时可能被别人接收。通信的距离越长，泄密的危险性越大。

4.传真机泄密

传真机是利用扫描技术以仿真形式、通过有线或无线信道传递图像和文字的。只要掌握用户传真机的号码，用相应的接收设备就可以截获用户所传递的文件、资料。

5.软件泄密

在办公自动化设备中，大部分要通过安装在计算机上的软件来控制，这有可能成为泄密源。

6.设备维修泄密

办公设备在工作中，会将有关信息暂存在内部存储器中，当设备进行维护、保修、报废时，他人可通过联机测试等设备非法获取有关信息。

（三）传媒泄密

《中华人民共和国保密法》中对有关军事、商业、科技等部门的行动、方位、资料公开宣传报道都有明确而严密的规定，这使得相应的传媒的新闻泄密不易发生。但是，近年来随着公开出版、发行的出版物急剧增多，信息爆炸使得公开传播的各种信息迅猛增长。在迅猛增长的信息背后，通过对各种琐碎、零散的传媒信息进行分析、处理、整合，传媒泄密的可能性迅速扩大。虽然有些传媒对某些事情并未具体报道，只是浅层、粗线条地报道，任何单篇报道都不会造成什么严重后果，但是如果将某一企业或某一主题的报道整合，就会暴露很多问题。

（四）合作交往泄密

单位在接待外来人员参观、访问时容易泄密。内部人员保密观念不强，在不合时宜的场所随意公开内部秘密，在接待外来人员的参观、访问、贸易洽谈之时，违反保密制度，轻易地将宝贵的内部秘密泄露出去。众所周知，宣纸生产技术是我国一项传统工艺，某外商参观我某造纸厂时，详细地了解了原料种类、配比、选择和处理以及原料所用碱水浓度等，对生产的全过程进行录像，还要走了生产宣纸的原料，并以帮助化验为名装走了造纸用的井水。结果，我国具有悠久传统的宣纸生产技术秘密顷刻间被轻易窃走。

（五）商业间谍泄密

有些公司认为，研究开发最有效的捷径莫过于获取竞争对手的商业秘密。这种观念使得越来越多的公司，甚至包括具有良好国际信誉的公司，利用商业间谍非法获取竞争对手的商业秘密。

四、办公室泄密的原因

（一）保密观念淡薄，保密纪律松弛

目前，依然还有众多的企业对保密工作缺乏正确的分析、判断，意识不到企业商业秘密保护的重要性。保密观念的淡薄，势必带来企业保密工作的重大问题，执行保密法规、纪律马马虎虎，极不严肃，致使发生泄密问题。

（二）缺乏保密知识，保密观念陈旧

中国的保密教育主要是针对国家机关和国有企业的，对于民营企业的保密教育几乎是空白。这直接造成了绝大多数企业员工缺乏系统的保密知识，不熟悉有关保密法规和保密纪律规定，不掌握基本的保密常识。

（三）保密防范和保密检查技术落后

在科学技术迅猛发展的今天，保密工作仅靠人的努力是不够的，必须采用一定的技术手段。但是，目前由于种种原因，技术开发、设备研制都未形成规模；已有的保密检查技术和保密防范技术也未能很好地装备和应用。由于防范泄密和检查泄密隐患技术能力不强，因此一些泄密问题和漏洞难以及时发现，给保密工作留下极大的隐患。

（四）对泄密问题查处不力

多年来，重大泄密案件时有发生且屡禁不止，有的企业对泄密持无所谓的态度，有的隐瞒不报，或大事化小，小事化了，有的该处理不作处理，该重处的从轻发落。对泄密事件不能严格执法，严肃处理，在客观上对强化保密观念、防止泄密问题的发生非常不利。

五、办公室泄密的防范

企业办公室泄密的防范主要包括两个方面：一是管住人，二是管好事。只有管住了人，管好了事，才能有效地管住企业秘密不被泄露。

（一）管住人

对人员的管理，重点是要管住涉密人员。对能接触企业秘密的各类工作人员，要严格把关，按照要求对人员进行严格审查，并且要经常进行教育和观察，提高企业员工保密的觉悟、知识和能力，增强保密自觉性。

在人员管理上，企业一定要加强对具体承办、使用、管理企业秘密事项的在岗人员的涉密行为的管理和监督，明确规定他们的保密义务和责任，使他们在处理涉及企业秘密工作过程中严格按照保密规范办事。对于离岗人员或是辞职人员也应进行保密管理，

主要是通过签订保密协议的方式，规范保密行为。

对违反保密规定造成泄密的人员，依纪依法严肃处理，这同样是防止泄露企业秘密的一项重要措施。严肃查处泄密事件及其责任人，不仅可以教育本人，也对企业其他员工具有教育警示意义。

（二）管好事

企业加强对涉密事项的保密管理，严格区分“事”是否属于企业秘密，准确划分秘密与非秘密的界限，做好确定密级和保密期限及知悉范围的工作。企业秘密一经确定，应立即告知相关人员。只有这样，接触该事项的人员才能有目标地去做好保密工作。管事要建立制度。保密制度是处理涉密事项的规则。只有做到有健全、完善的制度，并严格按制度办事，才能保证企业秘密的安全。要对涉密事项进行跟踪管理，把保密管理措施落实在办理涉密事项的各个具体环节上。涉密事项的产生、使用、保存是一个过程，要保证在全过程中保密管理措施到位。企业要防止秘密信息被泄露，还应采取一定的保密技术措施，配备必要的保密技术装备。

六、办公室泄密的查处

如果办公室人员发现失密、泄密、被窃密的情况，应该及时进行查处。

首先，办公室人员应当立即报告直接上司，以便及时采取补救或应急措施，并及时报告有关部门。

其次，立即向公安机关报案。及时报案并查处，有利于控制泄密范围，减少泄密造成的损失。如果泄密内容涉及国家秘密，还应向国家安全机关报告。

泄密事件发生后，企业还可以利用法律来维护企业利益，通过法律向泄密者索要经济损失赔偿。

任务二

保密工作事务的具体处理

【任务描述】

公司行政事务部总监参加了总公司关于保密工作专题培训，现在要落实到公司管理的具体环节中。你认为公司在保密工作的具体事务处理上，需要着重注意哪些环节?

企业保密工作应以国家相关法律法规为依据，坚持“预防为主、突出重点、便利工作、保障安全”的方针，着重做好以下几个方面的具体工作。

一、建立健全保密工作组织机构

保密工作是一项专业性和群众性都很强的工作，在充分发动广大员工做好保密工作的同时，办公室应辅助领导建立健全各级保密工作的组织机构，成立企业保密工作委员会，负责企业保密具体事务，依法组织开展商业秘密保护教育培训、保密检查、保密技术防护和泄密事件查处等工作。有条件的企业应当配备专职保密工作人员，负责商业秘密保护管理。企业内部的科技、法律、知识产权等业务部门按照职责分工，负责职责范围内商业秘密的保护和管理工作。

在各业务部门确定保密员，主要负责所在部门的具体保密工作。保密员应根据企业保密工作委员会对保密工作的要求和本部门负责人意见，草拟、收集、保管有关保密信息和内部资料，并对本部门人员保密制度的执行进行监督。

二、明确企业秘密事项

（1）确定本企业商业秘密的保护范围。一般企业商业秘密主要包括：战略规划、管理方法、商业模式、改制上市、并购重组、产权交易、财务信息、投融资决策、产购销策略、资源储备、客户信息、招投标事项等经营信息；设计、程序、产品配方、制作工艺、制作方法、技术诀窍等技术信息。

（2）企业应及时拟定本企业商业秘密及其密级、保密期限和知悉范围，并根据企业发展变化及时进行变更调整。

（3）一般根据泄露会使企业的经济利益遭受损害的程度，将企业密级确定为核心商业秘密、普通商业秘密两级，密级标注统一为“核心商密”、“普通商密”。

（4）设定商业秘密的保密期限。可以预见时限的以年、月、日计，不可以预见时限的应当定为“长期”或“公布前”。

（5）企业商业秘密的密级和保密期限一经确定，应当在秘密载体上做出明显标志。标志由权属（单位规范简称或者标识等）、密级、保密期限三部分组成。

（6）企业根据工作需要严格确定商业秘密知悉范围。知悉范围应当限定到具体岗位和人员，并按照涉密程度实行分类管理。

（7）商业秘密需变更密级、保密期限、知悉范围或者在保密期限内解密的，由业务部门拟定，主管领导审批，办公室备案。

（8）商业秘密的密级、保密期限变更后，应当在原标明位置的附近做出新标志，原标志以明显方式废除。保密期限内解密的，应当以能够明显识别的方式标明“解密”的字样。

三、完善保密工作制度

制度是保密工作的保证，企业应根据新形势、新技术条件，在《中华人民共和国保密法》及《中华人民共和国保密法实施办法》所规定的要求下，建立健全保密工作制度。保密工作制度应包括保密范围和密级确定、保密措施、保密守则等内容，可以根据企业工作实际分项制定办公室人员保密守则、文书工作保密制度、会议保密制度、涉密档案管理办法等具体制度。

四、落实秘密保护的措施

常见的企业秘密保护措施有：

（1）企业与员工签订的劳动合同中应当含有保密条款。

（2）企业与涉密人员签订的保密协议中，应当明确保密内容和范围、双方的权利与义务、协议期限、违约责任。

（3）企业应当根据涉密程度等与核心涉密人员签订竞业限制协议，协议中应当包含经济补偿条款。

（4）企业因工作需要向各级国家机关，具有行政管理职能的事业单位、社会团体等提供商业秘密资料，应当以适当方式向其明示保密义务。所提供的涉密资料，由业务部门拟定，主管领导审批，办公室备案。

（5）企业涉及商业秘密的咨询、谈判、技术评审、成果鉴定、合作开发、技术转让、合资入股、外部审计、尽职调查、清产核资等活动，应当与相关方签订保密协议。

（6）企业在涉及境内外发行证券、上市及上市公司信息披露过程中，要建立和完善商业秘密保密审查程序，规定相关部门、机构、人员的保密义务。

（7）对涉密岗位较多、涉密等级较高的部门（部位）及区域，应当确定为商业秘密保护要害部门（部位）或涉密区域，加强防范与管理。

（8）企业应当对商业秘密载体的制作、收发、传递、使用、保存、销毁等过程实施控制，确保秘密载体安全。

（9）企业应当加强涉及商业秘密的计算机信息系统、通信及办公自动化等信息设施、设备的保密管理，保障商业秘密信息安全。

（10）企业应当将商业秘密保护工作纳入风险管理，制定泄密事件应急处置预案，增强风险防范能力。发现商业秘密载体被盗、遗失、失控等事件时，要及时采取补救措施，发生泄密事件要及时查处并报告国务院国资委保密委员会。

（11）企业应当对侵犯本单位商业秘密的行为，依法主张权利，要求停止侵权，消除影响，赔偿损失。

（12）企业应当有一定的经费保证用于商业秘密保密教育、培训、检查、奖励及保密设施、设备购置等工作。

五、秘密事项承诺管理

属于秘密事项承诺管理的内容主要包括：

（1）企业所有成员（无论何种用工形式）在上岗或离岗时均须签订保密承诺书。在岗人员还应在年度述职或工作总结中对保密承诺执行情况作出说明。保密承诺书内容一般包含三部分：第一部分为单位、姓名、职务（岗位）、涉密等级及承诺书编号；第二部分为保密守则；第三部分为保密承诺，保密承诺须本人亲自签名，并注明签订日期。

（2）企业根据员工工作岗位接触、知悉企业秘密的程度确定人员涉密等级。企业董事会董事、高级管理人员、办公室机要文件收发及档案管理人员等界定为“重要涉密人员”，其他人员界定为“一般涉密人员”。在岗位调整时涉及涉密等级变化的人员，应在及时调整涉密等级的同时进行涉密期限的管理。

六、文书资料保密管理

企业文书资料保密应重点做好以下管理工作：

（1）办公室文书（保密员）对收到的文件要认真登记、编号，按规定的范围和程序传阅、办理。其中具有“秘密”级以上的文件，要及时送上司阅示，紧急密件、密电要随到随送、不过夜，阅后及时退回办公室，按保密规定保存或送缴发文单位。

（2）属企业绝密、机密内容的电子文档必须用专用磁盘。绝密纸质文件只能打印一份，由起草人送有阅文资格的人员传阅，阅完后由起草人收回归档，保存在具有保险防护装置的橱柜内。机密文件和资料，由起草人根据批阅人要求按审阅人数确定打印份数，并对每份进行编号后登记发放，阅完后由起草人收回归档，保存在具有保险防护装置的橱柜内。秘密文件、资料由办公室文书（或部门保密员）根据要求确定打印份数、登记发放，由阅文人妥善保管，最后按档案管理制度立卷归档。

（3）“秘密”级以上的文件未经企业领导批准，不得查阅、复印和严禁携带外出；经领导批准，查阅时要做好查阅登记工作。

（4）妥善保管秘密文件、内部资料，不在不利于保密的地方存放秘密文件、内部资料。

（5）当公开企业信息、资料时，凡涉及企业内部统计数字、资料的，必须经领导同意。

七、会议与活动保密管理

具有属于企业秘密内容的会议和其他活动，应采取下列保密措施：

（1）选择具备保密条件的会议场所，严禁使用无线话筒传达和向室外扩音。

（2）根据工作需要，限定参加会议人员的范围，对参加涉及密级事项会议的人员予以指定。

（3）规范管理使用会议设备、管理会议文件。

（4）确定会议内容是否传达及传达范围。

（5）凡规定不准记录的会议内容，与会人员不得记录。

（6）与会人员不得以任何形式对外泄露会议秘密内容，不得公开报道会议秘密事项。

（7）会议结束后，要对会议场所进行保密检查，查看有无遗失的文件、资料、笔记本等。

（8）与会人员进入涉密会议会场前要关闭手机，未经批准，不得将通信工具以及具有录音、录像、拍照等信息存储功能的设备带入涉密会场。

八、电子信息保密管理

随着办公现代化的普及，用计算机、电子网络处理、传输企业内部信息和资料已为日常工作，因此电子信息涉密管理日显重要。企业应对计算机、局域网的保密管理做出规定。

（1）企业资产管理部门负责计算机的添置，并对计算机进行登记备案，建立计算机台账。

（2）企业涉及秘密的计算机由专人保管，按有关规定管理使用，并做到与国际互联网脱离。

（3）企业一般应专设一台涉及公司秘密及内部资料的计算机，不与任何网络连接，按有关规定操作和储存信息，定期对信息进行光盘记刻录，并登记编号保存。

（4）各部门计算机由使用人员做好设备的日常清洁、维护工作。计算机使用人员对所使用的计算机设置并保管开机密码和屏保密码。密码由所在部门保密备份一份，以防遗忘。

（5）计算机使用人员不得使用来历不明的软盘或光盘，禁止在计算机上传播含有反动、黄色淫秽内容的信息。未经企业领导同意，不得将企业文件和数据拷贝或传输给其他单位或个人。

（6）计算机应安装正版杀毒软件，计算机使用人员应定期对所使用的计算机扫描杀毒，如遇清除不了的病毒或其他故障，应及时报告，由办公室安排专业人员进行杀毒或维修。

（7）企业局域网安装硬件防火墙和路由器，通过技术手段物理隔离病毒，规范计算机上网管理，局域网机房由专人管理，保持机房整洁。如有故障则报请办公室安排专人进行维修，其他人员未经许可不得入内。

（8）在计算机上处理涉及公司内部秘密信息的文件时，该计算机必须切断与互联网的联通，用后及时存储到专用可移动介质（移动硬盘），当处理结束后可移动介质应及时在计算机上移除，做到“计算机不涉密，可移动磁介质不联网”。

（9）企业可为各职能部门配备可移动介质（移动硬盘），指定专人妥善管理，进行统一登记编号和密级标识；各职能部门定期将保密信息在公司保密计算机上进行备份，以防资料的丢失；报废涉密硬盘及可移动存储介质时，按涉密载体管理的有关规定统一上交集中销毁。

（10）企业网站是公司宣传企业形象的重要窗口，在及时上传公司新闻等信息时，由专人填写公司网站上传信息登记审批表，经公司总经理或总经理授权人员审批同意后，由专人负责上传。

九、手机保密管理

手机等移动通信工具的广泛使用，给工作带来了很大方便，但是随着信息技术的发展，手机的功能越来越多，泄密隐患也越来越多。因此，必须加强手机保密工作。

（1）企业涉密人员不得在手机通话中涉及企业秘密事项，不得发送涉及企业秘密事项的信息。

（2）核心涉密人员、重要涉密人员应尽可能配备和使用专用手机，使用的手机应经过必要的安全检查。不得使用未经入网许可的手机和开通位置服务、连接互联网等功能的手机，不得使用他人赠予的手机。

（3）核心涉密人员、重要涉密人员的手机出现故障或发现异常情况时应立即报告，并在指定地点维修。无法修复使用的，应按涉密器材销毁。

（4）涉密场所的手机使用保密管理必须明确要求，落实责任，完善设施。核心涉密场所禁止带入手机，因特殊原因带入的，手机要取出电池或采取屏蔽措施；重要涉密场所禁止使用手机；一般涉密场所限制使用手机。

【技能训练】

训练·案例讨论分析

一、训练目标

通过案例分析与训练，学生能够熟练掌握企业保密工作的技能。

二、训练方案与要求

（一）背景资料

商业机密被盗　企业产品滞销

永康市不少企业为商业泄密困扰

商业机密是永康市许多企业赖以生存和发展的法宝。但记者在调查中了解到，商业泄密事件正在不断地困扰着永康市不少企业，企业为此已蒙受巨大的经济损失。

商业泄密已出现多种类型

对商业泄密，曾有人打趣说，“世界上有三个秘密是人们不知道的：英国女王的财富，巴西球星罗纳尔多的体重和可口可乐的秘方”。事实上，商业泄密者已在经济活动中无孔不入。据了解，永康市企业中出现的商业泄密事件也出现多样化。

一、亲属暗盗商业机密

永康市有一家生产机械配套产品的企业，所生产的配套产品专供重庆一家整机生产厂家。本月初，企业老总发现重庆厂家不断向他的产品压价。他才想起，上月负责生产配套产品的两名工作人员不辞而别，其中一名还是他的亲戚。

通过四处打听，他了解到这个亲戚已在武义租了一座厂房，生产和他一模一样的产品。当初考虑到是自己的亲戚，这名企业老总就将产品图纸全部交给这名亲戚管理。在管理过程中，这名亲戚就私自将产品图纸复印了一份，偷偷盗走了这名企业老总的商业机密。

二、配套厂家窃密

方小东（化名）在东阳创办了一家木制品生产企业。这种木制品需要多个部件，他就将其中的几个部件请其他厂家加工生产。今年初，他发现其中的一家配套厂家开始生产跟他同样的产品，而且以比他产品更低的价格投放市场，他的产品销量迅速下降。

原来，这家配套厂家的业主常跑到他的厂里，了解这种木制品的整个生产过程和其中的工艺。当初，方小东并没有想到这家配套厂家的业主是早有预谋的。

三、管理人员带着"联络图"跳槽

这是在永康市企业中常发生的一种商业泄密现象。同类企业之间常用高薪为诱饵，"钓"走竞争对手的管理人员，在这些频繁跳槽的管理人员口中了解到对手的商业机密。

不少业主不知如何保密

从这些商业泄密事件中可以看出，永康市不少业主还不懂得如何保护自己的商业机密。在永康市规模以上的企业当中，业主都会跟员工或配套厂家签订保密协议。但一些小型企业的保护意识十分缺乏。昨日，方小东就说，这家配套厂家的业主跟他是多年的朋友，考虑到是朋友关系，他压根就没有考虑到要对朋友保密。

一旦发生商业泄密事件，永康市不少业主不知如何去维护自身的权益。从今年年初开始，永康市某日用五金厂的业主就托人到公安等部门反映自己的员工盗走商业机密的事。直到本月中旬，他的事才得到圆满解决。这时，他才知道，这类事情只要到劳动仲裁部门就可以了。永康市仲裁部门已要求那名盗走商业机密的员工支付数万元违约金，并要求这名员工在五年内不得从事跟这名业主相类似的生产经营活动。

（二）训练要求

1. 通过案例分析，谈谈我国企业在商业秘密保护方面存在哪些问题。

2. 结合你所掌握的企业保密工作知识，分别针对三则案例中的问题提供一些解决方案。

（三）训练步骤

1. 本次训练应在前一堂课后布置课外学习活动，在本次课堂上进行分析讲解。

2. 分组讨论训练要求的第二个问题。

3. 每组上交一份作业（解决方案，可以是电子文稿）。

4. 教师选择一个小组上交的方案，进行分析评议。

（四）训练提示

1. 训练准备：将前一堂课结束后布置的课外作业——每组收集1～2份关于商业秘密防范的相关案例，带到本次训练课堂。

2. 建议收集并播放保密工作的相关视频，以强化保密意识，提升学习训练效果。

【拓展资源】

某公司保密工作制度

第一章　总则

第一条　为了保守国家秘密和某省某投资集团有限公司（简称集团公司）的企业秘密，维护国家利益和集团公司利益，保障集团公司投资、经营、管理工作的顺利进行，根据《中华人民共和国保密法》和有关规定，制定本制度。

第二条　国家秘密是关系国家的安全和利益，遵照法定程序确定在一定时间内只限一定范围的人员知悉的事项；企业秘密是关系集团公司、所属企业及其子企业的安全和利益，依照一定程序确定，在一定时间内只限一定范围的人员知悉的事项和信息。

第三条　集团公司所属企业都有维护国家秘密和集团公司企业秘密的责任，集团公司全体员工都有保守国家秘密和企业秘密的义务。

第四条　集团公司保密工作的主要任务是贯彻执行《中华人民共和国保密法》及省委、省政府有关保密工作的规定和要求，不断加强保密工作，确保国家秘密和企业秘密的安全，维护集团公司的利益。

第五条　集团公司保密工作贯彻“突出重点、积极防范、内外有别，既确保国家秘密、企业秘密，又便于各项工作开展”的方针。

第六条　集团公司综合事务部在集团公司保密委员会的统一领导下，具体负责集团公司保守国家秘密和企业秘密的工作，并指导所属企业的保密工作。

第二章　秘密的范围和密级

第七条　根据集团公司的企业性质和日常工作的特点，集团公司企业秘密包括下列事项：

（1）集团公司的发展战略和发展规划、重大战略部署和投资决策、经营中的秘密事项；

（2）集团公司年度计划、未下达的考核及评价指标、未公开的财务数据；

（3）集团公司未公开的重大经营决策以及为决策所提供的资料、数据及其他秘密事项；

（4）有关集团公司及所属企业重组、兼并、破产、关闭中涉及的秘密事项；

（5）集团公司重要投资项目的可行性研究、财务分析及涉及投资项目的其他秘密事项；

（6）历年投资、经营、管理活动中形成的重点科技成果，发明创造的关键技术、工艺、参数，重大科研项目的开发规划等秘密事项；

（7）集团公司重要会议记录、会议专题报告和重要会议召开之前涉及的秘密事项；

（8）人事档案、未公布的人事任免、工资分配、人员奖罚方案等事项；

（9）查处重大违纪、审计等案件所涉及的秘密事项；

（10）日常工作中形成的，根据省委、省政府的有关规定应当保守的秘密事项。

第八条　在日常工作中涉及的国家秘密事项，根据有关法律、法规确定。

第九条　国家秘密和企业秘密按其性质分为绝密、机密、秘密三个等级。

第十条　属于集团公司企业秘密的文件、资料，应当按规定标明密级。秘密文件、资料密级和保密期限的确定，由经办部门或承办人提出，报集团公司有关领导审批。在办文结束后，交集团公司综合事务部保密室存档。

第十一条　已归档保存的文件、资料的密级，由保密员根据其内容和保密期限，经有关领导批准后，定期进行调整：

（1）凡已批准对外公开或已超过保密期限，不再需要保密的文件、资料，予以解密；

（2）凡秘密程度已经降低，但仍要在一定范围或时间内保密的文件、资料，予以降密；

（3）凡随时间推移，内容需加以保密或限制使用范围、领域的文件、资料，予以重定密级。

第三章　保密措施

第十二条　属于国家秘密的文件、资料和其他物品的制作、收发、传递、使用、复制、保存和销毁，应严格按国家保密工作的规定和程序处理：

（1）未经原确定密级的单位确认或者上级机关批准，不得复制、摘转；

（2）收发、传递和外出携带，必须按照国家规定程序办理手续后由保密员或集团公司有关领导指定的人员负责，并采取必要的安全措施；

（3）必须在保密措施完善的设备或场地中保存。

集团公司及所属企业在对外经济往来与合作中需提供的文件、资料，内容若涉及国家秘密的，应按有关法律和法规规定程序办理。

第十三条　属于集团公司企业秘密范围的文件、资料和其他物品的制作、收发、传递、使用、复制、保存和销毁，应按国家保密工作的有关规定和本制度要求处理：

（1）未经集团公司有关领导批准，不得复制、摘转；

（2）收发、传递和外出携带，由保密员或集团公司领导指定人员负责，并采取必要的安全措施；

（3）必须在保密措施完善的设备或场地中保存。

集团公司及所属企业在对外经济往来与合作中需提供的文件、资料，内容若涉及集团公司企业秘密的，应按本办法规定程序报请集团公司有关领导或所属企业领导批准。

第十四条　举行涉及国家秘密或集团公司企业秘密的会议和进行其他具有保密要求的活动，应采取保密措施，并对参加人员进行保密教育，提出具体要求，其正式会议记录由集团公司保密室保存。

第十五条　集团公司根据需要设专职保密员（机要秘书），负责保密的具体工作。所属企业也必须按规定配置专职或兼职保密员。

第十六条　专、兼职保密人员必须具备较强的政治责任感、思想水平和专业素质，热爱本职工作，有事业心和进取心。

第四章　保密委员会工作职责

第十七条　集团公司设保密委员会，在省保密局和集团公司党委的统一领导下，指导、部署和检查集团公司及所属企业的保密工作，其工作职责主要有：

（1）贯彻、执行党和国家以及省委、省政府的有关保密工作的方针、政策和规章制度；

（2）依照《中华人民共和国保密法》，拟定集团公司保密工作的规章制度和细则，并贯彻落实；

（3）指导、监督集团公司及所属企业的保密工作，确保保密工作有人管、管到位，责任落实；

（4）结合典型事例，定期开展保密宣传教育工作，增强全体员工的保密观念；

（5）定期召开集团公司保密工作会议，总结工作经验，制定工作计划；

（6）严肃处理失、泄密事件，并根据情节轻重，提出处理意见；

（7）定期组织保密人员进行业务培训，提高保密工作人员业务素质；

（8）规划、指导、实施集团公司现代办公设备的保密技术和保密措施，监督、检查和落实集团公司本部及所属企业计算机、办公网络及办公自动化系统的保密措施；

（9）加强对可能接触或掌握重大秘密的工作人员的防泄密、保密教育，完善电话通信和办公自动化系统管理的保密制度，努力提高保密技术防范能力；

（10）积极开展调查、研究解决保密工作中出现的新问题；

（11）积极完成上级交办的其他保密事项。

第五章　奖励与处罚

第十八条　具有以下情形之一的，应当给予奖励：

（1）长期从事保密工作，维护国家和集团公司的利益，做出较大贡献的；

（2）在改进保密技术、措施等方面成绩显著的；

（3）在紧急情况下，保护、抢救国家秘密或集团公司的秘密文件、资料的；

（4）同抢劫、盗窃、毁坏、出卖国家秘密或企业秘密文件、资料及其物品的行为进行斗争，以及对检举、揭发、破案有功的。

第十九条　具有以下情形之一的，根据情节轻重，给予纪律处分或依法追究刑事责任：

（1）违反保密纪律、玩忽职守、泄露或遗失国家秘密或企业秘密文件、资料的；

（2）对窃密或重大泄密行为不制止、不斗争、不报告的；

（3）对揭发检举窃密、失密、泄密的人进行报复的；

（4）利用国家秘密或企业秘密进行非法活动的。

第六章　附则

第二十条　集团公司所属企业应根据法律有关规定和本管理办法的要求，制定本企业的保密工作管理办法，报经集团公司批准后执行。

第二十一条　本办法经集团公司总经理办公会议通过后执行，由集团公司保密委员会负责解释。

项目二

企业安全保卫工作

【学习目标】

任务分布	任务名称	知识目标	能力目标	学时
岗位任务 1	保卫工作职责制定	1. 了解企业保卫工作范围、性质 2. 熟悉企业保卫工作职责	能够制定企业保卫工作职责，组织实施企业保卫工作	1
岗位任务 2	财产安全与消防管理	1. 了解火灾的定义和分类 2. 了解安全事故分类、安全事故处理的原则 3. 熟悉消防安全的组织 4. 熟悉火灾预防和控制	能够制定消防管理制度，开展消防管理工作	2
岗位任务 3	安全事故的应对处理	1. 熟悉安全事故预防措施 2. 掌握安全事故处理流程	能够按照流程进行企业安全事故处理	1

【案例导入】

央视火灾事故

2009 年 2 月 9 日晚 20 时 27 分，北京京广桥附近的央视新大楼北配楼发生火灾，火势凶猛。大火燃烧了近 6 个小时，附近千人被疏散。火场救出 30 多名伤员，1 名消防人员牺牲，火灾的过火面积达 10 余万平方米，位于楼内南侧演播大厅的数字机房被烧毁。据一位建筑学家估算：火灾造成的损失保守估计为 6 亿～7 亿元。

国家安全监管总局介绍，央视新址配楼火灾事故的现场勘察基本结束，初步认定这是一起重大责任事故，已对 24 名事故相关责任人进行拘捕。这次火灾是违规燃放烟花引起的。火灾现场发现的 A 类烟火与北京举办奥运会时燃放的烟花类似，是北京市明令禁止燃放的产品。燃放时，曾有治安民警进行劝阻，然而业主单位执意燃放。由于大楼的装修刚进入尾声，易燃材料多，灭火设施不完善，再加上消防部门现有装备灭火能力最高只能达到 90 多米，灭火困难，加重了火灾的损失。

思考：

这起火灾事故给我们带来什么启示？

任务一

保卫工作职责制定

【任务描述】

为加强公司的安全保卫工作，公司领导决定由行政事务部起草公司安全保卫工作相关规范。作为起草主要责任人，秘书小张应该重点抓住哪些方面？

办公室的安全工作是办公室的一项重要工作内容。企业的办公室安全保卫工作主要是保证员工在劳动工作过程中的生命安全、身体健康，不发生安全事故，不影响正常的生产、工作秩序。办公室安全保卫工作的内容主要有治安管理、劳动安全管理、保密安全管理以及消防管理等。

企业保卫工作是指企业安全管理部，运用专门的护卫力量，对企业内部的重要场所、目标进行公开守卫，维护企业生产经营秩序，保护企业利益的工作。

一、企业保卫工作范围

企业保卫工作的范围主要是在企业内部，必要时可以延展至企业周边公共通道部分。一般来说，企业保卫工作的重点是保护企业内部生产、生活、办公场所的出入口、大厅等。如果出现不法分子利用企业周边的公共通道侵害企业利益或是危及企业职工、客户安全，企业保卫人员也应及时给予保护。

二、企业保卫工作性质

（一）预防性

企业保卫工作应以预防为主。这是因为企业的护卫力量一般不具有强制措施和处罚权力，不具备执法权。在进行保卫工作时，保卫人员可以统一着装，并在法律许可范围内配备预防安保器械，以产生对违法者的威慑作用，预防各类安全事件的产生。

（二）服务性

企业保卫工作是企业管理的一部分。在企业管理系统中，保卫工作是为其他工作提供服务的。因此，在开展保卫活动时，既要保护企业安全，又要方便客户、员工，促进企业管理活动的开展。必要时企业还需要为客户提供询问、指路等服务性工作。

三、企业保卫工作职责

（一）守护企业各出入口，维护人员、车辆进出秩序的职责

（1）对人员和车辆滞留、堵塞交通有疏散、保证通行的职责。

（2）对出入口内外发生的违法犯罪行为有采取措施加以制止和报告上级主管的职责。

（3）职工专用出入口的保卫人员负有安全检查的职责，如查验证件、考勤登记、携带外出物品外出检查、私人会客登记等。

（4）按上级主管通知，临时加强警卫和堵卡检查的职责。

（二）保护要害部位重要目标的职责

（1）在要害部位发生侵害行为时有及时制止并报告上级主管的职责。

（2）守护重要库房的职责。

（3）维护停车场、车库秩序的职责。

（4）守护企业高楼顶层，防止跳楼自杀事件发生的职责。

（三）维护企业内公共场所治安秩序的职责

（1）维护企业办公场所秩序，防止发生物品被窃和其他非法行为发生的职责。

（2）维护企业秩序，防止治安事件发生的职责。

（3）负责企业公共通道、路面巡逻，防止发生不法行为的职责。

（四）其他有关企业安全的职责

（1）押运大宗现金的职责。

（2）企业发生意外事件或治安灾害事故时维护秩序的职责。

（3）执行上级主管下达的临时性维护秩序的职责。

（4）保护违法犯罪案件、治安灾害事故、治安事件等现场的职责。

四、保卫工作的组织实施

（一）组织保卫力量

企业保卫工作是一项专门业务，应建立专门的保卫组织，如保安部、护卫队等。保卫组织建立时需要合理确定人数，精心挑选保卫人员。

企业保卫人员的选择需要着重考察其身体条件和政治道德品质。因此，保卫人员一般应以 35 岁以下男性为主，身材匀称、五官端正、视力要好。在政治道德品质方面应遵守纪律，集体意识强，没有经济和生活作风问题，没有违法犯罪记录，没有不良习惯

和嗜好。退伍军人是保卫人员的最好选择。

随着对外交往的扩大，在选择保卫人员时，也应对其学历有所规定，提高保卫队伍的整体素质，增强保卫人员的服务意识。

经过选拔合格的保卫人员，在上岗前应进行一定的培训。保卫人员培训可由公司保安部门负责，也可委托公安部门、武警部队等实施。培训的主要内容有：保卫工作基本技能，相关法律知识，企业规章制度，保卫人员职责和管理制度，基本礼仪规范，其他需要掌握的知识和技能。

（二）企业保卫工作实施

企业保卫工作分为定点保卫和流动保卫两种基本形式。

1. 定点保卫

定点保卫是指设立固定岗的保卫工作。比如常见的有门卫、要害保卫等。必须明确的是，定点保卫并不是简单的站岗、死守，而是相对的固定，并负责周围地区的保卫工作。定点保卫一般实行 24 小时全天候保卫。企业可以根据自身条件，确定是采用三班倒还是两班倒。每班人员建议至少 2 人，这样有利于相互配合和相互督促。

2. 流动保卫

流动保卫即巡逻，是指保卫人员在企业的一定区域内巡回观察，发现、纠正和处理各种不安全因素和违法犯罪行为的一项重要措施。

（三）保卫工作外包

随着社会分工细化，外包服务已经成为企业管理的一种趋势。目前，有许多企业采用保卫工作外包服务，将企业的安全保卫工作外包给保安公司。保卫工作外包，不仅可以减少企业的管理成本，还能提高保卫效果。

任务二

财产安全与消防管理

【任务描述】

为加强单位财产安全，做好消防工作，公司准备制定相关制度，决定对全体员工进行安全防范意识和消防技能培训。请秘书小张整理与此项工作相关的文本、资料。

企业消防管理是预防火灾和扑救火灾的总称。企业厂区火险隐患多，火灾就容易发生，一旦发生所造成的后果将不堪设想。企业消防管理的基本目的是预防火灾发生，对火灾隐患进行整改、治理和排除，最大限度地减少火灾发生率和火灾发生后所造成的危害和损失。

一、火灾的定义和分类

火灾是因失火而造成人员伤亡及物质损失的灾害。按照其灾害程度，火灾一般可分为三级：

（一）一般火灾

一般火灾是指物质损失在 1 万元以上 5 万元以下，或人员死亡 1～2 人，或受伤 10 人以下的火灾事故。

（二）重大火灾

重大火灾是指物质损失在 5 万元以上 50 万元以下；或人员死亡 3 人以上 10 人以下，或受伤 10 人以上，或虽未达到上述数字但危及首长、外宾和知名人士安全，造成严重不良社会政治影响的火灾事故。

（三）特大火灾

特大火灾是指物质损失在 50 万元以上，或人员死亡在 10 人以上的火灾事故。

二、消防安全组织

（一）消防安全管理的组织构成

企业消防安全领导机构是防火安全委员会，具体组织机构应由企业行政领导负责的、各职能部门参与，自上而下形成的消防安全管理组织。它要求整个企业做到人人防火、时时防火，力争做到万无一失。

（二）消防负责人建立

企业要根据“谁主管，谁负责”的原则建立各级的负责人体系。一般企业建立三级消防组织，确立三级消防负责人。

一级消防负责人由企业法人代表担任，主要负责贯彻消防管理法律法规、申报消防审核手续、组织建立消防机构等工作。二级消防负责人由各职能部门负责人担任，负责本部门消防工作的安排落实，有计划地组织学习教育和消防训练，进行消防工作的督促检查以及整改工作。三级消防负责人由各班、组长等基层一线管理人员担任，负责消防工作的执行。

（三）消防员队伍建设

企业消防员队伍一般由专职消防队伍和义务消防队伍组成。

专职消防队伍主要负责消防工作的管理、指导、检查、监督与落实，进行消防巡逻值班、消防培训、消防检查、消防器材的保管与保养，在火灾发生时，协助消防部队进行灭火工作。从企业管理成本出发，可以将企业保卫人员队伍和专职消防队伍合一，减少不必要的支出。

义务消防队伍是由企业的在职职工组成。一般企业在内部选出那些年轻、身体素质好、工作负责的职工组成义务消防队伍，负责火灾的日常预防。义务消防队伍人员人数一般不少于企业总人数的10%。

三、消防责任管理

（一）消防岗位责任

单位根据“谁主管，谁负责”的原则建立各级的消防岗位责任制度，包括企业主管消防岗位责任制度、各部门消防岗位责任制度、安全员和设施维护消防岗位责任制度、企业员工消防岗位责任制度等。

防火负责人的职责是：贯彻消防法规和有关消防管理的规定；结合企业具体情况确定消防目标，制定规划和计划；领导专职消防队伍和义务消防队伍的工作；在企业技术改造、新产品试制等工作中负责提出消防安全意见和措施；在新建、扩建和改建工程项目时，责成有关部门将工程项目报公安消防部门办理建筑设计消防审核手续；组织防火安全委员会的工作，建立消防组织机构，配备人员，制定消防安全管理制度、作业安全规程和标准，从各方面的匹配出发制定实施消防安全的对策，组织消防安全教育、防火安全检查和火险隐患的整改工作。

（二）消防值班责任

企业值班人员的消防工作职责是：定时巡查、发现火灾隐患及时处理、消防设施检查与保养、交接班管理等。

四、火灾预防和控制管理

从预防角度出发，对容易引起火灾的各类行为做出规定，以减少火灾发生的可能。火灾预防和控制管理见表8—1。

表8—1　火灾预防和控制管理

内容	规定
易燃、易爆物品	厂区范围（重点区域）严禁烟火，禁止乱扔烟头、火柴，企业电器严禁超负荷使用，办公自动化设备安全用电
公共通道	保持通道畅通，对通道使用的改变需要报消防管理部门批准
消防设施	消火栓、水龙头、喷淋头、烟感器、警铃、温感器、消防电话、消防线路不得擅自移动、拆除，不得任意使用

五、消防检查管理

消防检查是单位内部进行的防火安全检查，以便及时发现和消除自身火险隐患，纠正自身违法行为，达到预防和减少火灾的目的。这是依照《中华人民共和国消防法》及《机关、团体、企业、事业企业消防安全管理规定》中的有关规定对企业提出的具体要求。

（一）企业消防检查的作用

（1）促进企业贯彻实施预防为主、防消结合的消防工作方针，落实消防安全责任制。预防为主、防消结合这一方针是我国人民同火灾作斗争的科学总结，它正确地反映了消防工作的客观规律。企业应当认真贯彻落实各项消防法律、法规，制定消防安全管理制度，切实落实消防安全责任制和逐级防火责任制，使这项工作经常化、制度化。通过检查还能发现灭火设备、消防组织、灭火预案中存在的问题，并得到及时解决，真正做到防消结合。

（2）及时发现和纠正违反消防法律、法规的行为，消除火灾隐患。

（3）落实逐级责任制。对企业自身进行消防检查，能增强防火管理者的责任感和自觉性，使之能经常地对企业实施消防检查，熟悉掌握企业生产工艺及火灾危险性，并督促落实各项消防安全措施和防火责任制，有效地保证消防安全。

（4）强化重点部位的消防安全管理。将重点部位进行分类，突出重点，配备力量，做到抓住重点，兼顾一般，确保消防安全。

（二）企业消防检查的形式

企业消防检查是确保消防安全的需要，是一种自觉的内部管理行为。检查的形式有以下几种：

1. 防火巡查

防火巡查是消防安全重点企业常用的一种消防检查形式，其他企业可以根据需要组织防火巡查。消防安全重点企业可以结合实际情况组织夜间防火巡查。

2. 定期检查

定期检查的对象是消防安全重点部位，对消防安全重点部位的检查，每个季度不应少于一次。检查内容应具体，检查应深入，整改应及时，并逐项登记，记入档案。

3. 抽样性检查

抽样性检查是针对非消防安全部位进行的检查，要根据部位的特点进行重点抽查。

4. 专项检查

专项检查是根据企业实际情况、当前主要任务、消防安全薄弱环节开展的检查，如用电检查、用火检查、疏散检查、消防设施设备检查、危险品储存与使用检查，专项检查应有专业技术人员参加。

5. 设备检测

设备检测是使用仪器设备对消防设施设备、电气设施设备、危险品设施、用火设施等进行检查测试，以确认其安全性、功能状况等指标是否符合要求。其实施由专业部门进行。

6. 日常性检查

日常性检查是根据本企业的具体情况进行的经常性消防检查的活动。日常性检查能及时发现不安全因素，及时消除安全隐患，是重要的消防安全检查形式之一。

7. 季节性检查

季节性检查是针对每年五一、十一、元旦、春节和春季、秋季到来之前的消防安全检查。

六、消防教育管理

消防安全教育的目的在于建立合理的知识结构，随时调整企业消防安全教育体系的层次，增强各级各类人员的消防意识，提高员工对消防安全的认识，使他们具有能配合消防工作的意识，并能主动参与到消防的各项活动中去，以达到提高本企业预防火灾、抵御火灾的整体能力。

（一）消防安全宣传教育的内容

消防安全宣传教育的内容包含以下几个方面：

1. 加强消防知识教育，普及消防知识

消防知识教育包括一般性的消防常识教育和专业性消防技术知识教育。其中，专业性消防技术知识是指对特殊工作操作时保证消防安全所需要的消防技术知识。消防知识是生产技术知识的组成部分，因此，教育时应结合生产技术知识来进行。同时要经常给员工讲解防火知识、灭火知识和紧急情况下的疏散与救护知识。

2. 进行安全意识教育，增强消防意识

为了增强企业全体人员的消防意识，并树立起对消防安全的正确态度，必须加强安全意识的教育。

3. 加强消防安全技能培训

企业消防安全技能培训包括正常作业的消防安全技能培训和异常情况的处理技能培训，这种教育应该在实际操作中进行。同时，企业可以通过闭路电视、楼宇内的板报、张贴广告和标语等方法进行宣传。

（二）消防安全教育的方式方法

消防安全教育常用的方式方法有短训班、讲座、座谈、广播、黑板报、标语、宣传画、安全简报、个别谈话、班前班后会、看电影录像、参观展览、事故现场分析会、开展安全竞赛评比等。

有条件的企业可建立安全教育活动中心，下设教室、展览室、资料室等；条件差的至少应有一间教室和一间资料室（存放教学资料和设备）。

任务三
安全事故的应对处理

【任务描述】

公司领导举行了年度安全工作会议，对于上年度安全防范工作给予了高度肯定，但也对单位几起小事故的处理方法表示不满。作为秘书，你应该如何制定更加合理规范的安全事故处理制度呢?

安全事故是指生产经营单位在生产经营活动（包括与生产经营有关的活动）中突然发生的，伤害人身安全和健康，或者损坏设备设施，或者造成经济损失的，导致原生产经营活动（包括与生产经营有关的活动）暂时中止或永远终止的意外事件。

一、安全事故分类

（一）按照事故原因分类

根据事故产生的原因可以将安全事故分为物体打击事故、车辆伤害事故、机械伤害事故、起重伤害事故、触电事故、火灾事故、灼烫事故、淹溺事故、高处坠落事故、坍塌事故、冒顶片帮事故、透水事故、放炮事故、火药爆炸事故、瓦斯爆炸事故、锅炉爆炸事故、容器爆炸事故、其他爆炸事故、中毒和窒息事故、其他伤害事故等 20 种。

（二）按照事故等级分类

国务院《生产安全事故报告和调查处理条例》根据事故造成的人员伤亡或者直接经济损失，将事故分为四个等级：

1. 特别重大事故

特别重大事故是指造成 30 人以上死亡，或者 100 人以上重伤（包括急性工业中毒，下同），或者 1 亿元以上直接经济损失的事故。

2. 重大事故

重大事故是指造成 10 人以上 30 人以下死亡，或者 50 人以上 100 人以下重伤，或者 5 000 万元以上 1 亿元以下直接经济损失的事故。

3. 较大事故

较大事故是指造成 3 人以上 10 人以下死亡，或者 10 人以上 50 人以下重伤，或者

1 000万元以上 5 000 万元以下直接经济损失的事故。

4. **一般事故**

一般事故是指造成 3 人以下死亡，或者 10 人以下重伤，或者 1 000 万元以下直接经济损失的事故。

二、安全事故处理的原则

（一）快速反应

及早发现，及时应对，是处理安全事故的第一要务。及早发现问题，并采取有效措施控制事态的发展，化解事故危机，不仅能减少时间所造成的消极影响，而且投入的成本也比较低。而一旦任其发展，事情就会像决堤的洪水一样难以控制，就有可能造成致命的伤害，并极有可能引起连锁反应。

（二）以人为本

当安全事故发生时，保护人的生命安全是最高利益、最大原则。要在第一时间内组织人员迅速撤离危险地带，而不要组织非专业人员进行抢救，以免造成更大的和无谓的人员伤害。

（三）公开透明

企业一旦发生安全事故，无论什么性质、无论多么严重，企图封锁消息、隐瞒事实真相都是最愚蠢的做法，最终不仅掩盖不住真相，还会造成舆论上的混乱，延误救援的最佳时机，极大地损害企业形象。正确的态度应是及时与新闻媒体联系，及时披露事实真相和企业所采取的态度及应对措施，争取理解和支持。

三、安全事故处理流程

（一）事故报告

各单位发生安全事故后应立即组织抢救伤者，同时电话告知生产安全部门，由生产管理部门按有关标准及医院的初步诊断结论确定事故性质，并在第一时间内上报公司领导。

报告内容应说明事故发生单位、时间、地点、伤者自身情况及伤害部位和伤害程度，以及设备受损程度、事故发生经过等情况。

（二）事故调查

安全事故发生后，根据事故严重程度组成不同级别的事故调查组。调查组接到事故报告后应迅速赶赴事故现场进行勘察，查明事故发生经过、原因及人员伤亡情况，确定事故性质，询问知情者，搜集现场物证及索取有关资料。

事故现场的处理：采取措施防止事故蔓延，同时要保护好现场，凡与事故有关的物体、痕迹等，应保持事故发生时的原始状态，任何人不得随意破坏。若抢救伤者需改动现场，应做上标记；急需恢复生产时，重伤及以上事故须经相关领导批准，死亡事故须经政府安全生产监督管理机构批准。

（三）事故分析

通过对事故直接原因和间接原因的分析，确定事故的直接责任者和间接责任者。通过有关人员的职责和在事故中的行为、作用，确定事故的主要责任者和次要责任者，并依据管理情况确定领导者责任。

（四）事故处理

事故处理包括对责任者的处理和对事故的善后处理。重伤及以上事故由生产安全部门提出处理意见，报公司相关部门审批。处理原则是依据国家、地方政府及企业自身制定的有关法规。

事故单位应认真落实“工伤事故调查报告”中的处理决定，包括对责任者的处罚和整改措施的落实。

（五）事故结案和工伤统计

发生安全事故后，应将企业职工伤亡事故记录表、工伤认定申请表、工伤事故调查报告、医院诊断书、证实材料等资料上报生产安全部门，经当地劳动和社会保障部门审批后方可结案。工伤事故档案要认真保管，不能损坏和丢失。

【技能训练】

训练·安全教育活动模拟

一、训练目标

通过本训练，学生能够掌握安全管理知识，培养安全意识。

二、训练方案与要求

（一）背景资料

近日，国内多地、多家大型企业生产车间、建筑工地，甚至建好的桥梁接连发生安全事故，造成多人死亡，给企业、社会和百姓带来了巨大的生命财产损失。为了杜绝此类事件的发生，根据市安监部门的要求，浙江珀莱雅有限公司决定近期在企业内部开展安全教育活动，对企业职工开展治安、生产安全、消防安全等管理知识宣传教育活动。

（二）训练要求

制定企业安全教育培训方案一份。

（三）训练步骤

1. 同学针对企业常见的安全管理问题，收集有关企业安全管理的规章、常识等。

2. 分小组设计安全教育的内容，内容制作尽量丰富多样，如案例重现、技能演示、现场模拟、知识抢答等。

3. 模拟开展对企业员工的安全教育活动，学习识别安全隐患、处理安全事故。

4. 总结活动的收获，写成体会材料。

（四）训练提示

1. 本训练可选择在课外进行。

2. 训练应分组进行，可以 3 人一组。

3. 每个同学在训练过程中一定要严肃认真，言行符合规范。

【拓展资源】

遇到火灾基本处理技能

1. 如果办公室门外着火了，浓烟渐渐透过门缝进入室内，应该如何处理

情景分析：遇到这种情况，千万不要贸然开门，尽管有时没有明火，但烟雾可使人在短时间内窒息，从而丧失逃生的能力。

正确做法：尽快用手边的软布或丝巾塞住门缝。如果没有填塞物，尽量用水不断泼到门上降温，不让它烧起来；如果浓烟已经全部进来，已经是很危险的时候了，可立即找出一个大的塑料袋，在空中挥动几下，然后套在头上扎紧，袋中的氧气能保证你用 1 分钟，然后马上找到窗户，并开始求救；如果没有塑料袋，应尽量靠近饮水机或电冰箱，因为桶里或冰箱里的微量氧气能帮助你争取逃生的宝贵时间。

2. 如果在楼道里逃生时，遇到前方是关着的门，应该怎么办

情景分析：千万不能立即将门打开，否则，如果门背面是烈火的话，遇到充足的氧气，烈火就有可能顷刻把人烧成灰烬。

正确做法：先用手小心地碰一下门把手或门，如果过烫，则不要打开；如果微热，也应慢慢地将门打开。打开过程中，如果通过门缝看到对面是火红的亮光，应立即关上门，找其他逃生通道。

3. 如果电器着火了，应该怎么办

情景分析：不要试图用棉被覆盖电器，也不要用水浇。因为棉被覆盖上去，如果不能完全贴紧并遮住电器，等于给电器一个可燃物；用水浇更不明智，等于变相将电流引导到自己身上。

正确做法：马上拔掉电源插头，并把周围的东西挪开，防止火热扩散。如果火已经烧了一会儿，应马上离开，因为电器随时可能爆炸。

4. 如果看到有人身上着火了，应该怎么办

情景分析：不要试图用水浇，或者用棉被覆盖。由于人的皮下都有脂肪，如果脂肪

在燃烧的同时遇到水，会马上发生爆裂。如果用棉被覆盖，火即便扑灭了，当揭开棉被的同时，皮肤也会被一起撕下。

正确做法：如果手边没有灭火器，应指导着火者在地上打滚，用隔绝空气的方法将火扑灭。如果用灭火器灭火，只能选择干粉灭火器。

5. 如果要冲向火海救人，应该怎样做好自身防火工作

情景分析：冲入火海救人前，一定要先做好自身防火工作，否则，非但救不了人，自己也会被火海吞没。救人固然重要，但不提倡无谓的牺牲。没有条件自身防火的，应等待消防员的营救。

正确做法：先向自身喷射干粉，需100%覆盖表皮，再找一张大的棉被或布，在其上喷射干粉后盖在身上，然后冲向火海，这能保证你在1分钟里不被火焰灼伤。记住，这1分钟里，不仅要找到伤员，还要和伤员一起逃出火海；否则，营救者很可能与伤员一起葬身火海。

参考文献

1. 杨群欢．秘书理论与实务教程．杭州：浙江大学出版社，2009.
2. 杨群欢，李强华．秘书理论与实务．重庆：重庆大学出版社，2010.
3. 吴良勤，杨群欢．商务秘书实务．重庆：重庆大学出版社，2014.
4. 斯静亚，杨群欢．职场礼仪与沟通．2 版．北京：高等教育出版社，2014.
5. 杨群欢．企业综合事务管理．杭州：浙江大学出版社，2011.
6. 焦名海．秘书理论与实务．大连：大连理工大学出版社，2012.
7. 文同．企业秘书管理手册．北京：企业管理出版社，2002.
8. 包林生，徐佳宾．至尊企业至尊制度：办公管理．北京：经济日报出版社，2002.
9. 廖金泽．公司秘书手册（秘书职业标准大全）．深圳：海天出版社，2003.
10. 廖金泽．秘书训练课程．深圳：海天出版社，2003.
11. 张再欣．秘书理论与实务．北京：清华大学出版社，2008.
12. 石咏琦．五星级秘书．北京：北京大学出版社，2007.
13. 饶士奇．秘书学概论．武汉：湖北科学技术出版社，1997.
14. 陈嫦盛．秘书沟通．深圳：海天出版社，2007.
15. 李天军．求索——秘书工作的实践与思考．济南：山东人民出版社，2004.
16. 杜骁．全方位秘书实务图解手册．广州：广东经济出版社，2001.
17. 杨群欢．秘书实务实践教程．北京：中国商业出版社，2004.
18. 陆瑜芳．秘书学概论．2 版．上海：复旦大学出版社，2008.
19. 杨树森．秘书实务．合肥：安徽大学出版社，2006.
20. 杨蓓蕾．现代秘书工作导引．上海：同济大学出版社，2004.
21. 赵锁龙．管理秘书实务．北京：中国人民大学出版社，2004.
22. 詹福满，代云明．新时期政府秘书工作．北京：群众出版社，2004.
23. 杨群欢．秘书理论与实务．北京：中国财政经济出版社，2005.
24. 宫冠．涉外秘书修养与实务．北京：中国审计出版社，1996.
25. 石咏琦（台湾）．谈天才秘书．北京：北岳文艺出版社，2003.
26. 张知渔，徐娟．职场过三关．北京：中国城市出版社，2006.

27. 蔡超，杨锋．现代秘书实务．广州：暨南大学出版社，2006.
28. 张浩．新编秘书工作必读．北京：光明日报出版社，2001.
29. 李明伦．秘书辅佐方略．太原：书海出版社，2001.
30. 张小慰，冯俊伶．秘书工作综合流程解析．北京：北京大学出版社，2005.

图书在版编目（CIP）数据

办公室事务管理/杨群欢主编．—北京：中国人民大学出版社，2016.1
21世纪高职高专规划教材．现代秘书系列
ISBN 978-7-300-21922-6

Ⅰ.①办… Ⅱ.①杨… Ⅲ.①办公室工作-管理-高等职业教育-教材 Ⅳ.①C931.4

中国版本图书馆CIP数据核字（2015）第219527号

21世纪高职高专规划教材·现代秘书系列
办公室事务管理
主　编　杨群欢
副主编　余红平　陆　勤　何　屹
Bangongshi Shiwu Guanli

出版发行　中国人民大学出版社
社　　址　北京中关村大街31号　　　**邮政编码**　100080
电　　话　010－62511242（总编室）　　010－62511770（质管部）
　　　　　010－82501766（邮购部）　　010－62514148（门市部）
　　　　　010－62515195（发行公司）　　010－62515275（盗版举报）
网　　址　http：//www.crup.com.cn
　　　　　http：//www.ttrnet.com（人大教研网）
经　　销　新华书店
印　　刷　唐山玺诚印务有限公司
规　　格　185 mm×260 mm　16开本　　**版　　次**　2016年1月第1版
印　　张　17 插页1　　　　　　　　**印　　次**　2022年11月第6次印刷
字　　数　368 000　　　　　　　　　**定　　价**　32.00元

信息反馈表

尊敬的老师:

您好！为了更好地为您的教学、科研服务，我们希望通过这张反馈表来获取您更多的建议和意见，以进一步完善我们的工作。

请您填好下表后以电子邮件、信件或传真的形式反馈给我们，十分感谢！

一、您使用的我社教材情况

您使用的我社教材名称			
您所讲授的课程		学生人数	
您希望获得哪些相关教学资源			
您对本书有哪些建议			

二、您目前使用的教材及计划编写的教材

您目前使用的教材	书名	作者	出版社
您计划编写的教材	书名	预计交稿时间	本校开课学生数量

三、请留下您的联系方式，以便我们为您赠送样书（限1本）

您的通信地址			
您的姓名		联系电话	
电子邮箱（必填）			

我们的联系方式:

地　址：苏州工业园区仁爱路158号中国人民大学苏州校区修远楼

电　话：0512-68839320　　传　真：0512-68839316

E-mail: huadong@crup.com.cn　　邮　编：215123

网　址：www.crup.com.cn